企业战略管理
数字化新范式

理论认知与体系建构

郭晓川　汤奇峰
王锋正　张启锋

著

经济管理出版社
ECONOMY & MANAGEMENT PUBLISHING HOUSE

图书在版编目（CIP）数据

企业战略管理数字化新范式：理论认知与体系建构/郭晓川等著. —北京：经济管理出版社，2024.12

ISBN 978-7-5243-0043-4

Ⅰ.F272.7

中国图家版本馆 CIP 数据核字第 20245FV848 号

组稿编辑：勇　生
责任编辑：任爱清
责任印制：许　艳
责任校对：蔡晓臻

出版发行：经济管理出版社
　　　　　（北京市海淀区北蜂窝 8 号中雅大厦 A 座 11 层　　100038）
网　　址：www. E-mp. com. cn
电　　话：(010) 51915602
印　　刷：唐山昊达印刷有限公司
经　　销：新华书店
开　　本：720mm × 1000mm/16
印　　张：15.5
字　　数：237 千字
版　　次：2024 年 12 月第 1 版　　2024 年 12 月第 1 次印刷
书　　号：ISBN 978-7-5243-0043-4
定　　价：98.00 元

前　言

　　作为经济社会发展的基础微观经济组织，企业的生存和发展需要有高瞻远瞩的战略给予指引。战略是组织为了实现长久生存和发展，在综合分析考量组织外部环境和内部条件基础上，做出的一系列带有全局性、长远性和创新性的谋划。战略的存在源自组织生存和发展的需求，任何面临生存和发展问题的组织，包括个人、企业、地区、国家等，均需要战略的指引。就企业而言，企业战略是企业成长的思想源，更是企业行动的源头，没有战略思考就没有有效的执行，更没有企业的生存与发展。自 20 世纪 60 年代战略思想运用于商业领域后，企业战略管理研究日益备受关注与重视。安索夫认为，企业的战略管理是指将企业的日常业务决策同长期计划决策相结合而形成的一系列经营管理业务；斯坦纳则认为，企业战略管理是确定企业使命，根据企业外部环境和内部经营要素确定企业目标，保证目标的正确落实并使企业使命最终得以实现的一个动态过程。尽管已有诸多学术界前辈对企业战略管理给出各种定义，但概括起来，企业战略管理的本质就是立足企业的使命与愿景，根据企业外部环境和内部条件设定战略目标，为保证目标的正确落实和实现而谋划形成一套差异化价值创造方案，依靠企业自身推进付诸实施的动态管理过程。可见，企业战略管理不仅涉及企业战略的制定和规划，而且也包含将制定出的企业战略付诸实施的管理，是一个全过程的管理，该过程主要包括战略分析、战略制定、战略实施、战略评估与控制四个阶段性模块。高效能的战略管理是企业实现可持续成长发展的关键所在。作为连接企业外部环境与内部条件的纽带，战略管理的研究也随着企业所处时代的变化而变化。纵观企业战略管理理论演进历程，大致可以分为四个阶段：传统战略管理理论阶段、竞争战略管理理论阶段、动态战略管理理论阶段、复杂战略管理理论阶段。但是战略作为企业长期的行为选择，既要保持稳定，又要随着组织内外环境的变化而变化，必将引致企业战略管理存在"战略管理的规划性与不确定性""战略是深思熟虑还是自然涌现""战略是一般战略还是独特战略""战略是由人、组织还是由环境决定的""战略是稳定的还是动态变化的"等悖论。鉴于此，数字经济背景下企业战略推演形成的主导逻辑到底是什么？数字经济场景下战略的形成是深思熟虑的过程，还是动态过程中的涌现，抑或是企业家认知的体现？在数字经济新形态下，战略环境、产业结构、资源能力、企业家认知等分别在企业战略推演形成中扮演何种角色？这些主题就成为本书的主要研究追求。

重大科学技术变革，必将引起组织形态的显著变迁和管理思想的重大发展。回顾世界工业革命以来历次重大科技革命所带来的影响可以看到：在第一次工业革命中，技术重构了生产的组织方式，企业变成了以相互作用的机器为核心的复杂过程，现代管理由此诞生；第二次工业革命使生产和资本高度集中，大规模生产带来的生产、销售问题促使了管理理论与实践的蓬勃发展；第三次工业革命随着信息技术的广泛应用，企业的内部和外部、当前和未来都成为管理的核心；随着以数字技术为核心的第四次产业革命的发展，以大数据、互联网、人工智能、云计算等为代表的数字技术，必将驱动企业朝着数字化方向转型。企业数字化转型，必将引致企业管理的模式、精度、流程与结构转向数字化，进而必然驱动企业的战略管理数字化。鉴于此，在企业战略管理先后经历了环境适应主导型战略管理范式、产业组织主导型战略管理范式、资源能力主导型战略管理范式、生态系统主导型战略管理范式之后，面对以数字技术为核心的第四次产业革命的到来，尤其在数据已经成为关键要素的数字经济时代，企业战略管理数字化新范式到底应该是什么？国内外学术界的已有研究尚未给出有效回应。

鉴于此，本书依托上海数据交易中心有限公司所委托的"企业战略画像的理论范式框架、推演结构维度、数据感知系统和实验体系研究"（项目编号：21H01339）课题，基于已有研究成果和学术积淀，在上海数据科技发展有限公司的支持下，由上海大学管理学院郭晓川教授团队、内蒙古大学经济管理学院战略管理研究团队与上海数据科技发展有限公司汤奇峰博士团队形成的联合研究团队，经过近两年的调研、思考、讨论、交流等撰写而成，凝聚了大家的汗水和智慧。全书由郭晓川、汤奇峰与王锋正共同负责整体策划与观点设计。具体研究和写作分工如下：王锋正负责引言的设计与撰写；张启锋、王延霖、潘雨瑶分别负责第一章、第二章、第三章的设计与撰写；王锋正、李鹏程、张启锋分别负责第四章至第六章的设计与撰写；郭晓川、王锋正、李鹏程负责第七章、第八章的设计与撰写；张启锋、王锋正负责结语的设计与撰写。最后由郭晓川、王锋正和张启锋对全书进行了审定。

　　本书的出版得到上海数据交易中心有限公司（现"上海数据交易所"）委托课题——企业战略画像的理论范式框架、推演结构维度、数据感知系统和实验体系研究（21H01339）、内蒙古自治区高等学校"创新团队发展计划"支持项目——资源型企业高质量创新研究（NMGIRT2415）、内蒙古自治区直属高校基本科研业务费项目"双碳目标导向下资源型产业高质量发展的可持续性政策研究"（20700-54220346）、内蒙古自治区哲学社会科学规划重点研究基地专项重点课题——内蒙古传统资源型企业的新商业模式案例研究（2019ZJD008）、新技术驱动资源型企业创新机理与路径研究（2019ZJD009）、资源型企业画像方法研究（2019ZJD010）的共同资助；书中引述了参考文献中诸多学者的研究成果，在此一并表示感谢。

　　由于水平有限，书中难免存在不当之处，敬请读者批评指正。

郭晓川

于上海大学宝山校区

目　录

引　言

数字经济时代的到来，带来了企业生存与发展的全新场景。对企业而言，这不仅是战略的数字化转型或战略的数字化升级，也是一场从战略推演结构到战略制定工具与方法的根本性变革，还是一次战略管理范式的革命与迭代。企业战略管理先后经历了环境适应主导型战略管理范式、产业组织主导型战略管理范式、资源能力主导型战略管理范式、生态系统主导型战略管理范式之后，面对以大数据与人工智能技术为核心的第四次产业革命的到来，尤其在数据已经成为关键生产要素的数字经济时代，企业战略管理数字化新范式到底应该是什么？即数字经济时代企业战略推演形成过程是什么、企业战略管理数字化新范式是什么？本书主要内容聚焦于上述拟探究的两大主题，其逻辑结构如图 0-1 所示。本书的核心主导逻辑主线有五条：①基于科学技术发展历程与现代企业管理演进轨迹，概要辨析了科技变革与组织模式和管理方式的内在关系；②分别从理论变迁、学术研究、实践发展三方面梳理归纳出企业战略管理的演进历程与企业战略形成的主要模式，并从"企业为什么需要战略"出发，辨析了传统企业战略管理存在的主要悖论与实践问题；③立足以数字技术为典型代表的第四次产业革命和数字经济蓬勃发展，厘清了数字化赋能企业战略管理的影响体现和数字经济时代的企业家与企业战略的关系；④突破传统的"环境—资源"二维范式的思维约束，通过厘清数字经济时代企业战略管理数字化新范式的基础理论体系，构建提出了在数字经济背景下企业战略管理的新范式，即基于"企业家—环境—资源"的三维范式；⑤在推进全面建设社会主义现代化国家的新征程上，提出了中国式企业战略管理的新模式。

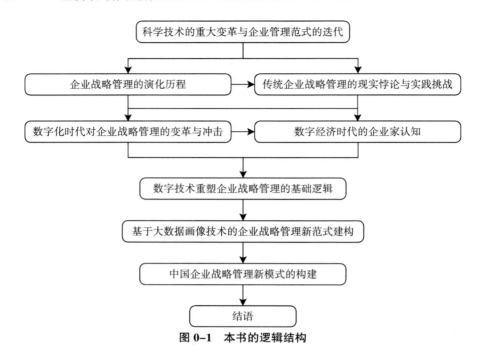

图 0-1　本书的逻辑结构

遵照上述核心主导逻辑主线，本书研究内容重点由以下八章构成。每章主要研究内容概要如下：

第一章：科学技术的重大变革与企业管理范式的迭代。首先聚焦于能量和信息两条主线，分别从史前人类、农耕文明、工业革命、信息革命四个阶段回顾了科学技术的重大变革历史轨迹；其次放眼到自 18 世纪以来，梳理了历次工业革命带来的工厂管理时代、科学管理时代、精益管理时代和数字管理时代的演进过程；最后基于技术变革视角，归纳提出了重大技术变革催生的与各个不同时代相匹配的企业管理范式，即传统农耕时代的管理范式、工业时代的企业管理范式、信息时代的企业管理范式和数字时代的企业管理范式。

第二章：企业战略管理的演化历程。首先从理论变迁的视角，梳理了企业战略管理理论发展所历经的四个阶段，即环境为基础的传统战略管理理论、产业结构为基础的竞争战略管理理论、资源能力为基础的战略管理理论和商业生态系统为基础的战略管理理论；其次基于学术研究视角，分别从诞生阶段、1.0阶段、2.0阶段、3.0阶段概括了企业战略管理研究主题发展轨迹；再次从实践实务出发，概括了企业战略管理咨询行业、战略咨询分析工具的演进发展情况；最后指出了企业战略形成的三类模式，即规划模式、进化模式和企业家模式。

第三章：传统企业战略管理的现实悖论与实践挑战。首先从战略对企业生存与发展表现出的六个方面重要影响作用，阐释说明了"企业为什么需要战略"；其次归纳提出了企业战略管理存在的五大悖论；最后指出企业战略管理在实践运用中存在的问题挑战，即悬在半空、目标代替、缺乏创新、结构—战略矛盾等。

第四章：数字化时代对企业战略管理的变革与冲击。首先从数字经济时代技术的迅猛发展及所带来的商业逻辑巨大变化，阐释了数字化的本质；其次在重新审视数字经济背景下企业竞争优势来源、资源基础理论、组织治理结构、企业动态能力的基础上，着重考察了数字化对企业战略管理传统范式（环境适应主导型战略管理范式、产业组织主导型战略管理范式、资源能力主导型战略管理范式、生态系统主导型战略管理范式）和传统工具的影响；最后指出数字技术为企业战略管理数字化范式的革新提供了新的数据来源和新的分析工具。

第五章：数字经济时代的企业家认知。通过界定企业家概念、企业家特征、企业家理论与企业家精神，首先梳理了企业战略与企业家战略之间的关系；其次重点围绕数字化与企业家认知进行阐释，以便清晰数字经济时代企业家认知与企业战略之间的关系。

第六章：数字技术重塑企业战略管理的基础逻辑。首先论述了数字技术提升企业战略外部环境分析能力，在数字技术的加持下企业能够更好地感知、预测和模拟外部环境的变化；其次探讨了数字技术提升企业资源配置能力和数字技术作为企业能力的影响，从而得出在数字技术环境下应由企业家来主导战略的形成。

第七章：基于数据画像技术的企业战略管理新范式建构。首先回顾了传统企业战略管理范式的基本观点；其次突破传统的"环境—资源"二维范式，基于"企业家—环境—资源"的三维视角，提出基于大数据画像技术的企业战略管理数字化新范式，并对新范式下企业战略主要构成内容进行了阐述说明；最后对企业战略管理新范式的主要构成要素进行详细阐释。

第八章：中国企业战略管理新模式的构建。基于"企业家—资源—环境"三维视角的企业战略管理新范式，首先围绕中国式现代化、经济高质量发展、数字经济发展、企业数字化转型与弘扬企业家精神等，对中国企业战略管理新模式提出的现实情境进行了分析；其次重点构建提出了"中国情景—企业家—资源—环境"四维视角的中国企业战略管理新模式，并围绕中国情境下企业战略数据感知、战略画像、战略匹配、战略选择等，阐释了新模式下中国企业战略推演形成的逻辑过程；最后聚焦于新模式下企业战略管理流程结构、战略感知体系、战略画像体系、匹配形成战略、甄选实施战略、监测评估战略、动态创新战略七方面提出了中国企业战略管理新模式的实施流程。以期为在全面建设社会主义现代化国家新征程中，推动中国企业数字化转型和战略管理数字化，从而走上中国企业战略管理现代化发展之路，提供守正创新的思维框架与适用可行的模式与路径。

结语：从数字化战略到战略数字化。本部分立足企业数字化转型的两大内容：战略数字化和流程数字化，基于前文的分析阐述，进一步概括阐释了本书所探索的核心内容——从数字化战略到战略数字化，必将驱动形成企业战略管理数字化的新范式，也就是战略管理范式必将被深刻重构。

| 第一章 |
科学技术的重大变革与企业管理范式的迭代

　　每次技术范式变革，都会引起组织形态的显著变迁和管理思想的重大发展（Bodrozic & Adler，2018）。随着第四次产业革命的发展，以大数据、互联网、人工智能、云计算等为代表的数字技术，改变着传统企业管理的模式、精度、流程与结构，必然要改变企业的战略管理。

　　自工业革命以来，近 300 年的历史印证了人类社会一系列巨大变化，人类的科学技术与市场力量的共同作用造就了人类从零增长社会进入正增长社会（张笑宇，2021）。第一次产业革命普及了蒸汽机，带动了纺织、建筑、采矿、运输和造纸等行业的发展；第二次产业革命则是电力和重工业的大力发展，这两次产业革命的核心技术变革是由人类控制能量的能力获得突破性的进展所带来的。第三次产业革命则是以电子计算机、互联网为代表的人类控制和利用信息能力的变革，当前所进行的第四次产业革命是信息革命的深化，人工智能等数字技术一方面使人类利用信息的能力得以飞跃发展，另一方面也在深刻地改变着人类控制能量的方式。这一系列技术变革带来的是企业竞争方式的变化，进而带来企业资源组织方式变化，这使管理要素改变了，流程改变了，决策模式改变了，从而产生了当前可观察到的企业管理范式转变。

第一节　科学技术发展的能量与信息维度

科学技术已经成为人类发展的重要影响因素，已经完全嵌入了人类的工作和生活之中。今天的科技发展让人眼花缭乱，2022 年全球专利申请量346 万件（引自 WIPO 数据），人工智能、虚拟现实、区块链、大数据等数字技术快速发展，数字技术的专利申请量增长速度超过了所有技术的平均专利申请量增长速度（WIPO，2022）。大语言模型（Large Language Model，LLM）正在掀起一场通用人工智能（Artificial General Intelligence，AGI）的技术革命。但纵观科学技术的历史一直沿着能量和信息两条主线发展。这主要是由于一方面世界本身就是由能量和信息组成的，另一方面通过能量和信息的控制能力可以量化科技发展水平，并解释各种科技之间的关系（吴军，2019）。人类科学技术发展的重大转折都是在对能量控制或信息控制的能力提升过程中产生的。

一、史前人类

140 万年前肯尼亚的南方古猿遗址显示了与人类有关的对火控制的证据，人类开始可以利用除了食物之外的能量，即一种不受人身体本身的形式、结构或力量所限制的能量。火可以用来取暖、驱赶野兽、烤熟肉食，从此人类告别了茹毛饮血的生活状态，火的使用是人类在使用能量上的第一次巨大飞跃。7 万年前当代人类的祖先智人开始从东非第二次向全球扩张，无论是替代还是混种繁衍智人最终征服了世界，这主要是因为智人进化出了新的思维表达和沟通方式，其认知能力发生了革命性的变化，语言成为人类进行信息交流和彼此沟通的最重要工具，人类的语言不仅能够表达可见的事实，还发展成了一种八卦的工具（尤瓦尔·赫拉利，2014），语言作为比基因更高效的信息载体成为人类经验积累的重要工具。这种新的信息处理能力帮助人类掌握了维持更大规模群体的能力，人类通过虚构的共同想象可以聚集起规模超过邓巴数的上千人、上万人，甚至上亿人的共同体，这使人类彻底和动物产生了区别。

二、农耕文明

1万年前人类进入农业社会，人类在能量控制和信息控制方面都取得了突破性的进展。在农业革命中，人类投入几乎全部的心力来操控几种动植物的生长，让人类的食物总量得以大幅增加，由此可以获得超出自身需求的能量。更多的人有更多的时间去做那些与维持动物性生存无关的事情，各类技术开始在世界各地广泛出现，各类复杂的合作组织活动促进了书写系统的出现，人类开始使用新的方式控制能量和信息，人类至此进入了文明时代。

随着农民创造的能量远远超过自身消耗的能量，一部分人就可以脱离农业生产，从事其他产业，纺织、陶瓷、冶炼、建筑等行业开始出现。冶金技术作为人类文明开始的重要标志之一，需要人类具有开采能力、运输能力，并能够将炉温提高到一定程度，随着人类创造的能量达到了大规模冶炼青铜器和铁时，新的时代来临了。金属工具的使用使人类生产力得到极大的提升，人类利用这些金属工具大规模开垦荒地种植粮食，修建水利等各类工程，可以大规模制造兵器，形成并维持了更大规模人类群体的聚集。书写系统的出现是人类文明另一个重要标志。书写系统是具有表达功能的社会化记号系统（林枞敔，1962），它可以表达复杂的思想和完整的知识，可以将一个想法不走样地传递。书写系统建立在文字基础之上，书写系统的出现大大加速了信息和知识的传递，使科技取得可叠加式进步的动力，使社会迅速分化，复杂的组织开始产生。

青铜器时代出现了华夏、古埃及、古印度、古希腊和古罗马等文明。希腊文明开启了发现世界和认识自然的抽象思索和观察，泰勒斯、毕达哥拉斯、德谟克里特、欧几里得、阿基米德这些科学开拓者的探索，促成了亚里士多德的科学方法论，但他却专注于科学而远离技术。而中国长期是世界技术输出的中心，印刷术、造纸术、火药、指南针、铸铁、瓷器、研磨机、鼓风机、纺织机械、航海运输、独轮车、螺旋桨、平面拱桥等技术都由中国传向世界。英国著名科学家弗兰西斯·培根评价"四大发明"时说："它们改变了世界上事物的全部面貌和状态，又从而产生了无数的变化；看来没有一个帝国，没有一个宗教，没有一个显赫人物，对人类事业曾经比这些机械的发现施展过更大的威力和影响。"（培根，1986）

伊恩·莫里斯（2014）在其《西方将主宰多久》一书中，把对文明水平的测量归结到能量、城市化、信息处理能力和发动战争的能力。但农业社会中，经济发展起主导作用的是人口的数量，技术的作用相对次要，进入现代社会之前中国人均收入在2000多年的时间里没有太大变化，几乎处于零增长的状态。工业革命才真正把科学技术带入经济增长中并发挥主导作用。

三、工业革命

18世纪60年代瓦特在纽卡门发明的基础上改良了蒸汽机，煤在蒸汽机中燃烧，提供动力，引发工业革命（麻省理工科技评论，2016）。工业革命本质上是一场动力革命，采用机械动力取代人力和畜力制造商品（吴军，2019）。把人类从手工业时期带到了机器时期，使制造业生产力和效率发生了质的突破。1814年世界第一台蒸汽机车出现，1825年世界上第一条行驶蒸汽机车的铁路在英国斯托克顿—达灵顿正式通车。1886年，卡尔·本茨制造出世界第一辆汽车，钢铁和石油化工等工业的发展为汽车制造业奠定了基础，1893年福特发明了世界上以汽油为动力的汽车，随后汽车开始批量生产。随之，煤炭、石油和天然气成为工业时代的主导能源。人类社会开始创造出大量工业产品，推动着经济进入快速发展时期。在工业革命前（见图1-1），整个世界人均GDP的增长几乎是一条水平直线；在工业革命后，人均GDP陡然上升，比之前的3000年历史增长了50倍以上（张笑宇，2021）。

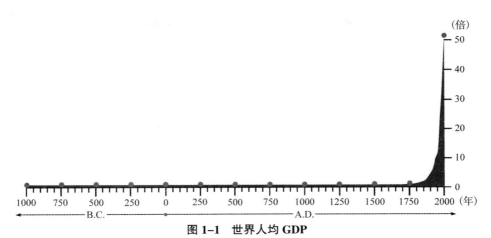

图 1-1　世界人均 GDP

资料来源：摘自张笑宇著《商贸与文明》第 402 页图。

　　工业革命的本质是人类使用能量水平的一次跃迁。Cook（1971）计算了人类发展的六个阶段（原始人、狩猎者、早期的农业者、先进的农业者、工业社会、技术社会）的人均每日能源消耗（见图 1-2）。原始人不使用火，只有他所吃食物的能量，人均每日能源消耗 2000 千卡。狩猎者（大约 10 万年前）有更多的食物，也烧木头取暖和烹饪，人均每日能源消耗 5000 千卡。早期的农业者（公元前 5000 年）收割庄稼，获得了动物的能量，人均每日能源消耗 1.2 万千卡。先进的农业者（公元 1400 年）有一些用于取暖的煤，一些水力和风力发电以及动物运输，人均每日能源消耗

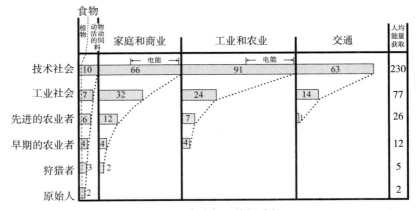

图 1-2　人均每日能源消耗

资料来源：摘自莫里斯著《西方将主宰多久》第 131 页图。

2.6 万千卡。工业社会（1875 年的英国）拥有蒸汽机，人均每日能源消耗 7.7 万千卡。技术社会（1970 年的美国）技术人员每天消耗 23 万千卡热量，其中大部分以电的形式体现。

第一次工业革命代表性的技术是蒸汽机，而第二次工业革命的主导技术则是电。电是一种更方便的动力，它几乎改造了之前所有的产业，但电不仅可以承载能量，还能承载信息，直接导致了通信革命（吴军，2019）。莫尔斯电报的发明解决了人类远距离通信问题，1844 年美国建成了人类第一条长度为 38 千米的电报线。1876 年亚历山大·贝尔获得了电话的专利，并创立了历史上最伟大的电话公司 AT&T，1877 年在美国波士顿架设了世界第一条商用电话线。通信技术的发展不仅创立了电信产业，而且同机械化和交通的快速发展一起极大地促进了劳动分工和统一市场的形成。吴军（2019）在其《全球科技通史》中指出，人类从发明语言文字开始，信息交流方式出现了几次重大进步，书写系统的诞生、纸张和印刷术的发明等都极大地提高了人类知识和信息的传播速度。然而，这种速度受限于信息的承载介质（如竹简、纸张）的物理移动速度，即信使的移动速度。但是，当电用于通信之后，人类的交流速度可以达到光速，这不仅使信息的传输变得高效畅通，也迅速将科技的影响力传播到全球。

四、信息革命

信息革命的基础是计算，计算工具的演化是一个不断追求更快、更准确和更智能的过程。巴贝奇在 19 世纪设计的差分机和分析机展示了自动化计算的潜力，同时也启发了现代电子计算机的研制。20 世纪 30 年代开始科学家和工程师开始探索使用电子技术来构建计算机。1946 年 2 月 14 日由美国军方定制的世界上第一台全电子的通用计算机 ENIAC，在美国宾夕法尼亚大学问世。这台电子计算机体积惊人，每秒可以进行 5000 次加法运算。从那以后，计算机就开始以惊人的速度快速更新换代，至今没有任何其他技术的性价比可以在 30 年有 6 个数量级的增长。从第一代的电子管计算机，到第二代晶体管计算机和第三代集成电路计算机，再到第四代大规模集成电路计算机，计算机应用领域从科学计算、事务管理、过程控制逐步走向家庭，以信息为主导的工业革命开始了。

互联网最早由 ARPA 在 20 世纪 60 年代支持建立，称为 ARPAnet。20 世纪 80 年代初全球互联网诞生，瑟夫等在 ARPAnet 使用 TCP/IP 标准后第一次使用了互联网（Inter-networking）这个词，后被简化为 Internet。1989 年蒂姆·伯纳斯-李提出了构建万维网（World Wide Web）的设想，并于 1990 年底开发出第一个浏览器，建立了最早的网页。1995 年美国取消了对商业互联网的所有限制，互联网迎来爆发式发展。1994 年美国网景公司（Netscape）发布了网页浏览器的商业产品，1995 年微软捆绑推广其自身浏览器 IE（Internet Explorer），很快占据浏览器 90% 以上市场份额。1994 年杨致远和大卫·费罗创立了雅虎，1996 年拉里·佩奇和谢尔盖·布林开发了新的互联网搜索方法，于 1998 年成立谷歌公司。1995 年杰夫·贝佐斯创建了全美第一家网络零售公司亚马逊。互联网的热潮迅速传到全球，并持续影响着世界 21 世纪初的社会和经济发展。互联网之所以成为颠覆性技术，主要有两个原因：一是因为网络特有的梅特卡夫效应；二是它同时具有传统行业的双边市场效应、规模经济效应和协同效应，这些效应在互联网所创造的虚拟空间中被放大到了前所未有的程度（许小年，2020）。

1946 年开启的第三次工业革命，主导的技术是计算机、互联网和数据库，利用这三项技术信息革命深入人类每个工作和生活的细节，人类几乎所有的领域都开始被信息所主导。而促使信息化得以快速完成，则要归功于摩尔定律。摩尔定律使基于信息的行业，当前主要是 IT 行业的发展速度比传统工业要快得多。最早洞察到这个现象的是英特尔的创始人之一戈登·摩尔，他在 1965 年指出集成电路的集成度会每两年翻一番，后来这个周期缩短到 18 个月。人们多次怀疑摩尔定律还能适用多少年，事实是至今仍适用，IT 领域的技术进步一直遵循摩尔定律，还没有看到停下来的迹象。摩尔定律主导着 IT 行业的发展，这使 IT 公司必须在短时间内完成下一代产品的开发，而且研发必须针对多年后的市场，这在传统产业是无法想象的。

进入 21 世纪，随着信息化的深入，数据开始取代机器成为企业突破规模报酬递减规律新的资源。互联网、大数据、人工智能和实体经济深度融合，数字经济成为继农业经济、工业经济之后新的主要经济形态。在数字经济的场景下，人类的生产方式、生活方式、交往方式、思维方式、行为方式都呈现出全新的形态。生产力被数字化全面渗透，生产关系被数字化所重构，经济活动和管理行为走向全面数字化。在万物互联、感知和智能的数字化时代，企业数字化转型已成为企业未来发展的核心方向。在企业业务层面被数字化的过程中，管理本身也在被数字化，这使企业管理从运营、组织到战略的理论体系和实践内容将会被重塑。

第二节　现代企业管理的演变

从 16 世纪开始的工业革命催生了现代企业的诞生，随着技术的进步工业化生产复杂度不断提升，企业管理开始了不断的演变。

一、工厂管理时代（1776~1840 年）

18 世纪下半期开始于英国的工业革命，是人类社会发展史上的一次巨大革命。这次革命以蒸汽机在生产领域的广泛运用为标志，从此人类进入"蒸汽时代"。蒸汽机的发明以机械动力取代人力，极大地扩展了人类生产的边界，使煤炭和钢铁在众多行业得以大规模使用，机器大工业这一新的生产组织方式得以确立，即机器化生产替代了原有的小作坊式手工生产，变成了集中的大规模生产。由此，工厂诞生，工人出卖体力，在固定的时间、固定的地点从事固定的工作，并获得相应的报酬。

第一次工业革命的早期，工厂是通过个体工匠逐渐集合在一起，分享共同的场所所形成，接着将机器安置在大型动力源头，由机器主导的现代工厂由此诞生。不同于传统的销售商将原料送给工匠加工，工厂是将工匠固定在机器旁，工匠变成了工人，并可以被更好地管理和监督。1772 年阿克莱特在一座 5 层的工厂里，将纺纱机与分拣、漂洗、标签和包装的设备安装在一起，建立了克罗姆福德工厂，以机械化替代了手工作坊，工厂时代开启，到 19 世纪中叶，现代工厂制度已经成为英国工业中占主导地位的生产组织形式。工厂将机器集中摆放在一个专用的场所，工人聚集在一起，使用机器进行生产，分工协作完成产品制造。工厂成为工业化生产的最主要组织形式，管理也成为除了土地、劳动力、资本后的第四要素。1832 年英国数学家查尔斯·巴贝奇在《论机器和制造业的经济》一书中，强调与在小作坊内完成的制造相比，在工厂中完成的大规模制造必须考虑工厂的整个体系的详细安排，"在规范一家工厂内部的生产秩序时，所有的安排都建立在比一般人想象得更为深刻的原理之上，同时，所有的安排还禁得起人脑所能想到的一切检验"。巴贝奇分析了分工能提高劳动生产率的原因，提出固定工资加利润分享的制度，在劳资方面强调劳资协作，探讨了大工厂的优越性，进行了有关工作时间问题，以及工艺过程和制造成本的研究。1835 年安德鲁·尤尔在《制造业的哲学》一书中，认为企业管理的本质是用机械科学代替手工技巧，用训练有素的企业职工代替经验技巧型的手工艺人，为此，管理人员必须对生产做出安排，使生产过程相互衔接，使整个工厂协调一致。马克思在《资本论》中指出，一个由相互作用的机器构成的复杂世界正经历着人力被驱离经济生活中心的过程。

在第一次工业革命中，技术重构了整个生产的组织方式，通过分工实现了规模报酬递增，实现了大规模低成本的产品制造，但带来的新问题是需要进行更加精细的管理，乌托邦社会主义创始人之一的欧文 18 岁时在英格兰成立了自己的第一家工厂，获利丰厚，但是欧文决定成为一名领取薪酬的管理者，于是将工厂卖给了德林克沃特并受雇于他，欧文这样描述自己对管理的体会，"实际上我什么都不懂，但我非常聪明地观察每个部门的工人。通过对每一件事情的认真观察，我在工厂的整个创建过程中保持了秩序和整齐"。欧文重新安排了设备，改善了工人们的工作条件，通过向各个部门下达指令和命令获得对下属的巨大影响力。

二、科学管理时代（1840~1960 年）

19 世纪 70 年代人类进入"电气时代"，组装线的应用迅速掀起了第二次工业革命的狂潮。19 世纪 80 年代电动机首次出现，解决了长距离动力传送的难题，使工厂进行符合特定工作性质的操作成为可能，加速了产品的生产，为流水线大规模生产的出现铺平了道路。18 世纪 80 年代在美国的面粉厂，机械天才埃文斯设计了一种将吊罐、漏斗和传送带相连在一起的机械系统，这是一种连续流程的生产方式。南北战争之前在美国猪肉加工厂也出现过连续流程加工，这些工厂使用单轨台车将悬挂的胴体运过一排工位固定的工人，每个工人在胴体到达他面前时进行一部分的拆解工作。福特在 1913~1914 年把连续流程推向成熟和完善，在密歇根海兰公园福特公司建立了世界上第一条先进的流水线体系，使单辆汽车的总装配时间从 12 小时减少到 1.5 小时，从而大幅降低了汽车价格。尽管福特的流水线在技术上并不是最先进的，但对劳动力的重新组织实现了生产高度的专业化分工和工作方式的统一。

第二次工业革命的特点为以科学理论为先导，科学管理与生产紧密结合，极大地促进了生产力发展，生产规模进一步扩大，生产和资本高度集中。大规模生产要求产品标准化，使用连续流程和可互换部件的生产方式。1798 年惠特尼创立了标准化生产方式，他在为美国政府制造 10000 支步枪的项目中，将工人独立生产整枪任务的传统工艺改变为将枪分解成若干工序，用专门设计的机器加工制作相同部件，最后将各个部件组装到一起的标准化工艺。标准化大规模生产组织方式迫切需要新的管理方式与之相适应。

大规模生产的实现，企业必然面临大量商品销售的挑战。为了开拓新市场，企业建立自己的销售部门，取代批发商和零售商的角色，以实现大规模销售。以美国 19 世纪 90 年代食品工业为例，燕麦片制造商亨利·P.克罗维尔为了拓展市场，利用新机器生产的产品，在美国和海外建立了销售机构。这些机构由执行经理领导，负责产品销售、分配和当地广告，规划产品从工厂到批发商的流程。独立批发商取代了佣金制代理商、百货公司、邮购商和连锁商店等零售商，逐渐取代传统小商店，同时侵蚀批发商的地盘。新商业形态的优势在于低价商品，低价源于商品库存的快速周转。大规模分配因此兴起。大量生产和销售的结合使企业内部能够完成制造和销售一个产品所需的交易和程序，降低了交易成本和信息成本。此外，通过大规模生产和销售内部化，企业可以实现供需平衡，降低单位生产成本，增强企业盈利能力，增加现金流量，改善企业财务状况，降低流动资本的占用和固定资本的费用。

第一次工业革命的后期，美国铁路公司首次出现了由丹尼尔·麦卡伦首倡的系统管理方法，在第二次工业革命期间，泰勒把它发展成为科学管理。大规模的资源聚集、大规模的生产、大规模的流通所导致的大规模的市场引起更多地强调和关注管理，企业所有者再也无法只靠自己来进行监管，职业管理者大量出现，层级结构中的专业人员和管理者数量增加，从事管理的员工数量与从事生产的工人数量比率从 1899 年的 9.9% 上升到了 1929 年的 18.5%（谭梦，2020）。个性化的和非正式的管理结构最终被科学和逻辑的企业管理所替代。技术的发展极大促进了管理的进化，新技术使新兴企业能更加成功地进行竞争，不断进步的技术持续改造着工作方式，以机械和资本密集型工作取代劳动密集型工作。

第二次工业革命期间是管理理论与实践蓬勃发展的时期，出现了泰勒及其追随者、法约尔、韦伯、梅奥等众多管理理论的先驱，泰勒的科学管理理论、法约尔的管理过程理论、韦伯的古典行政组织理论、梅奥的人际关系学说为现代管理理论奠定了基础。工业革命中机械思维开始在欧洲普及，巴贝奇证实了人类各种确定性计算都能通过机械实现，人们相信机械能够解决世界上所有的问题，这就如同当今很多人相信计算机和人工智能能解决所有问题一样。机械思维的确定性、可拆解和标准化的特性通过生产管理进而影响了整个社会，工业化时代追求效率是所有人的共识，为此管理者不断优化企业管理，流程化和标准化管理成为工业的标配，将生产任务自上而下不断分解的做法使层级的组织结构成为必然，并且大小组织完全同构，这在工业时代非常高效，保证了各部门之间的权责分明，对当今的时代也仍然产生着巨大的影响。

三、精益管理时代（1960~2000 年）

开始于 20 世纪 60 年代的第三次工业革命并没有像第一次和第二次工业革命那样轰轰烈烈，区别于前两次以能源革命为基础的工业革命，第三次工业革命的核心是信息。信息革命的革命性技术发明主要集中在 20 世纪 40~70 年代，但这些技术直到 20 世纪 90 年代才被广泛应用于经济体系，因此，从 20 世纪 60 年代开始的精益管理时代是工业技术和信息技术交互作用的时代。在这个时代经济低速增长，市场竞争由于需求增加缓慢而显得更加激烈，竞争已经变成一场互相交织的激战。企业越来越难以控制产品和原材料价格，管理开始面向企业内部的整体供应链寻找改进空间，加上计算机技术的发展和由此推动的自动化技术的支持，丰田汽车公司成功地进行了精益管理的实践。

20 世纪 70 年代日本丰田汽车公司开创了精益生产方式。精益生产方式是福特流水线生产方式发明以来，对生产方式最重要的变革。美国麻省理工学院教授詹姆斯·沃麦克（Janes P.Wonack）等在对全世界 90 多个汽车制造厂进行调查和对比分析后，认为日本丰田汽车公司的精益生产方式是最适用于现代制造企业的一种生产组织管理方式。从那时起，精益管理系统（以丰田汽车为代表）击败传统大批量生产系统（以美国通用、福特汽车为代表），丰田精益生产模式迅速风靡全球。精益思想强调以更少的投入（较少的人力、较少的设备、较短的时间和较小的场地）来获取更多产出的方法，同时也越来越贴近用户，提供他们确实需要的东西。精益生产的核心思想是消除一切浪费，体现在许多公司在生产中倡导节俭、提高效率、取消库存、减少员工及流程再造等方面。

随着现代企业运营模式的成熟，管理理论从 20 世纪 40 年代开始得到了快速的丰富和发展。从 20 世纪 40~60 年代形成了管理过程学派、社会系统学派、决策理论学派、系统管理学派、经验主义学派、管理科学学派、权变管理学派、经理角色学派等"管理理论丛林"。从管理关注的问题角度来看，"二战"之后管理不再专注于生产和组织运营问题，产品的质量、服务以及顾客等日益引起企业重视，引发了世界范围内的质量管理运动以及关于品牌和营销的研究热潮。20世纪60年代战略管理理论诞生。在这个充满变化的时代，组织的竞争优势不再仅仅源于市场地位或财务实力，而是更多地取决于迅速进入市场、快速开发产品或服务的能力，以及在竞争出现之前抓住机遇的能力。管理理论关注的焦点逐渐从日常经营和市场竞争转向如何正确选择战略以最有效地参与竞争（彭新武，2017）。20世纪80年代，随着日本经济的迅速崛起，美国企业开始反思自身管理方式，引发企业文化研究热潮，将研究焦点转向微观的组织文化层面，探讨如何培育组织文化。同时，随着全球化经济的发展，文化的差异、矛盾和冲突成为企业参与国际竞争的焦点，跨文化研究应运而生。自20世纪后半叶以来，由于环境污染、贫富分化、劳资冲突等问题使企业不仅需要关注内部的责权利配置，还需要承担员工、社区、社会可持续发展、环境保护等广泛的社会责任，企业不仅要注重绩效，还应以创造价值为己任。20世纪90年代，信息革命的经济和社会影响开始显现，推动世界从传统工业经济向信息和知识经济转变，企业也开始把知识管理、组织学习和创新管理作为新的理论研究和实践方向。

精益管理时代，一方面，工业化进入成熟发展时期，市场竞争加剧，迫使企业不能只关注生产和组织运营；另一方面，企业内部和外部、当前和未来都成为企业管理的核心内容，由此带来的企业管理复杂度增大和不确定性增强，对企业管理带来了极大挑战。恰在此时现代信息革命开始起步，计算机、互联网、数据库为现代企业管理提供了新的工具，并同时为管理开启新的时代奠定了基础。

四、数字时代管理的开启（2000年至今）

进入21世纪后，随着互联网和信息技术的迅猛发展，企业被带入数字时代的浪潮。如何推动企业不断适应数字时代、探索新的进化路径和效率来源，已成为管理这门实践性学科必须回答的时代问题。随着数字技术的广泛应用，经典管理理论在数字时代面临前所未有的挑战。具体而言，数字时代对传统管理的核心理论提出了新的挑战：数据和算法开始被视为资产，挑战了传统组织资源的观点；算法决策对有限理性和组织学习产生影响；数字时代的企业转向无层级的组织设计，挑战了传统的组织设计原则；大数据和人工智能改变了过去的组织工作方式，影响企业的商业模式和竞争优势本质（Agrawal 等，2018）。

企业管理数字化变革不仅对现有企业管理范式提出了新的挑战，也推动了企业治理结构、内部管控和运营机制发生根本性变革（戚聿东和肖旭，2020）。企业数字化转型实质是从"工业化管理模式"向"数字化管理模式"的转变，通过将数字技术引入现有企业管理结构中，重新塑造信息结构、管理方式、运营机制和生产流程，打破传统工业化管理的路径依赖（黄群慧等，2019；肖静华和李文韬，2020），改变企业管理思维逻辑（陈剑等，2020），推动企业生产管理向智能化、企业营销管理向精准化、企业资源管理向高效化方向发展，从而颠覆企业管理范式和制度（Frynas 等，2018；Einav 和 Levin，2014）。因此，企业管理数字化变革是企业亟须关注的重要理论前沿问题（陈冬梅等，2020）。

总之，为了适应数字化信息社会的非物质化、超时空性、可扩展性等特点，应该努力实现新的企业管理范式转变。企业的网络化和虚拟化、价值观重塑、管理模式变迁等共同构成了数字社会企业管理的新范式。

第三节　技术变革、组织模式与管理范式迭代

一、企业管理范式的定义

范式是美国科学哲学家托马斯·库恩（Thomas Samuel Kuhn）的科学哲

学中的核心概念，范式理论也是区分他的哲学与其他哲学流派的关键特征。库恩将范式（Paradigm）这一概念引入科学哲学，该词源自希腊语，原意是指"共同显示"，但其含义已被拓展为规范、模型、模式、范例等。库恩认为，范式在实际和逻辑上都与"科学共同体"紧密相关，它是科学共同体成员所共享的知识和信念体系。因此，一个科学共同体的形成，正是因为其成员共同掌握了相同的范式，尽管在其他方面他们可能没有任何共同点。

随着社会环境变迁和社会发展，19世纪末20世纪初管理真正成为一门科学。但对管理范式这一概念的内涵至今也没有做出明确界定，其应用也可谓五花八门，诸如"公共管理范式""知识管理范式"等。管理范式至少包括管理关系、管理系统的技术和管理过程的人性。管理关系本质上属于一种社会关系，体现社会关系的变化，由宏观社会关系所制约。社会关系不仅是决定管理关系本质的核心因素，也是推动管理范式变革的最终动因。在管理过程中，科学技术手段的使用，尤其是管理系统的技术手段，对管理范式变革起着决定性影响。然而，科学技术的应用虽然在提升管理效率方面发挥着重要作用，但是过度依赖这些物质手段在管理实践中可能导致忽视人的因素，进而对人性施加严重桎梏，最终导致管理效能的低下。毕竟，管理关系中没有人的参与和掌控，即使再先进的技术也无法发挥其应有的效果。除了硬科学的技术手段，像心理学这类软科学，也必须在管理过程中得到充分的重视。在管理过程中，是否按心理规律看待人的行为，是否重视被管理者的心理特征，已经成为衡量管理范式优越性的一个重要标准。如何看待和处理与物对象不一样的人对象，将直接影响组织运行的效果。因此，在管理中平衡技术手段和人的因素，是实现有效管理的关键。

企业管理范式的一般概念是指在特定的管理理论和管理思想的指导下，结合企业管理环境的具体情况，创建的企业组织活动运行体系。这一概念具体涵盖了管理者如何根据企业价值观组织、指挥、激励和控制员工。它是一种系统化的指导与控制方法的综合，同时也体现了管理者领导风格和企业激励机制。在管理范式的发展早期，所依据的管理理论通常较为单一，如泰勒的科学生产理论。然而，随着管理科学的进步和管理思想的成熟，管理范式逐渐演变为多种理论的复合体。现代的管理者不仅需要重视战略管理，还必须对知识管理等领域给予足够的关注。管理环境是构成管理范式的关键因素之一，它包括如企业战略、文化背景、经济发展水平、被管理者的教育水平、技术因素以及所处行业特点等多种因素。这些因素相互作用，共同构成了完整的管理范式系统。

二、传统农耕时代的管理范式

在原始社会，由于生产力水平较低，社会仍处于渔猎阶段，人们生活在饥饿与饱足之间，几乎没有剩余产品可用以再生产。这一时期的社会特征是公有制，还未出现以营利为目的的社会生产单位——企业。

进入传统农业经济时代，从原始社会末期一直到工业革命前，人类的生产方式主要是以农耕为主，总体属于农业经济，或在思维上还属于农业思维阶段。这个阶段的"企业"主要是手工作坊和工场手工业，以及第一次工业革命后迅速发展起来的较大规模的工场。在家庭作坊和手工业工场，通常采用自然管理方式，规模较小，雇佣的人员多为家人或亲属。这些亲属通常从孩童时期就开始在工场或作坊学习生产技能，而且这时还没有明显的分工，每个学徒都需要掌握全部生产技能。

随着社会生产力的发展，一些工场的规模逐渐扩大，雇佣的人数也逐渐增多，特别是在工业革命前夕，出现了拥有上千人的大型工场。这些工场开始实行分工，工人不再需要掌握所有生产技能。工场主个人难以管理如此大的工场，开始委托其他人来分担管理职能，这些管理人员多为自己的亲属。这时的企业组织结构还处于初级的阶段，管理的层次较少，幅度较宽，工场主对代理人的控制很少，工作流程缺乏标准化，管理随意性较大。总体来看，在农业经济时代，企业的组织结构类似于扁平化，管理范式处于一种初级混沌的阶段。

三、工业时代的企业管理范式

随着第二次工业革命的推进，动力技术和信息技术迅速发展。特别是电报和电话的发明极大地解决了远程沟通问题。这使管理者能够远程控制自己的企业和员工，企业规模开始扩大，市场也逐渐向海外扩展。在这一时期，企业的管理需求发生了显著变化，原有的放任管理、经验管理和自主管理的方法已不再适用。随着工厂规模扩大至数千人，市场的全球化、科学化、系统化、理性化的管理理论应运而生，企业管理逐步走向成熟。此外，这一时期的管理理论深受当时自然观影响，这种由牛顿和笛卡尔等提出的机械自然观认为世界是稳定的、有序的、可预测的。因此，管理上不可避免地强调组织的稳定性和一致性。

尽管工业革命带来了一些标志性的产品和技术，但技术发展整体缓慢，通信和交通技术仍不足以支撑企业快速发展，导致产品生命周期长、产品类型单一化、行业界限明确等问题。资本主义工业社会的企业在经历了初期的自由竞争后，逐步进入资本集中的机械化大生产的阶段，资本成为企业发展的关键要素，形成了寡头企业和市场的分割，进一步增强了市场的稳定性。生产方式在这一时期主要是大规模生产，分为库存生产的"少品种大批量"和定制生产的"多品种小批量"。在组织结构方面，传统的放任、经验式和自主管理已无法满足企业的需要，组织结构开始转向层级化、制度化和集权化的金字塔形。

总之，工业社会时期的企业环境要求企业采用内部面向、计划性强、集权决策和科层组织结构的管理模式。这种管理范式是对工业社会特征的适应，支持了从 20 世纪初到 20 世纪 50 年代工业社会的企业发展。

四、信息时代的企业管理范式

从 20 世纪初的科学革命到中期的技术革命，人类社会经历了巨大的转变，进入了以信息技术为核心的新时代。这场以信息技术为先导的技术革命引发了经济、社会、组织、环境、文化等多方面的深刻变革。如果早期的工业革命扩展了人的体力，那么当前的技术革命则极大地扩展了人的智力和脑力。信息技术的发展改变了信息的传播、处理和沟通方式，导致企业的内外环境发生根本变化。工业时代相对稳定的经营环境被信息时代快速变化的环境所取代。企业内部的沟通障碍减少，组织结构更加开放，企业价值链也由封闭向开放转变。

全球化是信息时代的一个显著特征。世界变成了一个"地球村"，企业的竞争环境从区域化转向全球化。跨国公司的增强和国际贸易组织如WTO的出现，标志着经济全球化的加速。产品生命周期缩短，创新加速且方向不可预测，产品多样化程度极高，不确定因素增多。因此，信息时代的生产模式特征为"多品种变批量"的生产特征，主流生产模式转向小批量的大规模定制，强调产品的知识含量和产品个性化。现代的柔性生产模式，是对传统大规模生产模式的反思和超越，融合了多学科的最新技术，帮助企业在动态多变的环境中生存和发展，赢得竞争优势。

在信息社会，知识和信息成为可自由获取的资源，促使管理从垂直向水平转变。新型企业结构趋向网络化、扁平化，反应更为敏捷。企业的组织结构和管理策略也随之变化，向虚拟化和网络化方向发展。虚拟化成为管理国际化的重要手段，其核心是利用外部资源快速响应市场需求，形成新的价值链，并在企业之间建立合作关系。管理的焦点也从以物为中心转向以人为本。随着科技的进步和信息社会的到来，人的创造性、个性和才能在生产活动中变得越来越重要。企业管理越来越重视人的因素，管理方式发生相应变化，强调分权与自我控制，赋予员工更多的自主权。

总之，信息社会时期的企业采用了复杂的生产系统、面向外部、以人为本的管理方式，并实施分权与自我控制，采用柔性和扁平化的组织结构，以适应快速变化的环境和市场需求。

五、数字时代的企业管理范式

人类在 21 世纪进入了数字时代，移动互联、云计算、3D 打印、虚拟现实、区块链、物联网、大数据、人工智能等数字技术和智能技术被广泛地渗透到商业贸易、农业生产、工业生产、新闻传播、生活服务、金融交易、文化教育、安全国防等各个领域。人类已经进入了数字和智能技术无处不在的时代。数字技术和智能技术的不断进步和广泛应用，提高了生产、交易和信息交流的效率，改变着人类生产的特性和生产组织方式，催生了新的产品开发模式、新的商业模式和新的经济业态。

数字技术和人工智能技术向社会经济各个领域的不断渗透，带来了企业管理全方位的变革（见图1-3）。组织结构趋于网络化、扁平化，营销模式趋于精准化、精细化，生产模式趋于柔性化、个性化，产品设计趋于版本化、迭代化，研发模式趋于开放化、开源化，用工模式趋于多元化、弹性化（戚聿东和肖旭，2020）。数智技术对于企业管理的对象、属性、文化、决策等众多方面产生根本性的影响。在数智技术加持下的数字化企业的组织不再有明确的边界，而是呈现出平台化、生态化、虚拟化的特征，企业之间的市场竞争关系正在转变为开放的、共赢的、互相嵌入的生态关系，企业之间相互依赖协同进化共同塑造数字经济的新商业生态系统。数智技术的发展使企业与客户之间的关系发生了颠覆性变化，一方面企业从产品研发、生产到销售的整个生命周期中都开始有客户参与，另一方面这也促使企业对客户以及市场有着过去无法拥有的洞察能力，全面满足客户个性化的产品和服务需求成为未来企业的标配。数智技术同样在重新定义企业运营管理体系，数字智能创新使企业可以从随需而变为创造需求，从提供产品到提供数据—服务—产品包，从线性供应链到网状供应

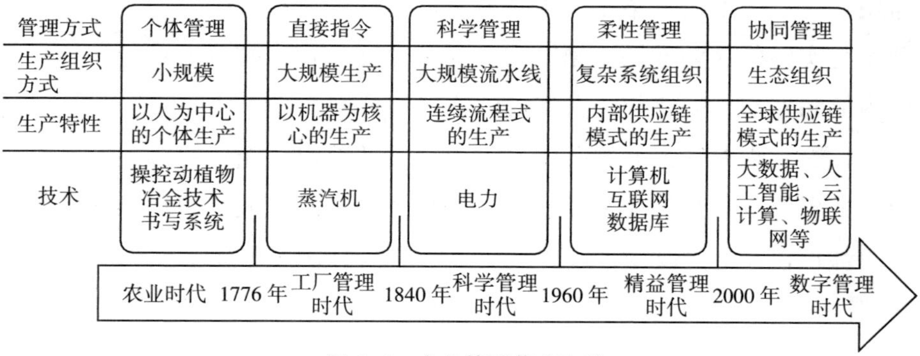

管理方式	个体管理	直接指令	科学管理	柔性管理	协同管理
生产组织方式	小规模	大规模生产	大规模流水线	复杂系统组织	生态组织
生产特性	以人为中心的个体生产	以机器为核心的生产	连续流程式的生产	内部供应链模式的生产	全球供应链模式的生产
技术	操控动植物冶金技术书写系统	蒸汽机	电力	计算机互联网数据库	大数据、人工智能、云计算、物联网等

农业时代　1776年　工厂管理时代　1840年　科学管理时代　1960年　精益管理时代　2000年　数字管理时代

图1-3　企业管理范式变革

链，从个体竞争到生态圈竞争（陈剑等，2020），驱动着企业在需求预测、研发设计、定价和库存管理、供应链协同、客户化定制等关键运营活动发生彻底变革（黄丽华等，2021）。数字时代企业基于产业生态来完成生产，在全球开展供应链的整合，形成了内部和外部融合、人机结合、协同的新管理范式。

本章小结

当前我们正在经历数字技术变革过程，而技术变革对于组织模式和管理范式的影响已多次出现。本章以分析技术在能量和信息两个维度的变革为起点，探索其在现代企业管理演变中的作用，从而为新时代的管理范式特征寻找线索。通过前三节可以总结出以下三个结论。

（1）技术变革是人类控制能量和信息能力的变革，企业是利用这些能力聚集资源来完成产品生产和服务的基本经济组织，每次技术变革都是人类控制能量和信息能力的提升，能力变化了聚集资源的方式就会发生变化，由资源稀缺所带来的竞争模式会发生变化，企业的管理范式也随之转变。

（2）第一次工业革命中技术重构了生产的组织方式，企业的生产变成了以相互作用的机器为核心的复杂过程，现代管理由此诞生。第二次工业革命使生产和资本高度集中，大规模生产带来的生产、销售问题促使了管理理论与实践的蓬勃发展。第三次工业革命随着信息技术的广泛应用，企业的内部和外部、当前和未来都成为管理的核心。

（3）数字技术是人类的第四次工业革命的核心，企业可以完全在数字层面完成资源的聚集，生产模式、运作模式、治理模式、组织结构、决策机制等都正在发生着改变，这些改变必然都对企业战略管理模式产生影响。

参考文献

［1］Agrawal，A.，Gans，J.，Goldfarb，A.Prediction Machines：The Simple Economics of Artificial Intelligence［M］. Harvard Business Press，2018：150-151.

［2］Barney，J.B. Strategic Factor Markets：Expectations，Luck and Business Strategy ［J］. Management Science，1986（52）：1231-1241.

［3］Bodrozic，Z.，Adler，P.S.The Evolution of Management Models：A Neo-Schumpeterian Theory［J］. Administrative Science Quarterly，2018（63）：85-129.

［4］Cook，E. The Flow of Energy in an Industrial Society［J］. Scientific American，1971，225（3）：134-144.

［5］Einav，L.，Levin，J. Economics in the Age of Big Data. Science［J］，2014，346（6210）：1243089.

［6］Frynas，J. G.，Mol，M. J.，Mellahi K.Management Innovation Made in China：Haier's Rendanheyi［J］. California Management Review，2018，61（1）：71-93.

［7］March J. G.，Simon H. A. Organizations［J］. Social Science Electronic Publishing，1958，2（1）：105-132.

［8］Simon，T. J. Reconceptualizing the Origins of Number Knowledge：A Non-numerical Account［J］. Cognitive Development，1997（12）：349-372.

［9］Wernerfelt，B. A Resource-based View of the Firm［J］. Strategic Management Journal，1984，5（2）：171-180.

［10］WIPO. WorldIntellectual Property Report：The Direction of Innovation［R］. Geneva：WIPO，2022：74.

［11］陈春花，尹俊，梅亮，等.企业家如何应对环境不确定性？——基于任正非采访实录的分析［J］.管理学报，2020，17（8）：1107-1116.

［12］陈冬梅，王俐珍，陈安霓.数字化与战略管理理论——回顾、挑战与展望［J］.管理世界，2020，36（5）：220-236+20.

［13］陈剑，黄朔，刘运辉.从赋能到使能——数字化环境下的企业运营管理［J］.

管理世界，2020，36（2）：117-128+222.

[14] 黄丽华，等. 企业数字化转型和管理：研究框架与展望［J］. 管理科学学报，2021，24（8）：26-35.

[15] 黄群慧，余泳泽，张松林. 互联网发展与制造业生产率提升：内在机制与中国经验［J］. 中国工业经济，2019（8）：5-23.

[16] 林枳敔. 论人类的书写系统［J］. 文字改革，1962（5）：15-17.

[17] 麻省理工科技评论. 科技之巅［M］. 北京：人民邮电出版社，2016：22.

[18] ［英］. 培根. 新工具［M］. 北京：商务印书馆，1986：103.

[19] 彭新武. 西方管理思想史［M］. 北京：机械工业出版社，2017（11）：136.

[20] 戚聿东，肖旭. 数字经济时代的企业管理变革［J］. 管理世界，2020，36（6）：135-152+250.

[21] 谭梦. 管理进化简史［M］. 北京：中国商业出版社，2020：64.

[22] 吴军. 全球科技通史［M］. 北京：中信出版集团，2019：10+186.

[23] 肖静华，李文韬. 智能制造对企业战略变革与创新的影响——资源基础变革视角的探析［J］. 财经问题研究，2020（2）：38-46.

[24] 许小年. 商业的本质和互联网［M］. 北京：机械工业出版社，2020：52.

[25] ［美］伊恩·莫里斯. 西方将主宰多久［M］. 钱锋，译. 北京：中信出版集团，2014：124-126.

[26] ［以色列］尤瓦尔·赫拉利. 人类简史［M］. 林俊宏，译. 北京：中信出版社，2014：23-31.

[27] 张笑宇. 商贸与文明［M］. 南宁：广西师范大学出版社，2021：401.

| 第二章 |

企业战略管理的演化历程

第一节 企业战略管理的诞生与发展

　　企业管理的发展经历了从生产管理到经营管理再到战略管理三个阶段。最初，生产管理是应对简单的卖方市场环境，那时还没有形成以竞争战略为核心的战略管理思想。随着生产厂家数量的增加和市场产品的丰富，市场逐渐从卖方市场转变为买方市场，企业开始关注经营管理。经营管理以市场为中心，注重消费者需求，实现营销与生产等职能的平衡发展。这一阶段是战略管理的前奏，尽管经营管理并未强调竞争，主要是对企业活动中各职能的分离和规范。随着企业间竞争的加剧，职能部门之间的独立行动和协调性差的问题日益明显，促使战略管理思想的产生。

　　20 世纪 60 年代以来，战略管理学科逐渐演化，并形成了多个学术流派。其中，产业组织理论是奠定战略管理学科地位的重要理论流派。资源基础观从企业内部资源如何影响竞争优势的角度出发，解决企业异质性问题，与之密切相关的是知识基础观，该理论视企业为知识整合和创造的实体，解释企业相较于市场为何更有效率。此外，核心竞争力和动态能力观也是重要的研究领域。

　　战略管理学科还重点研究企业与外部环境的关系及其对企业战略的影

响。需求基础观关注需求异质性对于企业竞争优势的影响，颠覆式创新理论解决在位者与颠覆者之间的竞争问题（Christensen & Bower，1996）。技术变革学派强调技术的不连续（Tushman & Anderson，1986）和模块化创新（Henderson & Clark，1990），以及对产业结构变化和企业竞争的影响（Dosi，1982）；利益相关者理论则从更广泛的视角考察多种利益相关者如何影响企业（Jones & Wicks，1999）。

战略管理学科的实践合法性得到了多元化战略的支持，如波士顿矩阵和麦肯锡矩阵（GE 矩阵）等工具的广泛使用显著提升了企业的多元化效率。在数字化时代的发展中，战略管理也产生了诸多新兴话题，包括基于商业模式（Teece，2010）、生态系统（Adner & Kapoor，2010）、互联网和物联网（Porter & Heppelmann，2014）以及蓝海战略（Kim & Mauborgne，2004）的研究。

一、传统战略管理理论

20 世纪 70 年代，美国企业经历了剧烈的经济环境变化，包括科技竞争的加剧和企业兼并的频繁发生，同时还面临来自日本和欧洲的挑战。这一时期，环境的快速变化使人们越来越意识到未来的不可预测性，这从根本上动摇了传统战略规划中对未来可预测性的信念。因此，以环境变化分析为核心的战略理论开始占据主导地位。1962 年美国著名管理学家钱德勒（Chandler）在其著作《战略与结构》中首次系统地研究了企业战略问题，分析了环境、战略和组织之间的相互关系，并提出了"组织结构服从战略"的观点。钱德勒认为，企业的经营战略应当适应环境变化，组织结构也应随战略的变化而调整。因此，他被认为是研究"环境—战略—结构"关系的先驱。关于战略如何构造的研究，后来形成了三个主要学派：设计学派、计划学派和学习学派。

设计学派以哈佛大学商学院的安德鲁斯（Andrews，1971）为代表，认为战略的制定是一个围绕核心能力发展，在内外部环境中寻求平衡的过程。该学派建立了知名的 SWOT 战略分析模型，并认为高层管理者应作为战略的设计师，负责战略的制定和实施，强调战略应具有创造性和灵活性。计划学派由安索夫（Ansoff，1965）领衔，他在《公司战略》一书中提出，战略构造应是一个有控制、有意识的计划过程，高层管理者不仅负责整个计划的制定，还要对实施过程中的具体人员负责。学习学派则认为战略是通过渐进学习和自然选择形成的，可以在组织的各个层次出现。该学派的代表性观点包括鲍尔和伯格尔曼的突破思维定势观点，明茨伯格的自然选择形成战略观点以及维克的通过总结经验教训形成的战略观点。

　　总体而言，这三个理论学派虽然在方法和重点上有所不同，但都认为企业的本质是产品与业务的组合，战略管理应通过精心的规划与设计来适应外部环境的变化。它们强调企业组织结构、战略与外部环境的适应性，为后续的战略管理研究奠定了基础。然而，这些理论也存在不足，过分强调了对外部环境的适应，而忽视了对企业内部条件的分析。

二、战略管理理论的丰富与发展

　　为了弥补传统战略理论的不足，哈佛商学院的迈克尔·波特（Michael Porter）借鉴了产业经济学中的"结构—行为—绩效"理论，将产业组织理论的分析范式引入到企业战略管理研究中，并提出了基于产业结构分析的竞争战略理论。1980年波特在《竞争战略》一书中，提出了五力模型，认为行业的吸引力和潜在利润来源于这五种竞争力量的相互作用。相较于早期的战略理论，波特的理论虽有所进步，但由于产业边界的模糊和产业结构的不稳定，其理论仍缺乏对企业内部环境的全面分析。为此，波特在1985年提出了价值链理论，旨在从企业内部的价值创造过程中寻求竞争优势的源泉，试图弥补对企业内部因素的关注不足。然而，将企业视为一系列活动的简化视角未能充分反映企业内部的复杂性。此外，波特的战略模型主要指导企业在特定市场结构中选择战略，但未提供改变市场结构的策略。

　　从20世纪80年代中后期开始，以加里·哈默尔（Gary Hamel）和C. K.普拉哈拉德（C. K. Prahalad）为代表的学者开始关注核心竞争力和能力观，将战略管理的焦点从外部结构转向企业内部。能力学派强调组织内的技能、集体学习和管理技能，认为竞争优势的根源在于组织内部，新战略的采取受到公司现有资源的限制。能力学派的战略管理思想强调企业内部资源和能力的重要性，认为企业的成功依赖于如何发掘、保护和利用这些内部资源和能力来实现竞争优势和业绩增长，其关键要素包括：企业核心能力的定义、内部环境分析、制定竞争战略、实施战略、建立和维持核心能力、通过核心能力获得竞争优势、实现企业业绩提升。

1984年，B.沃纳菲尔特（B. Wernerfelt）发表了《企业的资源基础论》，标志着资源学派的兴起。资源学派的代表人物如大卫·柯林斯（David Collis）和辛西娅·蒙哥马利（Cynthia Montgomery）将战略资源的研究置于理论核心，定义资源为企业所拥有的资产和技能的总和，将企业看作是一系列独特资源的组合。他们认为，企业要获得优异的经营业绩，必须具备有竞争力的异质资源，并将这些资源有效地应用于竞争战略中。资源学派不仅强调公司特有资源的重要性，也重视产业分析，认为企业能力只有在产业竞争的环境中才显得重要。资源学派的战略管理思想强调通过产业环境和内部资源分析，制定并实施竞争战略，建立与产业环境相匹配的核心能力，从而获得竞争优势。资源学派的出现标志着战略管理理论的重心已从追求短期、外在的竞争优势转向追求持久的、内在的竞争优势，并着力培养企业的新核心竞争力。

战略联盟的理念最初由美国DEC公司总裁简·霍普兰德（J. Hopland）和管理学家罗杰·奈格尔（R. Nigel）提出。战略联盟通常涉及两个或更多实力相当的企业，为了共同的战略目标如共享市场和资源，通过各种协议和契约形成一种优势互补、风险共担的松散网络组织。战略联盟通常是长期的合作关系，是自愿的、非强制的，且各参与方保持其原有的企业管理独立性和完整的经营自主权。战略联盟的出现从根本上改变了传统的竞争格局，企业为了生存和成功，需要与竞争对手合作，即为竞争而合作，靠合作来竞争。建立战略联盟可以使企业处于有利的竞争地位，或有利于特定的竞争战略，其根本目的是增强企业竞争力。战略联盟带来了一种新的思维方式和观念，为企业的扩张和全球战略目标的实现开辟了新的路径，传统的股权安排正逐渐被基于合作的新型战略联盟所替代。采用战略联盟的合作模式，企业不仅能保留原有资源，还能在共享外部资源的基础上进行资源交换，从而实现其全球战略目标。战略联盟观的核心思想可以概括为：制定战略、实施战略，通过竞争合作、获得竞争优势、提升业绩。

自 20 世纪 90 年代中期以来，随着产业环境的动态化、技术创新的加速、全球竞争的加剧以及客户需求的多样化，企业日益意识到，想要发展，不仅需要增强自己能力，还必须与其他企业共同创造新的价值，这需要培养以发展为导向的协作性经济群体。在这种背景下，通过不断地创新来超越竞争成为企业战略管理的新焦点，企业战略生态理论应运而生。波特提出了"新竞争经济学"和企业群落的概念，认为企业群落获取竞争优势的主要来源包括外部经济效益、空间交易成本节约、学习与创新效应、品牌与广告效应。詹姆斯·莫尔（James Moore）的生态系统理论使用演化思想，认为产业界限日渐模糊，企业作为生态系统的一部分，应围绕一个或多个核心企业共同演进其角色和能力。战略生态学说超越了传统战略思维的局限，强调在制定和实施企业战略时考虑整个商业生态系统及其成员的利益，追求广阔的环境机会，建立有利的或占优势的新的战略生态系统。战略生态观要求企业家超越传统组织和文化界限，形成超越公司、行业和国界的竞争观点，有助于企业选择更科学的战略行为和竞争手段，建立企业对战略环境的长期适应性和生态进化能力。然而，这一新战略范式目前还存在可操作性较差，难以指导企业具体实践等问题。

进入 21 世纪，战略管理理论加强了对人的重视，体现在企业家战略上。约瑟夫·熊彼特（Joseph Schumpter）将企业家的战略意图视为企业行为的解释因素，而不仅仅是利润最大化。企业家学派代表人物富兰克·奈特（Frank Knight）强调企业家通过识别和利用环境中的不确定性来获得利润。这一学派将战略形成过程集中在领导者身上，强调直觉、判断、经验和洞察力的重要性。企业家学派的战略制定既具有方向性又具有灵活性，使领导者在制定战略时能够充分利用其经验。然而，战略和经营策划权的集中也可能使企业家过分关注细节，从而忽视了战略层面的思考。

第二节　战略管理学术研究的发展轨迹

企业战略管理的研究始于 20 世纪 60 年代，很多学者把 Chandler（1962）的《战略与结构》一书作为战略管理理论研究的起点。Reuer 等（2020）的文章回顾了最近这些年战略管理理论的发展和迭代。1.0 阶段以经典问题的提出、*Strategic Management Journal* 的发起和战略管理学会的成立为里程碑，推动了战略管理学科的发展。2.0 阶段以竞争优势理论、组织理论和资源相关理论的提出，夯实了战略研究的理论基础。3.0 阶段以数据分析范式的变化和对内生性问题的关注为主，标志着战略管理研究严谨学术范式的形成。

Ramos-Rodríguez 和 Ruíz-Navarro（2004）对 SMJ 在 1980~2000 年发表的所有文章进行了引文分析和共引分析，分析了战略管理知识结构的变化情况，处于战略管理中心位置的人物是 Porter（1980，1985）、Scherer（1980）、Caves 和 Porter（1977）、Williamson（1975）、Rumelt（1974）、Chandler（1962）等。Nerue 等（2008）应用了与 Ramos-Rodríguez 和 Ruíz-Navarro（2004）相同的数据，通过共引分析识别了连接不同领域的关键学者，并通过多维尺度分析的方法（Multi Dimensional Scaling，MDS）将战略管理知识结构展示在二维空间当中（见图 2-1）。

本书检索了 2003~2021 年 SMJ 期刊发表的 1820 篇论文，合计引文数量 202589 篇，平均每篇引文 111 篇。Teece（2007）发表的 "*Explicating dynamic capabilities：The nature and microfoundations of（sustainable）enterprise performance*" 最高合计引用量达到 5000 次，平均每年的引用量为 312 次。图 2-2 为每年引用次数排在前 5 的论文总引用次数。在 SMJ 2003~2021 年发表的论文被引次数超过 500 次的有 61 篇，100~499 次的有 521 篇。本书选取以上 61 篇高被引论文来分析当前战略管理的热点问题。61 篇论文可分为 24 个研究方向和问题，其中动态能力研究的论文有 8 篇，平均引用

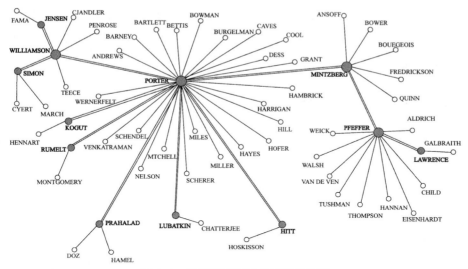

图 2-1 战略管理领域关键学者关系

资料来源：引自 Ramos-Rodríguez 和 Ruíz-Navarro（2004）论文中的图片。

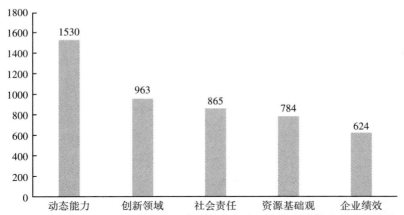

图 2-2 SMJ 2003~2021 年超 500 次引用论文分研究方向的篇均被引用次数

次数为 1530 次。创新领域研究的论文有 10 篇，平均引用次数为 963 次，其中 Laursen 和 Salter 发表的 "*Open for innovation：The role of openness in explaining innovation performance among UK manufacturing firms*" 总引用次数达到了 3249 次，紧随着 Teece（2007）的论文排第 2 位。企业绩效方面的论文数量有 6 篇，平均每篇的引用数量为 624 次。社会责任、资源基础观领域的论文各有 5 篇，平均引用数为 865 次和 784 次，这些都管理热点的研究方向。Jacobides 等在 2018 年发表 "*Towards a theory of ecosystems*" 的论文，引用量在 2019~2021 年分别为 70 次、173 次、253 次，说明战略研究中对于把企业看作生态系统的观点兴趣激增。

一、诞生阶段战略管理的研究

Chandler（1962）、Ansoff（1965）和 Andrews（1971）等揭示了战略管理领域的基本要素和问题，如战略如何影响业绩、外部机会和内部能力的重要性、基于战略的结构的概念、制定和实施之间的实际区别，以及管理团队成员在战略管理中的积极作用。Thompson（1967）引入竞争和合作战略以及联盟形成的概念，是战略网络和联盟的先驱。Buzzell 等（1975）发表在《哈佛商业评论》上的研究从对大样本公司的统计调查中得出了市场份额和盈利能力之间的密切关系。Pfeffer 和 Salancik（1978）强调了环境中的权力斗争和权力共享以及组织之间相互依赖的重要性，从而发展出了后来被称为资源依赖理论的理论。

Dan Schendel 和 Charles Hofer 在 1977 年组织的匹兹堡学术会议为形成战略管理领域亟待解决的问题提供了重要的促进作用。Schendel 和 Hofer（1979）提出了战略管理 18 个方向的研究主题：①战略的概念（Strategy Concept）；②战略管理过程（Strategic Management Process）；③董事会：外部—内部接口（Boards of Directors：The External-Internal Interface）；④战略管理中的一般管理角色（General Management Roles in Strategic Management）；⑤目标制定和目标结构（Goal Formulation and Goal Structures）；⑥社会责任（Social Responsibility）；⑦战略制定（Strategy Formulation）；⑧环境分析（Environmental Analysis）；⑨战略评估（Strategy Evaluation）；⑩战略内容（Strategy Content）；⑪规范的规划系统（Formal Planning Systems）；⑫战略实施（Strategy Implementation）；⑬战略控制（Strategic Control）；⑭企业家精神与创业（Entrepreneurship and New Ventures）；⑮多元化/多元化企业（Multibusiness/Multicultural Firms）；⑯非营利组织的战略管理（Strategic Management in Not-for-Profit Organization）；⑰公共政策与战略管理（Public

Policy and Strategic Management）；⑱战略管理研究方法（Research Methods in Strategic Management）。

二、1.0 阶段战略管理研究的主题

1.0 阶段战略管理研究以 SMJ（Strategic Management Journal）在 1980 年和 SMS（Strategic Management Society）会刊在 1981 年的首发为标志，早期的战略管理研究表明其需要借鉴经济学、社会学、心理学、政治学等多学科的研究方法来解决高管面临的实际问题。Rumelt 等（1994）提出了四个战略管理问题：

（1）公司是如何运作的？企业的行为真的是理性行为吗？如果不是，是什么？研究者和政策制定者如何设定企业的行为模型？

（2）为什么公司不同？是什么维持了异质性？为什么成功的公司在均衡状态下会有所不同？

（3）在多元化企业中，总部单位的功能或增值是什么？是什么限制了公司的范围？

（4）是什么决定了国际竞争的成败？

Wrigley（1970）在他的博士论文中提出多元化和公司结构的分类，随后 Rumelt（1974）在他对 Chandler（1962）不同的战略与结构模式对公司业绩有不同影响的假设研究中采用了这一分类。Porter（1987）、Palepu（1985）、Christensen 和 Montgomery（1981）、Rumelt（1982）进行了旨在揭示多元化战略对公司绩效的影响的实证研究。Williamson（1975，1985）、Jensen 和 Meckling（1976）关于交易成本理论和代理理论的研究回应了关于企业起源的辩论，这在分析整合、外部化、多样化和国际化战略时具有实际意义。因此，组织经济学已经成为分析这类问题的一个有用的辅助工具（Hoskisson et al.，1999）。

有一系列研究在探索与公司长期成功或生存相关的因素时，认为环境条件起决定性作用。这些研究认为企业是在一个竞争激烈的世界中运作的，这可以被描述为达尔文主义，因为环境因素决定了哪些企业会成功或

生存，哪些会失败。因此，Hannan 和 Freeman（1977）提供了种群生态学理论的基础，而 Hannan 和 Freeman（1984）发展了结构惯性模型，该模型建立了企业在试图适应环境时会招致巨大的风险，因此，幸存者将是那些在战略和结构中包含惯性的企业，因为这使他们更可靠。另一项与之相关的工作是 Tushman 和 Anderson（1986）探讨技术变化的模式以及重大技术突破对环境条件的影响。

另外一系列研究提出不同的策略研究方法，其中一些更注重经济，如交易成本经济学（Williamson，1975，1985）、代理理论（Jensen 和 Meckling，1976）、战略集团（Caves 和 Porter，1977）；其他更倾向于组织的理论，如进化理论（Nelson 和 Winter，1982）、资源依赖视角（Pfeffer 和 Salancik，1978）、组织行为理论（Cyert 和 March，1963）、权变理论（Lawrence 和 Lorsch，1967）、组织生态学（Hannan 和 Freeman，1977，1984）。

三、2.0 阶段战略管理研究的主题

2.0 阶段战略管理进入到理论深化和发展阶段，形成了一系列被广泛接受的理论框架，这些理论可以分为三大类：一是竞争优势理论，二是企业理论，三是资源配置和战略投资理论。在竞争优势理论中，波特（1980）开创性地提出了"五种竞争力量"和"三种竞争战略"，强调了行业结构如何影响企业行为和绩效。持续竞争优势决定竞争对手是否能够复制这种优势（Barney，1986）。Lippman 和 Rumelt（1982）认为，只有竞争对手复制这种优势的努力停止时，企业竞争优势的持续性才能得以存在。Wernerfelt（1984）、Barney（1991）和 Peteraf（1993）阐明了如何利用不同的资源禀赋来产生暂时或持久的竞争优势。Kogut 和 Zander（1992）、Henderson 和 Cockburn（1994）基于能力观点强调了不同公司在知识基础和能力方面的重要差异，Teece 等（1997）则提出，公司需要不断进行整合、构建、重新配置内部和外部能力以应对快速变化环境的动态能力。企业组织理论则主要关注与逆向选择、道德风险和怠工模型的相关条件、专用性投资、准租金和敲竹杠等问题。第三类理论关注为什么企业在资源配置和

组织决策方面存在差异，这导致了关于期望与目标、信息不对称以及企业组织内部不同层次的权力差异如何影响决策的研究（Cyert & March，1963；Simon，1976），有关公司投资时机的相关研究强调了何时承诺比灵活性更有价值（Lieberman & Montgomery，1988；Ghemawat & Ricart Costa，1993）。

2.0 阶段战略管理研究在三个方面推动了该领域的发展：一是严谨的理论框架不仅为实证检验提供了命题，而且提出了清晰和可证伪的假设，减轻了后续实证研究的负担。二是企业理论定义了诸如交易成本、产权等重要概念，为企业的横向或纵向一体化等战略问题提供了重要的理论基础。三是这些战略管理研究的理论有益于实践的应用。

四、3.0 阶段战略管理研究的主题

在 3.0 阶段问题和理论都已经有了，接下来主要的后续工作是进行实证检验。在这个阶段战略学者的研究转向了那些有助于引出因果推断的方法，例如，工具变量、自然实验、DID 模型、断点回归、现场实验等。但新的方法带来了两个问题：一是找到一个外生冲击或者工具变量并不容易；二是对于方法的迷恋会导致对理论的忽略，强调统计识别很有可能会以牺牲理论发展或实践相关性为代价。Reuer 等（2020）对于战略管理学术研究的总结可以看出，战略管理走过了从基本内涵和研究范围确定，到明确研究的基本问题，再到理论框架的构建和基于这些理论进行现实检验的过程。

（一）动态能力研究

动态能力领域 2003~2021 年共有 8 篇 SMJ 的论文被引频次超过 500 次。Winter（2003）将动态能力定义为那些扩展、修改或创造普通能力的能力。Helfat 和 Peteraf（2003）应用能力生命周期概念阐明了组织能力演进的一般模式和路径，解释了组织能力中异质性的来源。Adner 和 Helfat（2003）引入动态管理能力研究了管理决策的异质性问题。Zott（2003）探讨了企业的动态能力如何与行业内不同的企业绩效相联系，提出一种将动

态能力视为指导企业资源配置演化的形式化模型，研究发现，时间、成本和学习效应促进了动态能力惊人相似的企业之间强劲绩效差异的出现。Song 等（2005）实证了营销能力、技术能力及互补性等这些动态能力对绩效产生的影响作用。Teece（2007）指出，动态能力的微观基础包括独特的技能、流程、程序、组织结构、决策规制和规程，是支撑企业感知、获取和重新配置能力的基础，动态能力强的企业具有强烈的创业精神，是企业长期成功的基础。Helfat 和 Winter（2011）解释了动态能力和普通能力之间的区别，并认为促进经济上重要但逐渐变化的能力实际上是动态的。Helfat 和 Peteraf（2015）提出，动态能力的微观基础在寻找促进战略变革的因素方面具有更重要的作用，并认为管理认知能力会支撑感知、把握和重新配置动态管理能力，同时会导致高管动态管理能力的异质性，从而导致变革条件下组织绩效的差异。

（二）创新领域研究

创新领域 2003~2021 年共有 10 篇 SMJ 的论文被引频次超过 500 次。Rothaermel 和 Deeds（2004）应用组织学习的探索—利用框架研究了技术企业的战略联盟，提出企业联盟与其新产品开发之间的因果关系取决于联盟的类型。Rodan 和 Galunic（2004）研究结果表明，网络结构对于管理绩效和创新绩效很重要，而获取异质知识对整体管理绩效和创新绩效更重要。Fleming 和 Sorenson（2004）认为，科学改变了发明家的搜索过程，使更直接地找到有用的组合，消除无果的研究路径，从而加速了发明速度。Oxley 和 Sampson（2004）探讨了缩小联盟范围这一应对研发合作风险的方法，当合作伙伴企业是终端产品或战略资源市场的直接竞争对手时，合作伙伴会选择将联盟活动的范围限制在那些可以通过有限的知识共享成功完成的活动。Almeida 和 Phene（2004）研究了外部知识对跨国子公司创新的影响，发现跨国公司的技术丰富度、子公司与东道国企业的知识联系、东道国内部的技术多样性对创新具有正向影响。Laursen 和 Salter（2006）以大型工业企业为样本，将搜索策略与创新绩效联系起来，发现了广泛和深入的搜索与性能之间呈倒 U 形曲线关系。Adner 和 Kapoor（2010）研究了产业链中上下游其他创新者的努力对于企业创新成功的影响，并通过对半导体光刻设备行业的发展实证了垂直整合作为管理生态系统相互依赖的策略有效性会随着技术生命周期的发展而提高。Leiponen 和 Helfat（2010）就创新目标和知识来源的广度对创新的影响进行了企业层面的统计分析，结果表明，在创新目标和知识来源方面更广阔的视野与成功的创新有关。Zhou 和 Wu（2010）指出，技术能力对开发性创新和探索性创新具有曲线效应和差异效应，高水平的技术能力阻碍了探索性创新，战略灵活性增强了技术能力对探索的积极作用，即当战略灵活性较高时，技术能力越强，探索性创新越强。Zhou 和 Li（2012）通过对中国高技术企业的调查数据分析，得出知识广度和深度对知识获取的影响程度与市场知识共享的影响程度相反，一个拥有广泛知识基础的企业在内部知识共享的情况下比市场知识共享更有可能实现突破性创新，而拥有深厚知识基础的企业通过市场知识获取而非内部知识共享实现突破性创新的能力更强。

（三）企业绩效研究

有关企业绩效的研究 2003~2021 年共有 6 篇 SMJ 的论文被引频次超过 500 次。Wiklund 和 Shepherd（2003）的研究结果表明，知识型资源（适用于机会的发现和利用）与企业绩效正相关，而企业行政管理可以增强这种关系。Tippins 和 Sohi（2003）发现，组织学习在 IT 能力对企业绩效的影响中起着重要的中介作用。Tan 和 Peng（2003）通过实证研究了组织冗余对企业绩效的影响问题，通过对中国的企业调查和档案数据的分析发现，组织理论在处理未吸收的冗余时产生更强的预测，代理理论在关注已吸收的冗余时产生更强的有效性。Kotabe 等（2003）研究了供应商伙伴关系中运营绩效改善的来源，指出当买方和供应商之间形成了有时限的关系资产，并且企业通过转移生产知识来利用由此产生的沟通效率时，供应商绩效将获得最大收益，普通的技术交流对供应商绩效提升的影响不随关系持续时间而变化，然而，随着关系持续时间的增加，高层次技术转移的影响会变得更加积极。Baum 和 Wally（2003）考察了战略决策速度对后续公司绩效的影响，证实快速战略决策可以预测企业后续的增长和利润，并在动态性、丰富性、集中化和形式主义与企业绩效的关系中起中介作用。Li 和 Zhang（2007）对中国高科技产业新创企业样本进行了调查分析，研究发现管理者的政治关系网和职能经验与新创企业绩效正相关，这种正相关会受到企业所有权烈性和环境中功能失调竞争水平的调节。Lavie（2007）的研究揭示了联盟组合对企业市场绩效的多方面贡献，网络资源对价值创造的贡献随资源的互补性而变化，联盟投资组合中合作伙伴的相对议价能力限制了公司的拨款能力，公司的市场业绩随着其联盟组合中合作伙伴的竞争强度而提高。Zott 和 Amit（2008）研究了一个公司的产品市场策略和其商业模式之间的契合度问题，发现以创新为中心的商业模式加上强调差异化、成本领先或早期进入市场的产品市场战略，可以提高公司业绩，商业模式和产品市场策略是互补品而非替代品。Hull 和 Rothenberg（2008）探讨了企业社会绩效通过允许企业差异化来提高财务绩效的可能性，结果支持创新和行业差异化水平是企业社会绩效和财务绩效之间的正向关系的调节因子，企业社会绩效在低创新企业和差异化程度不高的行业中对绩效的影响最为强烈。Morgan 等（2009）在一个跨行业的样本中研究了市场导向和营销能力对于企业绩效的影响，结果表明市场导向和营销能力是促进企业卓越绩效的互补资产，市场导向对企业资产回报率有直接影响，而营销能力则直接影响资产回报率和企业感知绩效。Uotila 等（2009）的研究表明，成熟的公司在探索和开发活动之间存在某种平衡，探索导向与财务绩效之间存在倒 U 形关系。

（四）资源基础观研究

资源基础观（RBV）领域的研究 2003~2021 年共有 5 篇 SMJ 的论文被引频次超过 500 次。Ray 等（2004）认为，在检验企业特定资源对企业整体绩效影响时，采用业务流程的有效性作为因变量可能比采用整体公司绩效更合适，在利用北美保险公司样本的检验表明，在过程层面观察到的独特优势不一定反映在企业层面的绩效中。Newbert（2007）评估了 RBV 的实证支持，发现 RBV 只得到适度的支持（53%的测试支持 RBV），研究结果表明，很可能是公司的组织环境及其不可模仿的能力和核心竞争力，而不是其静态资源是决定企业竞争地位的关键。Kale 和 Singh（2007）研究了企业如何发展其联盟能力，展示了一个联盟学习过程，指出这种联盟能力与企业的联盟学习过程呈正相关。

（五）利益相关者、社会责任与环境研究

利益相关者、社会责任与环境这些都是企业战略管理需要考虑的重要外部因素，其在 2003~2021 年分别有 1 篇、5 篇和 3 篇 SMJ 的论文被引频次超过 500 次。Sharma 和 Henriques（2005）研究了加拿大林业不同类型的利益相关者如何影响公司的可持续实践类型。Godfrey 等（2009）探讨了当管理者通过企业社会责任（CSR）活动分散企业资源时，股东是否会受益的问题，发现参与企业的二级利益相关者或以社会为目标的制度性企业的社会责任活动提供了类似保险的好处，而参与以企业的贸易伙伴为目标的技术型企业社会责任活动则没有这种好处。Cheng 等（2014）研究了在企业社会责任战略上的卓越表现是否会带来更好的融资渠道问题，发现 CSR 表现较好的企业面临的资本约束明显较低，这可归因于更好的利益相关者参与和企业社会责任表现的透明度提高而降低了信息不对称。Surroca 等（2010）使用一个包含来自 28 个国家的 599 家企业的数据库研究了社会绩效和财务绩效之间关系，研究结果表明，企业责任与财务绩效之间不存在直接关系，而只是一种依赖于无形资源的中介作用的间接关系。Brammer 和 Millington（2008）探讨了企业社会绩效（CSP）和企业财务绩效（CFP）在 CSP 的一个特定组成部分——企业慈善捐赠的背景下的关系，发现 CSP 异常高和异常低的公司比其他公司有更高的财务绩效，异常糟糕的社会绩效在短期内表现最好，而异常良好的社会绩效在较长时间内表现最好。Barnett 和 Salomon（2006）通过对 1972~2000 年 61 家社会责任投资（SRI）基金的实证检验，发现随着 SRI 基金使用的社会筛选数量的增加，财务回报最初会下降，但当筛选数量达到最大值时，财务回报会反弹，另外，财务表现会随着使用社会筛选的类型而变化，社区关系筛选提高了财务绩效，但环境和劳动关系筛选降低了财务绩效。Buysse 和 Verbeke（2003）对环境战略与利益相关者管理之间的联系进行了实证分析，研究表明，首

先，企业需要在不同的资源领域同时进行改进，才能转向经验上显著的、更高水平的主动性；其次，更积极的环境战略与更深入和更广泛的利益相关者的覆盖有关；最后，环境方面的领导作用与环境法规的日益重要无关，因此表明企业和政府之间的自愿合作可以发挥作用。Sharfman 和 Fernando（2008）通过对 267 家美国公司的研究表明，改善环境风险管理与较低的资金成本相关。Berrone 等（2013）在对 326 家美国污染行业上市公司的环境相关专利的分析后，发现环境问题有关的更大的监管和规范压力会积极影响公司从事环境创新的倾向。

（六）研究方法与综述研究

2003~2021 年共有 3 篇 SMJ 有关研究方法和 1 篇综述论文被引频次超过 500 次。Gibbert 等（2008）总结了案例研究方法的一般策略，认为案例研究强调外部效度，而忽略了内部效度和结构效度。Hoetker（2007）对 Logit 模型和 Probit 模型在战略管理实证研究中应用问题进行了回顾，总结了它们在使用中的四个关键问题：解释系数、变量之间的模型交互作用、组间系数（如国外和国内企业）的比较以及模型拟合的度量。Haans 等（2016）探讨了在战略研究中 U 形和倒 U 形关系这种二次元关系，确定了在理论和测试这些关系时当前实践所欠缺的几个关键问题，讨论了如何更好地对这种关系进行理论化和检验。Ramos-Rodríguez 和 Ruíz-Navarro（2004）对 SMJ 从 1980~2000 年发表的所有论文进行了文献计量分析，对战略管理研究影响最大的文献和学者进行了汇总，并对战略管理的知识结构变化做了总结。

（七）具体战略研究

2003~2021 年 SMJ 上有 1 篇探讨企业可持续发展的论文、1 篇进入战略的论文、1 篇跨国企业的论文、1 篇竞争优势的论文和 2 篇并购的论文被引频次超过 500 次。Bansal（2005）研究了企业可持续发展问题，发现资源基础因素和制度因素对企业可持续发展都有影响。Meyer 等（2009）通过分析外国投资者进入新兴经济体的策略，来研究市场支持制度对企业战略的影响，在较弱的制度框架中，合资企业被用来获取许多资源，但在较强的制度框架中，合资企业变得不那么重要，而收购可以在获取无形的和组织内嵌入的资源方面发挥更重要的作用。Cantwell 和 Mudambi（2005）研究发现，跨国公司的子公司研发水平取决于跨国公司集团水平、子公司水平特征以及区位因素，受委托子公司的研发能力随收购而提高，而非受委托子公司的研发能力随收购而下降，通过收购实现增长的跨国公司子公司间的研发多样性更强。Hatch 和 Dyer（2004）为人力资本的不可模仿性提供了新的实证证据，通过对半导体制造业的研究发现人力资本选择和培训显著改善了员工在实践中的学习，从而提高绩效，而从外部资源获取的具有行业经验的人力资本会显著降低学习绩效，研究还发现高流动率企业的表现明显逊于其竞争对手，保护了企业特有的人力资本不被模仿。King等（2004）使用元分析技术来实证评估最常见的研究变量对收购后绩效的影响，发现收购公司的业绩并不会作为其收购活动的一个函数而发生积极的变化，而是在一定程度上受到负面影响。Zollo 和 Singh（2004）测试了收购后整合决策和能力建设机制对绩效的影响。

（八）其他问题研究

2003~2021 年 SMJ 上 4 篇探讨网络效应的论文、1 篇社会资本的论文、1 篇企业生态系统理论的论文、1 篇交易成本理论的论文、1 篇组织管理的论文、1 篇管理纽带的论文和 1 篇高阶理论的论文被引频次超过 500 次。Zaheer 和 Bell（2005）研究发现企业的创新能力和网络结构都对企业绩效有促进作用，而关系的创新能力对企业绩效没有直接影响，那些通过发展网络能力来弥补结构漏洞的创新公司的业绩会得到进一步的提升。Dyer 和 Hatch（2006）研究发现网络知识资源对企业绩效有显著影响，一些公司资源和能力是特定于关系的，不容易转移或重新部署到其他买家或网络上，这意味着企业可能处于每个客户的生产可能性边界上，但由于与客户网络相关的约束，每个客户的生产率边界将是不同的。Capaldo（2007）探讨了在联盟网络中，强关系网络和双纽带网络为何以及如何影响领头企业的创新能力，研究表明整合大型异质弱关系外围和强关系核心的能力为知识密集型联盟网络中的领导企业获得竞争优势提供了基础。McEvily 和 Marcus

（2005）探索了通过企业在网络和联盟中形成的嵌入关系获取竞争能力的问题，发现支持与供应商共同解决问题可以促进获得竞争能力。Moran（2005）比较了社会资本的两个维度（管理者工作关系网络的结构嵌入性和关系嵌入性）对管理绩效的影响，结构嵌入性在解释常规的、执行导向的任务时发挥更强的作用，而关系嵌入性在解释新的、创新导向的任务时发挥更强的作用。Jacobides 等（2018）研究了生态系统战略何时和为何出现的问题，认为模块化而不是层级管理使生态系统出现成为可能，生态系统由于允许管理者通过一系列面对类似规则的角色来协调他们的多边依赖关系，从而避免了与每个合作伙伴签订定制合同协议的需要，因此增加了价值，论文还概述了影响生态系统出现、进化和成功或失败的关键因素。David 和 Han（2004）总结了大量现有研究，利用从 63 篇文章中挑选的 308 项统计检验来验证对交易成本理论（TCE）的实证支持，分析表明虽然在一些领域找到了支持交易成本理论的证据，但在如何实施 TCE 的一些核心构建和主张方面存在很大的分歧，并在不确定性和绩效等核心领域的实证支持水平相对较低。Delmas 和 Toffel（2008）使用制度理论来推进对企业异质管理实践的理解，解释为什么组织对制度压力的反应不同。Li 等（2008）考察了可能影响关系价值的三种异质性来源：公司所有权、竞争和结构不确定性，并利用中国 280 家企业的调查数据支持了管理关系的偶然性观点，即在市场变得更加多样化时不要无条件地使用关系。Dezso 和 Ross（2012）研究发现，高级管理层中的女性代表提高了公司绩效，认为这主要是因为女性为高层管理团队带来了信息和社会多样性，丰富了整个公司经理的行为表现。

五、国内战略管理学术研究

谢广营和徐二明（2019）梳理了 2000~2019 年 CSSCI 和 SSCI 数据库数据，以竞争战略、公司战略和动态战略三个关键词进行检索，得出了战略管理研究中的热点问题。国内研究的热点问题聚焦于 10 个方面：①有关竞争战略和竞争优势的研究，以波特的五力模型、基本竞争战略、价值链思想为主导；②公司战略层面的研究，包括多元化、专业化、并购重组等战略；③对于跨国公司和国际化战略的研究，主要受经济全球化影响；④从企业内部视角提出的有关企业资源和能力的研究，包括资源基础观、核心竞争力、动态能力；⑤与企业的知识创新有关的研究，包括知识管理、技术创新、组织创新等；⑥与企业绩效有关的研究，包括财务绩效、市场绩效、企业社会责任等；⑦对于企业所处环境生态的研究，包括产业集群、商业生态系统、国家竞争优势等；⑧关注企业文化培育和人力资源系统，包括企业文化、人力资源管理系统、人才竞争战略等；⑨有关企业间战略关系的研究，包括战略联盟、合作竞争战略、动态竞争、博弈论等；⑩互联网与信息技术推动下的相关研究，包括信息技术、企业信息化、电子商务等。

本书用战略管理关键词在 CSSCI 索引中检索到 855 篇论文（见图 2-3），论文中最少的关键词数量为 3，最多的关键词数量为 9，最后从中提出不同关键词共 1853 个，其中 1488 个关键词只出现在 1 篇论文之中，201 个

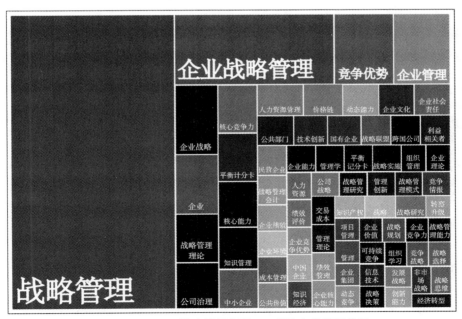

图 2-3 CSSCI 战略管理主题 855 篇论文关键词共词

关键词出现在 2 篇论文之中，而出现在 10 篇以上论文中的关键词只有 19 个，分别是战略管理（438）、企业战略管理（102）、竞争优势（38）、企业管理（36）、企业战略（27）、平衡计分卡（24）、企业（23）、战略管理理论（19）、公司治理（18）、核心竞争力（17）、核心能力（16）、知识管理（15）、中小企业（14）、人力资源管理（13）、价值链（11）、动态能力（10）、企业文化（10）、企业社会责任（10）、公共部门（9）。

本书用这些关键词还进行了共词分析，共词分析法是一种内容分析的方法，主要通过对能够表达某一学科领域研究主题或研究方向的专业术语共同出现在一篇文献中的现象的分析，来探究这些术语之间的亲疏关系，进而揭示这些术语所代表的某一学科（研究领域）的主题结构关系与变化。如上所述，得到有效关键词 1853 个，其中"平衡计分卡"和"平衡记分卡"是相同的含义，因此合并后有效关键词 1852 个，855 篇论文，论文关键词数量最大值为 9，最小值为 3，均值为 3.94（标准差 0.96）。根据词频的分布和数据量需要，选择词频为 5 以上的 72 个关键词作为高频词汇（见表 2-1、图 2-4、图 2-5）。

表 2-1　共词出现频次

序号	关键词	出现频次	序号	关键词	出现频次	序号	关键词	出现频次
1	战略管理	438	13	中小企业	14	25	民营企业	8
2	企业战略管理	102	14	人力资源管理	13	26	战略管理会计	8
3	竞争优势	38	15	价值链	11	27	企业绩效	7
4	企业管理	36	16	动态能力	10	28	企业环境	7
5	企业战略	27	17	企业文化	10	29	成本管理	7
6	企业	23	18	企业社会责任	10	30	公共价值	7
7	战略管理理论	19	19	公共部门	10	31	企业能力	7
8	公司治理	18	20	技术创新	9	32	管理学	7
9	核心竞争力	17	21	国有企业	9	33	战略实施	7
10	平衡计分卡	24	22	战略联盟	8	34	组织管理	6
11	核心能力	16	23	跨国公司	8	35	企业理论	6
12	知识管理	15	24	利益相关者	8	36	人力资源	6

续表

序号	关键词	出现频次	序号	关键词	出现频次	序号	关键词	出现频次
37	绩效评价	6	49	企业核心能力	6	61	战略管理能力	5
38	企业竞争优势	6	50	知识产权	6	62	可持续竞争	5
39	中国企业	6	51	战略	6	63	信息技术	5
40	知识经济	6	52	战略研究	6	64	战略决策	5
41	公司战略	6	53	转型升级	5	65	组织学习	5
42	战略管理研究	6	54	项目管理	5	66	竞争战略	5
43	管理创新	6	55	管理	5	67	战略选择	5
44	战略管理模式	6	56	企业集团	5	68	发展战略	5
45	竞争情报	6	57	动态竞争	5	69	创新驱动	5
46	交易成本	6	58	企业价值	5	70	非市场战略	5
47	管理理论	6	59	战略规划	5	71	战略思维	5
48	绩效管理	6	60	企业竞争力	5	72	经济转型	5

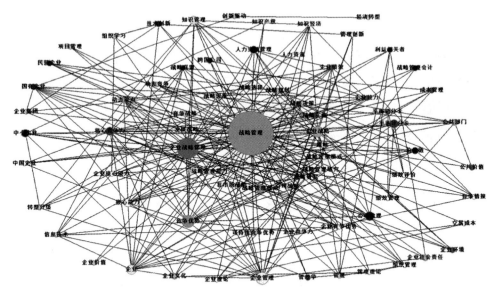

图2-4　5个词频以上共现网络

通过关键词词频和共词分析可以看出，国内对于企业战略管理的研究仍处于宏观层面，深入到战略管理内部的研究不多。可以看到，以"战略管理""企业战略管理""企业管理""企业战略""企业""战略管理理论"

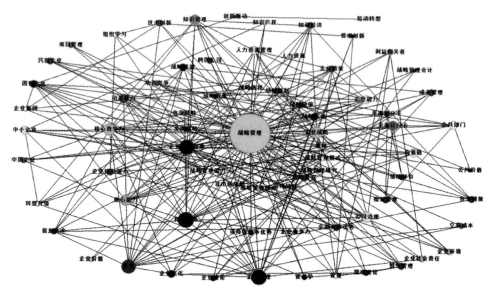

图 2-5　5 个词频以上共现网络度中心性

"管理学""战略管理研究""管理理论""战略""战略研究""管理"这些词汇作为关键词出现的频次为 687，占总频次的 59%。而有关"动态能力""核心竞争力""核心能力"等国际上热门的研究领域关键词出现的频次较少，表明我国学者在这些方面的研究较少，而对于"战略规划""战略选择""战略执行"这些战略推演的研究也不多。

第三节　企业战略实践的发展

　　企业战略实践起源难以确定，但可以肯定的是 20 世纪 60 年代战略管理开始被明确纳入企业管理领域。"二战"之后，国家之间和企业之间竞争加剧，更多的企业从事多种经营，加剧了资本密集型行业间的竞争，对于这种激烈竞争的初步反应是进入企业没有竞争优势的市场，美国管理人员首次开始广泛而系统地对那些他们毫无经验的企业进行投资（Chandler 和

Alfred，1990）。企业在进入新的市场实施多元化时，市场定位是核心问题，这正是当时企业面临的战略问题。由此开启的战略管理实践实际上并不是由企业主导的，而是由管理咨询公司推动的，他们开发了众多的咨询工具，把原来只能给出方向的战略变成了可使用的工具。战略管理的实践发展也是战略咨询的发展。

一、战略咨询业发展

企业战略咨询业在 20 世纪 50 年代诞生于美国，这当然与美国当时的企业发展特征有关。在前战略时代，美国企业处于早期野蛮生长之中，市场规模一直持续增加，与企业之间的竞争相比，如何抓住市场增长的红利，才是那个时代美国企业家关注的主题，而作为激烈竞争产物的战略并没有进入企业需要着重考虑的问题（沃尔特·基希勒三世，2018）。20 世纪五六十年代后美国国内市场的增长空间逐渐缩小，企业间的竞争加剧，国外企业尤其是日本企业开始冲击美国市场，企业必须考虑未来能够胜过对手的独到优势的行动计划，这时战略作为提升组织运转效率、系统降低成本和有效配置资源的利器才真正走入美国企业的视野。这一时期主要是企业战略的早期概念阶段。管理学家如 Drucker、Ansoff、Chandler 等，提出了一些关于企业战略的基本概念。在 20 世纪七八十年代企业战略咨询业开始形成一定的行业框架和方法论。咨询公司开始兴起，这些公司积极推广和应用战略管理理念，成为企业战略咨询服务的主要提供者。代表性的公司有 BCG、McKinsey、Bain 等。20 世纪 90 年代到 2010 年前企业战略咨询业的服务领域持续扩大，除了传统的战略咨询服务，还开始提供战略执行、组织变革、信息技术等服务。另外，随着全球化的发展，企业战略咨询公司也逐渐扩展到全球范围。此时期代表性的公司有 PwC、Accenture、Deloitte 等。随着数字化技术的迅速发展，企业战略咨询业在 2010 年后也在数字化转型的浪潮中不断演进。战略咨询公司开始利用人工智能、大数据分析等技术，帮助企业制定数字化战略、提升业务效率等。此时期代表性的公司有 IBM、Gartner、Forrester 等。

1963 年成立的波士顿咨询公司（BCG）是战略管理咨询的先驱，在布鲁斯·亨德森的领导下为改变企业思考竞争的方式做出了重要贡献。波士顿咨询公司是一家全球性管理咨询公司，20 世纪 60 年代发展了著名的"增长—份额矩阵"，帮助企业在资源分配上进行战略决策，20 世纪 70 年代开始国际化扩展，先后在欧洲和亚洲开设多个办事处，20 世纪八九十年代加强了在战略、组织、运营和信息技术咨询服务方面的能力，进入 21 世纪，加大对数字化和技术创新投入，帮助企业应对数字化转型的挑战，目前在全球 50 个国家或地区的 90 多座城市设有办公室。

麦肯锡公司作为世界领先的全球管理咨询公司，自 1926 年成立以来，采取"公司一体"的合作伙伴关系制度，在战略管理、运营管理、人力资源管理和 IT 咨询领域为全球的大型企业、政府机构和非营利组织提供咨询服务。麦肯锡公司在 20 世纪 50 年代开始进行国际化扩展，首先在加拿大和欧洲开设办事处，70 年代到 80 年代开始进入亚洲和其他新兴市场国家。在全球 44 个国家有 80 多个分公司，共拥有 7000 多名咨询顾问，涉及公司整体与业务单元战略、企业金融、营销/销售与渠道、组织架构、制造/采购/供应链、技术、产品研发等领域咨询业务。

罗兰·贝格管理咨询公司（Roland Berger）成立于 1967 年，由罗兰·贝格在德国慕尼黑创立，是欧洲最大的管理咨询公司，主要提供战略咨询、投资咨询、重组和企业运营等服务。20 世纪 70 年代，罗兰·贝格公司开始扩展到其他欧洲国家，80 年代进入亚洲和美国市场，目前罗兰·贝格公司在欧洲、亚洲、南北美洲 25 个国家设有 36 家分支机构，咨询顾问来自近 40 个国家，形成了行业中心与功能中心互为支持的跨国服务力量。21 世纪以来，罗兰·贝格公司加强了对创新和技术驱动业务模式的咨询服务，在汽车、能源和金融服务等行业占有领导地位。

贝恩公司（Bain）是一家全球性管理咨询公司，成立于 1973 年，由比尔·贝恩和几位前麦肯锡顾问在美国波士顿创立。贝恩公司以企业战略、融资、客户关系管理和供应链管理等领域的咨询而著称，服务于全球多个行业的领先企业。20 世纪 80 年代贝恩公司开始在国际市场上扩展业务，进入欧洲和亚洲市场，90年代加强了私募股权市场的服务，成为该领域的领先咨询公司。贝恩公司目前在全球37个国家设有59个分公司，主要为一些大型公司的首席执行官和州政府提供管理咨询服务，涉及的问题主要有私募股权投资、公司战略、财务、安全政策以及一些敏感问题。

德勤咨询的战略与运营部门2013年收购了战略咨询公司摩立特集团，合并后的公司即为摩立特·德勤。德勤咨询1845年在伦敦创立，最初主要提供审计服务，1952年与Haskins和Sells会计师事务所合并，开始向综合性专业服务公司转变，20世纪90年代德勤进一步发展其咨询部门，开始提供更广泛的管理咨询服务。摩立特集团1984年在美国创立，其数位创始人包括迈克尔·波特都曾在哈佛大学商学院从事教学和研究工作，凭借这些理论研究优势摩立特迅速成为顶尖的战略咨询公司。德勤和摩立特的合并使其战略运营咨询业务享有全球两位数比例的市场份额，在战略管控、客户渠道战略、供应链管理、兼并与收购等许多领域帮助企业做出重大正确的战略决策、实现企业的业绩提升。

埃森哲是一家总部位于爱尔兰都柏林的全球管理咨询和技术服务供应商，它原是全球安达信（Arthur Andersen）会计师事务所的管理咨询部门，1989年从安达信分离出来成立安盛咨询公司（Andersen Consulting），2001年更名为埃森哲（Accenture），实现了从会计审计服务向技术和管理咨询服务的转型。埃森哲为企业、政府机构和非营利组织提供战略、运营、数字化转型、技术和风险等方面的管理咨询，并不断收购电子商务、金融服务等与其业务有兼容性的企业，持续加强在数字化、人工智能、创新技术领域的服务能力。

咨询公司的常规模式是在大量的商业实践中提炼具有普遍性的理念和方法论，再将其运用于新的商业实践，帮助企业创造价值。严格保守客户商业秘密的行业规则也决定了咨询公司通过先进理念推广自身影响，并以此创造商业机会的基本方式。由于咨询公司缺乏足够的时间获得对组织自身问题的深刻洞察，所以一般会更多从外部市场的视角给企业提供建议，而最终建议的颗粒度不够与公司自身战略解读和执行能力不足叠加，给战略的落地带来了巨大的挑战，进而使企业的执行层对战略和咨询怨声载道。

二、战略咨询分析工具的发展

战略咨询公司在开展咨询服务中开发了一系列的分析工具，这些工具在咨询公司为企业形成战略过程中起着重要的作用。战略咨询作为咨询行业的"领军领域"，有一系列的方法论去支撑项目的开展，同时工具也是至关重要的。咨询工具是帮助咨询顾问在方法论的指导下更好地完成项目的一些表格和图形分析模板等。咨询顾问一大特点就是对分析工具等应用得心应手，并能结合实际进行相关分析。

依据战略分析工具的不同功能定位及特点，可以将战略过程分为四个阶段，即战略分析阶段、战略制定阶段、战略选择阶段和战略评价与控制阶段。决策者可根据不同战略分析需要，采取不同阶段战略分析工具，并制定合适的、满意的战略方案。学术界对于战略分析工具的研究始于 BCG 矩阵，该工具主要用于战略制定阶段的分析。为了弥补 BCG 的局限性，通用电气公司开发了 GE 矩阵。随后，研究重点转向了公司战略中的 SWOT 分析，该方法虽然直观但依赖于分析者的直觉。为了寻求更系统的战略分析方法，学者们转向了五力竞争模型。此后，Fred R. David（1986）提出了 QSPM（Quantitative Strategic Planning Matrix），这一战略选择工具帮助决策者在复杂的信息中识别关键过程并进行战略评估。接着，平衡计分卡被广泛应用于战略评价与控制中。研究最终回到了战略制定阶段，通过 SPACE 分析进一步系统化了战略分析过程。在战略分析框架中，各种工具以不同方式结合了定性与定量分析。科学性要求战略分析中采用更多定量方法以增强说服力，而艺术性则不可避免地涉及主观判断。因此，战略分析必须结合定性与定量分析方法。从历史发展来看，尽管战略分析工具之间存在相互关联，但并不完全兼容，目前还没有形成一个系统的战略分析框架。

几乎所有的战略理论和工具都起始于识别初始条件及其未来发展趋势。PEST 分析、SWOT 分析、波士顿矩阵、麦肯锡—通用电气矩阵等，都是从当前影响企业发展的环境变量及其变化趋势中寻找未来战略的线索，并将其与企业的资源能力相匹配。分歧在于是否能准确分析和预测影响企业发展的初始条件及其未来趋势。认为可以进行准确分析预测的被弗里德曼称为"计划型战略"，包括明茨伯格提到的设计学派、计划学派、定位学派等。而认为难以进行分析预测的被弗里德曼称为"应变型战略"，包括学习学派、权力学派、环境学派等。

三、战略管理的实践理论发展

为了研究企业战略管理实践应用，我们采用 Strategy 和 Strategic 主题词在 Harvard Business Revies 中检索出发表时间从 1979~2022 年论文 673 篇（见图 2-6），被引总频次为 55747 次，平均引用次数 82 次。被引次数超过 500 次的论文 23 篇，100~500 次的论文 77 篇，50~100 次的论文 77 篇，50 次以下的论文 496 篇。其中，Kaplan 和 Norton（1992）的有关平衡计分卡的论文被引次数为 4830 次，表明了在理论和实践中平衡计分卡被广泛重视。对得到的 673 篇哈佛商业评论文章的题目进行了词频统计，去除了不相关的词汇后得到出现 3 次以上的词汇 72 个，其中出现 6 次以上的词汇

图 2-6　Harvard Business Revies 词频

有战略、企业、市场、责任、优势、连接、社会、规则、访谈、领导、竞争。从实践的角度会更多谈及各类战略，如创新战略、坏战略、员工战略、客户战略、战略跟随结构、战略之间的鸿沟等。依据词频分析，下面分别对企业战略管理问题、动态能力问题、创新问题、企业信息化与大数据应用问题和战略生态问题进行综述。

（一）战略管理问题

Hamel 和 Prahalad（1989）提出了战略意图（Strategic Intent）概念，对战略理论产生了重大影响，他们认为企业为了成功需要在企业内部积极推广其战略意图，确保战略目的与执行手段的一致性。Dees（1998）探讨了非营利组织趋向于商业化的现象，并主张商业操作不应取代慈善活动，因为许多重要的目标无法仅通过市场机制实现，在任何情况下，人们倾向于从给予中获得他们在市场交易中无法获得的东西。Magretta（2002）以美国运通、欧洲迪士尼、沃尔玛和戴尔电脑为例，讨论了商业模式与战略的关系，强调一个有效的商业模式是每个成功组织的核心，它是一个描述企业如何运作的故事，包括清晰的人物设定、合理的动机及能让人洞察价值的情节。Khanna 等（2005）提出，在制定进入新国际市场的战略时，需要考虑的五个关键要素：国家的政治和社会体系、开放程度、产品市场、劳动力市场及资本市场。Eisenmann 等（2006）研究双边市场战略时指出，双边网络的运作与传统价值链截然不同，平台型产品或服务在服务双边网络中的两个群体时都会产生成本，并从每个群体中获得收入，尽管一方经常得到补贴，网络效应平台产品通常享有规模收益递增，然而大多数公司在为双边网络制定战略时，由于依赖适用于没有网络效应的产品的假设和范式，从而导致了失败。Porter（2008）对其战略制定经典理论进行了彻底的重申和扩展，展示了如何将决定行业长期盈利能力的五种力量（五力模型）付诸实践，波特解释了为什么快速增长的行业并不总是有利可图的，如何通过合并消除当今的竞争对手和收购可以降低一个行业的利润潜力，政府政策如何通过改变力量的相对强度来发挥作用，以及如何利用这些力量来理解互补。

（二）动态能力问题

Normann 和 Ramirez（1993）指出，在快速变化的市场中，战略不应仅仅是固定活动的定位过程，而应通过重新配置供应商、合作伙伴和客户之间的角色和关系来创造价值。Baldwin 和 Clark（1997）指出模块化生产战略已广泛应用于制造业，促进了汽车制造和金融服务等行业的创新速度和竞争格局的变化。Hamel 和 Valikangas（2003）探讨了战略弹性，即企业应随环境变化动态调整其商业模式和战略。Lee（2004）强调建立强大的供应链对企业的成功至关重要，并通过 15 年间研究 60 家公司得出只有具备灵活、适应性强、协调一致的供应链公司才能在竞争中保持领先。

（三）创新问题

Hansen 等（1999）研究了不同行业公司的知识管理实践，发现管理咨询公司、医疗保健提供商和计算机制造商中存在两种截然不同的知识管理策略，在销售满足普遍需求的相对标准化产品的公司中，知识被仔细地编码并存储在数据库中，在那里，组织中的任何人都可以访问和反复使用，在为独特问题提供高度定制解决方案的公司中，知识主要是通过人际交流共享的。一个公司对知识管理战略的选择不是随意的，它必须由公司的竞争战略驱动。O'Reilly 和 Tushman（2004）探讨了高管在追求增量收益的同时，应该进行颠覆性创新。Huston 和 Sakkab（2006）研究了宝洁公司在全球范围内与供应商、竞争对手、科学家、企业家的合作，通过系统地在世界范围内搜寻宝洁可以改进、扩大和营销的成熟技术、包装和产品开发技术，来实现其增长目标，指出公司如果不转变为开放式创新模式将难以实现持续增长。Brown（2008）指出，在过去设计通常发生在开发过程中相当下游的地方，专注于使新产品具有美学吸引力，或通过巧妙的、唤起共鸣的广告增强品牌感知，今天，随着创新领域的扩展，包括以人为中心的流程和服务以及产品，公司要求设计师创造创意，而不是简单地装扮它们。Blank（2013）探讨了精益创业这一新的创业方法，精益创业从寻找商业模式开始，不断收集客户反馈并快速迭代和重新设计他们的产品，这种方法可以帮助企业快速成功地起步。

（四）信息化与大数据应用问题

Davenport（1998）讨论了 SAP 的 Enterprise Systems，并认为 ES 商业软件包有望大幅提高公司的效率。Porter（2001）认为，在加强独特战略方面，互联网提供了比前几代 IT 更好的技术平台，获得竞争优势并不需要一种全新的商业方法，它需要建立在行之有效的战略原则的基础上，互联网对大多数现有行业和老牌公司没有破坏性，它很少抹杀一个行业竞争优势的重要来源，当所有的公司都拥抱互联网技术时，互联网本身作为优势的来源将被抵消，独特的产品、专有的内容和独特的运营活动等传统优势将产生强大的竞争优势，互联网技术或许能够强化这些优势，但不太可能取代它们。波特揭穿了诸如先发优势、虚拟公司的力量以及网络效应的多重回报等互联网神话。他从市场中分离出扭曲的信号，解释了为什么互联网是对现有商业方式的补充而不是蚕食，并概述了网络公司和传统公司的战略必要性。McAfee 和 Brynjolfsson（2012）指出，大数据使高管可以比以往任何时候都更精确地进行衡量和管理，可以做出更好的预测和更明智的决定，高级决策者必须学会提出正确的问题，并接受基于证据的决策，组织必须聘请能够在大型数据集中找到模式并将其转化为有用的商业信息的科学家，IT 部门必须努力整合所有相关的内部和外部数据源。

（五）战略生态问题

波士顿咨询的 Stalk 等（1992）使用沃尔玛和其他成功公司的例子，说明了在动态的商业环境中，战略也必须变得动态，成功取决于对市场趋势的预测和对不断变化的客户需求的快速反应，战略的本质不是产品和结构，而是公司行为的动态。Iansiti 和 Levien（2004）把微软和沃尔玛的成功归因为其商业生态系统——供应商、分销商和外包商构成的网络以及相关产品或服务制造商、相关技术提供者和其他影响公司的组织。Adner（2006）基于高清电视的发展探讨了创新生态系统能够创造出任何一家公司都无法单独创造的价值，但同时也存在管理项目时熟悉的不确定性、相互依赖可能会导致与互补创新者协调的不确定性、整个价值链的采用过程带来的不确定性三类风险。

本章小结

本章首先回顾了企业战略管理的诞生和发展，对战略管理各主要学派进行了简要介绍。其次从战略管理的学术和实践两个视角探讨了其发展轨迹和主要内容。企业战略管理只有 60 年的发展历程，其真正得到广泛的关注是从 20 世纪 80 年代开始的，而我国对于企业战略的学术研究和实践是在进入 21 世纪后才成为热门话题的。通过对战略管理发展的回顾，我们总结出以下四个观点：

（1）竞争的加剧是企业战略管理诞生的一个重要条件，因此，竞争优势一直是战略管理探讨的一个重要话题。不同时期对于企业战略管理的不同认知，主要是由竞争优势来源的不同认识所带来的。

（2）战略众多学派的存在说明战略管理是一个复杂过程，各学派是把战略问题投影到某一个视角时形成的。

（3）战略管理的学术研究分别从企业和产业、内部和外部、能力和约束、静态和动态、面向现在和面向未来多个对立角度展开。

（4）战略的实践不同于学术研究，设计学派、计划学派和定位学派是其形成战略的主要理论来源，当前战略咨询所采用的各种分析框架和工具都来源于以上三个学派，而战略形成的涌现和企业家学派的观点则由于缺乏规范的分析工具，更多出现在理论探讨中。

参考文献

［1］ Adner R. Match Your Innovation Strategy to Your Innovation Ecosystem［J］. Harvard

Business Review，2006，84（4）：98-107+148.

［2］Adner R.，Kapoor R. Value Creation in Innovation Ecosystems：How The Structure of Technological Interdependence Affects Firm Performance in New Technology Generations ［J］. Strategic Management Journal，2010，31（3）：306-333.

［3］Adner R.，Helfat C. E. Corporate Effects and Dynamic Managerial Capabilities ［J］. Strategic Management Journal，2003，24（10）：1011-1025.

［4］Almeida P.，Phene A. Subsidiaries and Knowledge Creation：The Influence of the MNC and Host Country on Innovation ［J］. Strategic Management Journal，2004，25（8-9）：847-864.

［5］Andrews K. R. The Concept of Corporate Strategy ［M］. H. Dow Jones -Irwin：Homewood，I. L.，1971.

［6］Ansoff，H. I. Corporate Strategy ［M］. New York：McGraw-Hill，1965.

［7］Baldwin C. Y.，Clark K. B. Managing in an Age of Modularity ［J］. Harvard Business Review，1997，75（5）：84-93.

［8］Bansal P. Evolving Sustainably：A Longitudinal Study of Corporate Sustainable Development ［J］. Strategic Management Journal，2005，26（3）：197-218.

［9］Barney，J. B. Strategic Factor Markets：Expectations，Luck，and Business Strategy ［J］. Management Science，1986，32（10）：1231-1241.

［10］Barney，J. Firm Resources and Sustained Competitive Advantage ［J］. Journal of Management，1991，17（1）：99-120.

［11］Barnett，M. L.，Salomon，R. M. Beyond Dichotomy：The Curvilinear Relationship Between Social Responsibility and Financial Performance ［J］. Strategic Management Journal，2006，27（11）：1101-1122.

［12］Baum J. R.，Wally S. Strategic Decision Speed and Firm Performance ［J］. Strategic Management Journal，2003，24（11）：1107-1129.

［13］Berrone P.，Fosfuri A.，Gelabert L.，et al. Necessity as the Mother of "Green" Inventions：Institutional Pressures and Environmental Innovations ［J］. Strategic Management Journal，2013，34（8）：891-909.

［14］Blank，S. Why the Lean Start-Up Changes Everything ［J］. Harvard Business Review，2013，91（5）：63-72.

［15］Brammer, S., Millington, A. Does it Pay to be Different? An Analysis of the Relationship Between Corporate Social and Financial Performance ［J］. Strategic Management Journal, 2008, 29（12）: 1325–1343.

［16］Brown, T. Design Thinking［J］. Harvard Business Review, 2008, 86（6）: 84–92+141.

［17］Buysse, K., Verbeke, A.Proactive Environmental Strategies: A Stakeholder Management Perspective ［J］. Strategic Management Journal, 2003, 24（5）: 453–470.

［18］Buzzell, R. D., Gale, B. T., Sultan R.G.M. Market–share: AKey to Profitability ［J］. Harvard Business Review, 1975, 53（1）: 97–106.

［19］Cantwell, J., Mudambi, R.MNE Competence–creating Subsidiary Mandates ［J］. Strategic Management Journal, 2005, 26（12）: 1109–1128.

［20］Capaldo, A. Network Structure and Innovation: The Leveraging of a Dual Network as ADistinctive Relational Capability ［J］. Strategic Management Journal, 2007, 28（6）: 585–608.

［21］Caves, R.E., Porter, M.E. From Entry Barriers Tomobility Barriers: Conjectural Decisions and Contrived Deterrenceto New Competition ［J］. The Quarterly Journal of Economic, 1977: 41–261.

［22］Chandler, A.D. Strategy and Structure: Chapters in the History of the Industrial Enterprise ［M］. Cambridge: MIT Press, 1962.

［23］Chandler J., Alfred D. Scale and Scope: The Dynamics of Industrial Capitalism ［M］. Harvard University Press, 1990.

［24］Cheng, B., Ioannou, I., Serafeim, G. Corporate Social Responsibility and Access to Finance ［J］. Strategic Management Journal, 2014, 35（1）: 1–23.

［25］Christensen, C. M., Bower, J. L. Customer Power, Strategic Investment, and The Failure of Leading Firms ［J］. Strategic Management Journal, 1996: 197–218.

［26］Christensen, H. K., Montgomery, C. A. Corporate Economics Performance: Diversification Strategy Versus Market Structure ［J］. Strategic Management Journal, 1981, 2（4）: 327–344.

［27］Cyert, R., March, J.G. A Behavioral Theory of the Firm ［M］. Prentice–Hall, Englewood Cliffs, NJ, 1963.

［28］ Davenport，T. H. Putting the Enterprise into the Enterprise System ［J］. Harvard Business Review，1998，76（4）：121-131.

［29］ David，R. J，Han，S. K. A Systematic Assessment of the Empirical Support for Transaction Cost Economics ［J］. Strategic Management Journal，2004，25（1）：39-58.

［30］ Dees，J. G. Enterprising Nonprofits ［J］. Harvard Business Review，1998，76（1）：54-67.

［31］ Delmas，M. A.，Toffel，M. W. Organizational Responses to Environmental Demands：Opening the Black Box［J］. Strategic Management Journal，2008，29（10）：1027-1055.

［32］ Dezso，C. L.，Ross，D. G. Does Female Representation in Top Management Improve Firm Performance？A Panel Data Investigation ［J］. Strategic Management Journal，2012，33（9）：1072-1089.

［33］ Dosi，G. Technological Paradigms and Technological Trajectories：A Suggested Interpretation of the Determinants and Direction of Technical Change ［J］. Research Policy，1982（11）：147-162.

［34］ Dyer，J. H.，Hatch，N. W. Relation-specific Capabilities and Barriers to Knowledge Transfers：Creating Advantage Through Network Relationships ［J］. Strategic Management Journal，2006，27（8）：701-719.

［35］ Eisenmann，T.，Parker，G.，Van Alstyne，M. W. Strategies for Two-sided Markets ［J］. Harvard Business Review，2006，84（10）：92-101.

［36］ Fleming，L.，Sorenson，O. Science as AMap in Technological Search ［J］. Strategic Management Journal，2004，25（8-9）：909-928.

［37］ Fred R David. The Strategic Planning Matrix-a Quantitative Approach ［J］. Long Rang Planning，1986，19（5）：102-107.

［38］ Ghemawat，P.，Ricart Costa，J. E. The Organizational Tension between Static and Dynamic Efficiency ［J］. Strategic Management Journal，1993（14）：59-73.

［39］ Gibbert，M.，Ruigrok，W.，Wicki，B. What Passes as ARigorous Case Study？ ［J］. Strategic Management Journal，2008，29（13）：1465-1474.

［40］ Godfrey P. C.，Merrill C. B.，Hansen J. M. The Relationship Between Corporate Social Responsibility and Shareholder Value：An Empirical Test of the Risk Management Hypothesis [J]. Strategic Management Journal, 2009, 30 (4): 425-445.

[41] Haans, R. F. J., Pieters, C., He, Z. L. Thinking About U: Theorizing and Testing U-and Inverted U-shaped Relationships in Strategy Research [J]. Strategic Management Journal, 2016, 37 (7): 1177-1195.

[42] Hamel, G., Valikangas, L. The Quest for Resilience [J]. Harvard Business Review, 2003, 81 (9): 52-63.

[43] Hamel, G., Prahalad, C. K. To Revitalize Corporate Performance, We Need AWhole New Model of Strategy Strategic Intent [J]. Harvard Business Review, 1989, 67 (3): 63-76.

[44] Hannan, M. T., Freeman, J. The Population Ecology of Organizations [J]. American Journal of Sociology, 1977 (82): 929-964.

[45] Hannan, M. T., Freeman, J. Structural Inertia and Organizational Change [J]. American Sociological Review, 1984 (49): 149-164.

[46] Hansen, M. T., Nohria, N., Tierney, T.What's Your Strategy for Managing Knowledge? [J]. Harvard Business Review, 1999, 77 (2): 106-116+187.

[47] Hatch, N. W., Dyer, J. H. Human Capital and Learning as A Source of Sustainable Competitive Advantage [J]. Strategic Management Journal, 2004, 25 (12): 1155-1178.

[48] Helfat, C. E., Peteraf, M. A. Managerial Cognitive Capabilities and the Micro Foundations of Dynamic Capabilities [J]. Strategic Management Journal, 2015, 36 (6): 831-850.

[49] Helfat, C. E., Winter, S. G. Untangling Dynamic and Operational Capabilities: Strategy for the (N) ever-changing World [J]. Strategic Management Journal, 2011, 32 (11): 1243-1250.

[50] Helfat, C. E., Peteraf, M. A. The Dynamic Resource-based View: Capability Lifecycles [J]. Strategic Management Journal, 2003, 24 (10): 997-1010.

[51] Henderson, B. D. The Experience Curve-Reviewed [A] // IV. The Growth Share Matrix, or The Product Portfolio [M]. Boston Consulting Group Reprint 135, 1973.

[52] Henderson, R. M., Clark, K. B. Architectural Innovation: The Reconfiguration of Existing Product Technologies and the Failure of Established Firms [J]. Administrative Sci-

ence Quarterly, 1990 (35): 9-30.

[53] Henderson, R., Cockburn, I.Measuring Competence? Exploring Firm Effects in Pharmaceutical Research [J]. Strategic Management Journal, 1994 (15): 63-84.

[54] Hoetker, G. The Use of Logit and Probit Models in Strategic Management Research: Critical Issues [J]. Strategic Management Journal, 2007, 28 (4): 331-343.

[55] Hoskisson, R. E., Hitt, M. A., Wan, W. P., Yiu D. Theory and Research in Strategic Management: Swing of APendulum [J]. Journal of Management, 1999 (25): 417-456.

[56] Hull, C. E., Rothenberg, S. Firm Performance: The Interactions of Corporate Social Performance with Innovation and Industry Differentiation[J]. Strategic Management Journal, 2008, 29 (7): 781-789.

[57] Huston, L., Sakkab, N. Connect and Develop: Inside Procter & Gamble's New Model for Innovation [J]. Harvard Business Review, 2006, 84 (3): 58-66.

[58] Iansiti, M., Levien, R. Strategy as Ecology [J]. Harvard Business Review, 2004, 82 (3): 68-78+126.

[59] Jacobides, M. G., Cennamo, C., Gawer, A. Towards ATheory of Ecosystems [J]. Strategic Management Journal, 2018, 39 (8): 2255-2276.

[60] Jensen M. C., Meckling W. H. Theory of the Firm: Managerial Behavior, Agency Costs and Ownership Structure [J]. Journal of Financial Economics, 1976 (3): 305-360.

[61] Jones, T., Wicks, A. Convergent Stakeholder Theory [J]. Academy of Management Review, 1999, 24 (2): 208-221.

[62] Kale, P., Singh, H. Building Firm Capabilities through Learning: The Role of the Alliance Learning Process in Alliance Capability and Firm-level Alliance Success [J]. Strategic Management Journal, 2007, 28 (10): 981-1000.

[63] Kaplan R. S., Norton D. P. The Balanced Scorecard—measures That Drive Performance [J]. Harvard Business Review, 1992, 70 (1): 71-79.

[64] Khanna T., Palepu, K. G., Sinha, J. Strategies That Fit Emerging Markets [J]. Harvard Business Review, 2005, 83 (6): 63-74+76+148.

[65] Kim, C., Mauborgne, R. Blue Ocean Strategy [J]. Harvard Business Review, 2004, 82 (10): 76-84.

［66］ King, D. R., Dalton, D. R., Daily, C. M., Covin, J. G. Meta-analyses of Post-acquisition Performance: Indications of Unidentified Moderators ［J］. Strategic Management Journal, 2004, 25 (2): 187-200.

［67］ Kogut, B., Zander U. Knowledge of the Firm, Combinative Capabilities, and the Replication of Technology ［J］. Organization Science, 1992, 3 (3): 383-397.

［68］ Kotabe, M., Martin, X., Domoto, H. Gaining From Vertical Partnerships: Knowledge Transfer, Relationship Duration, and Supplier Performance Improvement in the US and Japanese Automotive Industries ［J］. Strategic Management Journal, 2003, 24 (4): 293-316.

［69］ Laursen K., Salter A. Open for Innovation: The Role of Openness in Explaining Innovation Performance Among UK Manufacturing Firms ［J］. Strategic Management Journal, 2006, 27 (2): 131-150.

［70］ Lavie, D. Alliance Portfolios and Firm Performance: A Study of Value Creation and Appropriation in the US Software Industr ［J］. Strategic Management Journal, 2007, 28 (12): 1187-1212.

［71］ Lawrence P., Lorsch J. Organization and Environment: Managing Differentiation and Integration ［M］. Irwin: Homewood, IL, 1967.

［72］ Lee, H. L. The Triple-A Supply Chain ［J］. Harvard Business Review, 2004, 82 (10): 102-112+157.

［73］ Leiponen, A., Helfat, C. E. Innovation Objectives, Knowledge Sources, and the Benefits of Breadth ［J］. Strategic Management Journal, 2010, 31 (2): 224-236.

［74］ Li, H., Zhang, Y. The Role of Managers' Political Networking and Functional Experience in New Venture Performance: Evidence from China's Transition Economy ［J］. Strategic Management Journal, 2007, 28 (8): 791-804.

［75］ Li, J. J., Poppo, L., Zhou, K. Z. Do Managerial Ties in China Always Produce Value? Competition, Uncertainty, and Domestic vs. Foreign Firms ［J］. Strategic Management Journal, 2008, 29 (4): 383-400.

［76］ Lieberman, M. B., Montgomery, D. B. First-mover Advantages ［J］. Strategic Management Journal, 1988, 9: 41-58.

［77］ Lippmann, S., Rumelt, R. Uncertain Imitability: An Analysis of Interfirm Differences in Efficiency under Competition ［J］. Bell Journal of Economics, 1982, 13 (2): 418-

438.

[78] Magretta, J. Why Business Models Matter [J]. Harvard Business Review. 2002, 80 (5): 86-92+133.

[79] McAfee, A., Brynjolfsson, E. Big Data: The Management Revolution [J]. Harvard Business Review, 2012, 90 (10): 60-66+68+128.

[80] McEvily, B., Marcus, A. Embedded Ties and the Acquisition of Competitive Capabilities [J]. Strategic Management Journal, 2005, 26 (11): 1033-1055.

[81] Meyer, K. E., Estrin, S., Bhaumik, S. K., Peng, M. W. Institutions, Resources, and Entry Strategies in Emerging Economies [J]. Strategic Management Journal, 2009, 30 (1): 61-80.

[82] Moran, P. Structural vs. Relational Embeddedness: Social Capital and Managerial Performance [J]. Strategic Management Journal, 2005, 26 (12): 1129-1151.

[83] Morgan, Neil A., Vorhies, Douglas W., Mason, Charlotte H. Market Orientation, Marketing Capabilities, and Firm Performanc [J]. Strategic Management Journal, 2009, 30(8): 909-920.

[84] Nelson, R. R., Winter S. An Evolutionary Theory of Economic Change [M]. Cambridge, Massachusetts: Harvard University Press, 1982.

[85] Nerur S. P., Rasheed A. A., Natarajan V. The Intellectual Structure of the Strategic Management Field: An Author Co-citation Analysis[J]. Strategic Management Journal, 2008, 29 (3): 319-336.

[86] Newbert, S. L. Empirical Research on the Resource-based View of the Firm: An Assessment and Suggestions for Future Research[J]. Strategic Management Journal, 2007, 28 (2): 121-146.

[87] Normann, R., Ramirez, R. From Value Chain to Value Constellation: Designing Interactive Strategy [J]. Harvard Business Review, 1993, 71 (4): 65-77.

[88] O'Reilly, C. A., Tushman, M. L. The Ambidextrous Organization [J]. Harvard Business Review. 2004, 82 (4): 74-81.

[89] Oxley, J. E., Sampson, R. C. The Scope and Governance of International R&D Alliances [J]. Strategic Management Journal, 2004, 25 (8-9): 723-749.

[90] Palepu K.Diversification Strategy, Profit Performance and the Entropy Measure [J].

Strategic Management Journal，1985，6（3）：239-256.

［91］ Peteraf，M. A. The Cornerstones of Competitive Advantage. A Resource -based View ［J］. Strategic Management Journal，1993，14：179-191.

［92］ Pfeffer J.，Salancik G. R. The External Control of Organizations：A Resource Dependence Perspective ［M］. New York：Harper & Row：1978.

［93］ Porter，M.E. Competitive Strategy：Techniques for Analyzing Industries and Competitors ［M］. New York：Free Press，1980.

［94］ Porter，M. E.Competitive Advantage：Creating and Sustaining Superior Performance ［M］. New York：Free Press，1985.

［95］ Porter，M.E. From Competitive Advantage to Corporate Strategy ［J］. Harvard Business Review，1987，65（3）：43-60.

［96］ Porter，M.E. Strategy and the Internet ［J］. Harvard Business Review，2001，79（3）：62-78+164.

［97］ Porter，M. E.，Kramer，Mark R. Strategy and Society［J］. Harvard Business Review，2006，84（12）：78-92+163.

［98］ Porter，M.E. The Five Competitive Forces That Shape Strategy［J］. Harvard Business Review，2008，86（1）：78-93+137.

［99］ Porter，M.E.，Heppelmann，J. E.How Smart，Connected Products Are Transforming Competition ［J］. Harvard Business Review，2014，94（1-2）：24.

［100］ Ramos-Rodríguez A. R.，Ruíz-Navarro J. Changes in the Intellectual Structure of Strategic Management Research：A Bibliometric Study of the Strategic Management Journal，1980-2000 ［J］. Strategic Management Journal，2004，25（10）：981-1004.

［101］ Ray，G.，Barney，J. B.，Muhanna，W. A. Capabilities，Business Processes，and Competitive Advantage：Choosing the Dependent Variable in Empirical Tests of the Resource-based Vew ［J］. Strategic Management Journal，2004，25（1）：23-37.

［102］ Rodan，S.，Galunic，C. More Than Network Structure：How Knowledge Heterogeneity Influences Managerial Performance and Innovativeness ［J］. Strategic Management Journal，2004，25（6）：541-562.

［103］ Rothaermel，F. T.，Deeds，D. L. Exploration and Exploitation Alliances in Biotechnology：A System of New Product Development ［J］. Strategic Management Journal，

2004，25（3）：201-221.

[104] Reuer，J.J.，Leihlein，M.J.，Li，W. Foundations and Futures of Strategic Management：Implications for Scholarship in China [J]. Quarterly Journal of Management，2020（5）：1-21.

[105] Rumelt，R. P. Strategy，Structure，and Economic Performance [M]. Boston：Harvard Business School Press，1974.

[106] Rumelt R. P. Diversification Strategy and Profitability [J]. Strategic Management Journal，1982，3（4）：359-370.

[107] Rumelt，R.，Schendel，D. E.，Teece D. Fundamental Issues in Strategic Management：A Research Agenda [M]. Boston，MA：Harvard Business School Press，1994.

[108] Schendel，D.E.，Hofer，C.W. Strategic Management：A New View of Business Policy and Planning [M]. Boston，MA：Little，Brown，1979.

[109] Scherer，F. M. Industrial Market Structure andEconomic Performance [M]. Chicago：Rand McNally，1980.

[110] Sharfman，M. P.，Fernando，C. S. Environmental Risk Management and the Cost of Capital [J]. Strategic Management Journal，2008，29（6）：569-592.

[111] Sharma，S.，Henriques，I. Stakeholder Influences on Sustainability Practices in the Canadian Forest Products Industry [J]. Strategic Management Journal，2005，26（2）：159-180.

[112] Simon，H.A. Administrative Behavior：A Study of Decision-Making Processes in Administrative Organization [M]. Third Edition. London，UK：The Free Press，Collier Macmillan Publishers，1976.

[113] Small H. Co-citation in the Scientific Literature：A New Measure of the Relationship Between Two Documents [J]. Journal of the American Society for information Science，1973，24（4）：265-269.

[114] Song，M.，Droge，C.，Hanvanich，S，Calantone，R. Marketing and Technology Resource Complementarity：An Analysis of Their Interaction Effect in Two Environmental Contexts [J]. Strategic Management Journal，2005，26（3）：259-276.

[115] Stalk，G.，Evans，P.，Shulman，L. E. Competing on Capabilities：The New Rules of Corporate Strategy [J]. Harvard Business Review，1992，70（2）：57-69.

［116］Surroca, J., Tribo, J. A., Waddock, S. Corporate Responsibility and Financial Performance: The Role of Intangible Resources［J］. Strategic Management Journal, 2010, 31 (5): 463-490.

［117］Tan, J., Peng, M. W. Organizational Slack and Firm Performance During Economic Transitions: Two Studies from An Emerging Economy［J］. Strategic Management Journal, 2003, 24 (13): 1249-1263.

［118］Teece, D. J., Pisano, G., Shuen, A. Dynamic Capabilities and Strategic Management［J］. Strategic Management Journal, 1997, 18 (7): 509-533.

［119］Teece, D. J. Explicating Dynamic Capabilities: The Nature and Micro Foundations of (Sustainable) Enterprise Performance［J］. Strategic Management Journal, 2007, 28 (13): 1319-1350.

［120］Teece, D. J. Business Models, Business Strategy and Innovation［J］. Long Range Planning, 2010, 43 (2-3): 172-194.

［121］Thompson J. D. Organizations in Action［M］. New York: McGraw-Hill, 1967.

［122］Tippins, M. J., Sohi, R. S. IT Competency and Firm Performance: Is Organizational Learning AMissing Link?［J］. Strategic Management Journal, 2003, 24 (8): 745-761.

［123］Tushman M. L., Anderson P. Technological Discontinuities and Organizational Environments［J］. Administrative Science Quarterly, 1986 (31): 439-465.

［124］Uotila, J., Maula, M., Kell, T., Shaker A. Z. Exploration, Exploitation, and Financial Performance: Snalysis of s&p 500 Corporations［J］. Strategic Management Journal, 2009, 30 (2): 221-231.

［125］Wernerfelt, B. A Resource-based View of the Firm［J］. Strategic Management Journal, 1984, 5 (2): 171-180.

［126］White H. D., Griffith B. C. Author Cocitation: A Literature Measure of Intellectual Structure［J］. Journal of the American Society for Information Science, 1981, 32 (3): 163-171.

［127］Wiklund, J., Shepherd, D. Knowledge-based Resources, Entrepreneurial Orientation, and the Performance of Small and Medium-sized Businesses［J］. Strategic Management Journal, 2003, 24 (13): 1307-1314.

［128］ Williamson，O. E. Markets and Hierarchies：Analysis and Antitrust Implications ［M］. New York：The Free Press，1975.

［129］ Williamson，O. E. The Economic Institutions of Capitalism：Firms，Markets，Relational Contracting ［M］. Free Press：New York，1985.

［130］ Winter，S. G. Understanding Dynamic Capabilities ［J］. Strategic Management Journal，2003，24（10）：991-995.

［131］ Wrigley，L. Divisional Autonomy and Diversification ［D］. Harvard Business School，1970.

［132］ Yelle，L. E. The Learning Curve：Historical Review and Comprehensive Survey ［J］.Decision Sciences，1979（10）：302-328.

［133］ Zaheer，A.，Bell，G. G. Benefiting from Network Position：Firm Capabilities，Structural Holes，and Performance ［J］. Strategic Management Journal，2005，26（9）：809-825.

［134］ Zhou，K. Z.，Wu，F. Technological Capability，Strategic Flexibility，and Product Innovation ［J］. Strategic Management Journal，2010，31（5）：547-561.

［135］ Zhou，K. Z.，Li，C. B. How Knowledge Affects Radical Innovation：Knowledge Base，Market Knowledge Acquisition，and Internal Knowledge Sharing ［J］. Strategic Management Journal，2012，33（9）：1090-1102.

［136］ Zollo，M.，Singh，H. Deliberate Learning in Corporate Acquisitions：Post-acquisition Strategies and Integration Capability in US Bank Mergers ［J］. Strategic Management Journal，2004，25（13）：1233-1256.

［137］ Zott，C.，Amit，R. The Fit between Product Market Strategy and Business Model：Implications for Firm Performance ［J］. Strategic Management Journal，2008，29（1）：1-26.

［138］ Zott，C. Dynamic Capabilities and the Emergence of Intra Industry Differential Firm Performance：Insights from a Simulation Study ［J］. Strategic Management Journal，2003，24（2）：97-125.

［139］ 郭津毓. 战略规划领域的知识图谱研究 ［D］. 哈尔滨工业大学硕士学位论文，2015.

［140］［加］亨利·明茨伯格，陈阳群. 我们为什么要战略 ［J］. IT 经理世界，2004（11）：100-103.

［141］［加］亨利·明茨伯格，布鲁斯·阿尔斯特兰德，约瑟夫·兰佩尔.战略历程（原书第 2 版）［M］.魏江，译.北京：机械工业出版社，2020.

［142］刘贻新，张光宇，杨诗炜，张玉磊.国内战略生态位管理（SNM）研究的知识图谱：基于 CiteSpace Ⅲ 的计量分析［J］.广东工业大学学报，2017，34（3）：59-66.

［143］隋春明，逄金辉.基于 CiteSpace Ⅲ 的我国创新管理知识图谱分析［J］.图书情报工作，2017，61（S1）：99-107.

［144］谭力文，丁靖坤.21 世纪以来战略管理理论的前沿与演进——基于 SMJ（2001-2012）文献的科学计量分析［J］.南开管理评论，2014，17（2）：84-94.

［145］王培杰，杨玉.基于我国企业战略联盟的知识图谱分析［J］.兰州工业学院学报，2017，24（4）：94-98.

［146］王志纲.王志纲论战略：关键阶段的重大抉择［M］.北京：机械工业出版社，2021：286-297.

［147］［美］沃尔特·基希勒三世.战略简史：引领企业竞争的思想进化论［M］.慎思行，译.北京：社会科学文献出版社，2018.

［148］谢广营，徐二明.21 世纪战略管理研究将走向何方——兼与国际比较［J］.北京交通大学学报（社会科学版），2019，18（3）：85-103.

［149］张东生，王宏伟.战略管理理论前沿与演变规律——基于文献的科学计量分析［J］.管理现代化，2021，41（4）：121-125.

| 第三章 |

传统企业战略管理的现实悖论与实践挑战

第一节　企业为什么需要战略

钱德勒把战略定义为企业制定其长期目标，以及为实现这些目标所必须采取的执行方案和资源分配的过程。那为什么战略管理逐渐成为企业管理的一项重要内容呢？从战略起源于 20 世纪 60 年代来看，当时由于政府对航空、银行以及通信等高度管制产业放松管理，允许更多的竞争者进入相关市场，新技术广泛使用、资本市场的自由化和全球化，都在扩展市场与竞争的边界，使整个商业世界进入一种从未有过的熊彼特"创造性破坏"之中。竞争成为企业普遍面临的问题，此时战略便成为企业决策中必须首先考虑的问题。

一、企业战略作为对市场力量进行影响的手段

卡尔·冯·克劳塞维茨（Carl von Clausewitz）指出，"战术……在交战中使用武装力量，战略是为达到战争目的而使用交战"。然而，战略应用于商业环境，是从第二次工业革命开始的。第一次工业革命未能在战略思维或行为方面产生太多影响。这主要是由于虽然这一时期工业企业之间的竞争激烈，但实际上没有一家企业有能力在任何重大程度上影响市场结果。

大多数企业仍然规模较小，在这一时期，市场的主要力量是亚当·斯密（Adam Smith）的"看不见的手"，这只手在很大程度上仍然超出了个体企业的控制。这类公司只需要很少或根本不需要任何意义上的战略。第二次工业革命始于19世纪后半叶的美国，战略的兴起成为塑造市场力量和影响竞争环境的一种方式。到19世纪晚期，大型的、垂直整合的新型公司开始出现，在制造和营销方面投入大量资金，并在管理层次上协调这些职能。随着时间的推移，这些巨头公司开始改变其行业内的竞争环境，甚至跨越行业边界。这些大公司的高层管理人员首先强调了明确战略思维的重要性。通用汽车公司首席执行官艾尔弗雷德·P.斯隆，根据对公司主要竞争对手福特汽车公司的优势和弱点的认识，设计了一项成功的战略；新泽西贝尔公司（New Jersey Bell）的高管切斯特·I.巴纳德（Chester I. Barnard）认为，管理者应该密切关注"战略因素"。

第二次世界大战为商业和军事领域的战略思考提供了至关重要的试验场，因为它加剧了在整个经济中分配稀缺资源的问题。运筹学、博弈论等一系列分析工具和方法，为在战略规划中使用定量分析铺平了道路。战时经历不仅鼓励了新工具和新技术的发展，还鼓励了使用正式的战略思维来指导管理决策。彼得·德鲁克指出，长期以来，经济理论一直将市场视为非个人力量，不受个体企业家和组织的控制（沃尔特·基希勒三世，2018）。然而，在大公司时代，管理"意味着有责任试图塑造经济环境，计划、发起和实施经济环境的变化，不断地将经济环境对企业行动自由的限制向后推"。这种洞察力成为商业战略的关键原理，也就是说，通过有意识地使用正式的计划，公司可以对市场力量施加一些积极的控制。从本质上来看，企业战略是企业这只"看得见的手"对市场力量进行影响的手段。

二、战略为企业确定方向

企业战略最重要的作用是为企业确定方向，长远方向涉及愿景，短期方向涉及目标。高层管理者对公司长期发展方向和最佳"产品—市场—顾客"业务组合的看法构成了公司的战略愿景（Strategic Vision）。战略愿景描绘了管理者对于公司未来的抱负，提供了"我们要去哪里"的全貌，并很好地解释了为什么这样做有利于企业发展。由此，战略愿景为公司指明了特定的方向，描绘了公司未来发展的战略蓝图，提出了未来行动的方针，塑造了组织认同。管理层设定目标（Objective）的目的是将愿景转化为具体的绩效目标。目标反映了管理者基于行业当前的经济状况、竞争状况和公司内部能力而对公司绩效的期望。表达清晰的目标应该是具体的、可量化的、有挑战性的，必须包含实现目标的期限。

好的战略当然是成功的主要原因，但不是绝对原因。因为现实中容易找到战略正确，但由于运作等原因最后走向失败的事例。因此，问题的关键是我们在没有看到结果的时候很难判断设定战略方向是否足够正确。

三、通过战略形成竞争优势

构建企业竞争优势是战略管理的最重要的任务之一。根据格林沃尔德和卡恩（2021）对战略的定义，只有当在位竞争优势存在时，谈战略才有意义。波特（1980）在其经典著作《竞争战略》中从五个方面力量来描述企业的竞争优势，并由此提出三大通用战略：总成本领先战略、差异化战略、集中战略。通过这些战略企业构建进入壁垒，进而形成竞争优势。竞争优势是相对于竞争对手所拥有的可持续性优势，这种优势可从供给侧（成本优势）、需求侧（产品差异化）和规模经济效益三个视角获取。战略分析的起点就是对企业所在或准备进入的市场是否存在竞争优势及其来源进行评估，如果不存在竞争优势，那么就不涉及真正的战略问题，运营效率便成为更为重要的问题；如果存在竞争优势，那么就需要确定竞争优势的性质，并探索如何管理这一竞争优势。

战略管理是从20世纪60年代开启的，那在之前企业是如何获取优势的呢？正如前文所述，在市场经济的早期，市场本身的力量足够强大，企业只需通过市场给予的红利就能很好地发展，但当市场增长达到峰值，企业的市场力量逐步壮大，则必须面对与其他企业的竞争，这时是否具有竞争优势就成为企业生死存亡的问题。战略作为提升组织效率、系统降低成本、有效配置资源的有效工具，为企业获取可持续的竞争优势提供可能，战略由此而诞生。

四、用战略来协调个体行动

组织的精要是集体行动，将个体行动者编织在一起的就是战略。从某种角度来看，公司制度是民主制在企业中的应用，股东就是选民，董事会就是企业中的议会，CEO 是企业领导人，监事会则对应于司法机构。公共选择或社会选择理论致力于发现民主制度的内在弊端，其中最重要的两个问题就是，如何将众多个人的意志转换为一个集体的意志，如何为了决策效率和行使强制力权力而建立权威，同时又不滥用权力（盛洪，2002）。战略便是解决以上问题的重要方法，战略管理就是形成和实施集体行动的过程。

战略为个体员工作出了具体的行为指引，通过明确目标、战略分解、沟通与培训、战略执行、激励机制在微观层面上确保企业的每一位成员都在为同一个愿景而努力。企业的战略规划过程通过设定清晰的目标来统一员工的行动方向。战略的具体化把战略目标分解为具体可执行的任务，确保每一项任务都落实到具体岗位，使每个个体行动都与企业的整体目标紧密相连。战略实施过程中的沟通和针对性培训可以确保个体更准确地理解战略背景、目标和实施方法，减少误解和抵触心理，增强员工对企业战略的认同感和参与感。战略执行更需要个体的高度配合，协调个体努力与集体努力是战略执行的关键之一。战略的落地需要个体目标和战略目标达成一致，企业可以通过绩效考核等合理的激励机制来激发员工的内在动力。总之，企业使用战略可以很好地协调个体行动，确保每个员工都在为企业共同的战略目标而努力。

五、企业需要通过战略为组织定性

战略不仅能统一企业内部的各方力量意见，也可以把组织的性质告诉市场。战略通过定位让人们更加容易理解组织的行为与逻辑，战略具有简化概念的能力，一个清晰的战略往往是一家企业复杂行为的替代品。没有战略的组织就像没有个性的人一样不为人知（明茨伯格，2004）。

企业通过战略不但可以优化内部资源，提升整体效率，还能将其行为逻辑清晰地传递给市场。这种透明、连贯且具有前瞻性的战略布局，不仅关系到企业自身的发展，还决定了其在市场中的定位和声誉。当企业制定了清晰的战略之后，便为组织行为逻辑提供了一个框架，这种框架为市场传递了明确的信号，增强了市场对其品牌和价值的认同。企业通过披露战略，使市场对其追求和核心竞争力有明确认知，增强市场信任，在消费者心中建立坚固的品牌忠诚度。企业战略可以将其对市场变化的预判和行动计划告知市场，这种提前布局和快速反应的能力，不仅可以让市场对企业的动态有清晰的认知，还可以抢占市场的主动权，向市场展示了其高效、灵活的组织特性。通过不断的战略传递，企业可以培育市场对其行为逻辑的认知，形成市场标准，引领行业发展，养成市场对企业品牌的长期习惯。企业战略不仅是企业发展的驱动力量，也是企业与市场对话的重要工具。

六、战略可以降低不确定性，提供一致性

战略的目的是降低不确定性，提供一致性（哪怕这是基于臆断的一致性），从而帮助人们思考，满足人们对确定性的需求，在稳定的条件下提高效率，战略是一种把所有外来信息和刺激进行整理，加以调配的分类框架（明茨伯格，2004）。明茨伯格（2004）指出，战略作为一种管理手段是一个根植于稳定性的概念，尽管现实是动态变化的。战略和理论本身不是现实，而只是现实在人们心目中的再现，企业家通过这种再现来分析和处理不确定性，保持对未来看法的一致性。

战略的基本功能是为企业设定长远的目标和方向，使企业在面对多变的市场环境时，不会迷失方向。长期的目标导向不仅有利于集中资源，还能减少因短期市场波动而频繁调整策略的风险。战略分析中包含了大量的市场分析和预判，提前帮助企业识别潜在的风险和机会，从而降低外部环境变化带来的不确定性，增强企业的适应性和抗风险的能力。通过战略分

析企业能够识别哪些是关键资源，从而实现合理的人力和资金等资源分配，提高应对不确定性的能力。战略规划中通常会包含应急响应机制，有助于企业在面对突发事件时能迅速做出有效反应。

战略基于愿景可以在企业内部形成统一的价值观，呈现出一致的行为逻辑。战略能为企业构建统一的价值体系和行动准则，从而在全公司范围内形成一致的行为标准，起到凝聚团队的力量，并在企业各个层面提供行为的一致性，提升企业整体执行力。战略中明确的企业市场定位信息可以不断地向市场传递，有利于塑造企业统一的品牌认知，促使企业在各个市场中保持一致。企业战略落地需要通过标准化的运营管理流程来实现，这些标准化的流程确保了企业在各个环节行为的一致性。战略通过制定全局性的目标为各个部门的行动提供了统一的指导，以确保各层级员工能协同工作。

第二节　企业战略形成的三类模式

战略管理过程分三个步骤：第一步是战略形成，第二步是战略执行，第三步是战略评估（见图 3–1）。不同的战略管理学派最重要的区别体现在对于战略形成不同视角的理解和认识。认知学派试图解构战略形成的心理学机制，定位学派尝试通过历史的数据资料分析来形成战略，计划学派着眼于当前的未来形成战略，设计学派更看重战略远景，企业家学派直接越过所有分析形成战略愿景，学习学派和权力学派关注什么支撑着战略形成，文化学派自上而下用共同信念解释战略形成，环境学派在更宏观的视角审视企业战略形成，结构学派则从考察战略形成过程本身的视角观察战略形成。这十大学派对于战略形成的认识不是直接相左的观点，而是在不同视角对于战略形成的理解。但总体来说，从战略形成的角度可把以上十大学派归为战略形成的规划模式、战略形成的进化模式、战略形成的企业家模式。

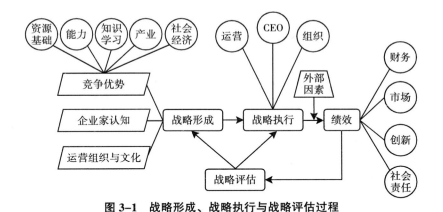

图 3-1　战略形成、战略执行与战略评估过程

一、企业战略形成的规划模式——战略是深思熟虑的过程

规划模式认为，战略的形成是一个深思熟虑的过程，规划必须先行，要依据科学严谨的方法，例如，借助分析模型和数理分析等进行战略分析，尤其是对外部环境进行研判，然后进行战略设计（包括战略目标、战略方针、主要举措等顶层设计），之后再以其指导战略实施。明茨伯格"十大学派"中的"设计学派""计划学派""定位学派"，都可归入这一模式。规划模式的代表人物是安索夫和波特。设计学派、计划学派和定位学派都把战略管理理解为制定方案、贯彻执行和过程控制的循环过程，是战略管理学科中历史最长、研究者和实践者探讨最多的一种模式，在实践中也发展出了形成企业战略的众多模型和分析工具，例如，系统分析法、SWOT 分析法、波士顿矩阵、经验曲线、GE 行业吸引力矩阵、五力模型、价值链模型、麦肯锡 7S 模型、战略地图等分析工具被广为使用。

战略形成过程中最具影响力的是设计学派的观点，该学派所提出的主要概念一直是战略课程的基础，也是战略管理实践的重要组成部分。设计学派的核心理念在于设计出一个战略制定模型，以确保内部能力与外部环境的匹配。哈佛商学院的教科书《经营策略：内容和案例》从 1965 年首次出版后一直是设计学派思想的重要传播工具。计划学派的核心是战略规划，其基本思想是运用大量的分析材料和分析技术进行 SWOT 分析，首先确定目标，其次依据目标确定预算和经营计划，目标既推动了战略的制定，又促进了程序的运作，同时为了实现对组织的控制，目标又会影响预算。战略规划依赖于对未来企业及周围环境变化的预测，但精确预测未来是不可能的。因此，近些年情景分析和实物期权成为战略规划应对未来不确定性的主要方法。定位学派在计划学派和设计学派的基础上从 20 世纪 80 年代开始成为战略形成的最重要方法，设计学派提出了战略形成的基本框架，计划学派给出了战略形成的程序化过程，定位学派则基于迈克尔·波特的产业和竞争分析方法，专注于战略内容本身。计划学派和设计学派认为在任何既定环境中可以实现无限种战略，而定位学派则认为在特定行业中只有少数关键战略符合要求，这些战略能够抵御现存和未来的竞争对手。

二、企业战略形成的进化模式——战略在动态中涌现

进化模式认为，由于现实环境和企业本身行为太过复杂，难以预测，也不可能提前做出有效的预见。因此，市场动态、充满敌意和竞争的本质意味着企业无法进行长期的规划。企业的发展类似于生物的进化，大自然会遴选出那些最能适应生存的物种（企业），也意味着那些无力迅速改变自己的物种（企业）则会被无情淘汰。因此，战略不是规划出来的，而是在动态过程中涌现、被发现和加强的，战略的形成是一个持续生长的历史过程，战略是内部与外部交互影响的结果，取决于心智认知、共同学习和组织进化，最佳的战略就是集中于当前生存机会的最大化。明茨伯格"十大学派"中的"学习学派""文化学派""环境学派""结构学派"，都可归入战略形成的进化模式。进化模式的代表性人物是明茨伯格和穆尔。进化模式的形成发端于人们从生态学、心理学、行为科学和社会学等新视角对战略的新探索。例如，20 世纪 70 年代后期，汉纳等从生物生态学角度研究外部环境对战略的影响，认为战略是对环境的被动反应；奎因和圣吉从组织行为的角度，认为战略是在持续的集体学习中形成的；威廉·大内从文化的视角，提出"Z 理论"，认为战略植根于集体价值观；普拉哈拉德和

哈默提出，企业的竞争在于核心能力的竞争，而核心能力来自组织内部的集体学习。

三、企业战略形成的企业家模式——战略是企业家的认知

企业家模式，即明茨伯格"十大学派"中的"企业家学派"，代表人物是熊彼特。另外，明茨伯格"十大学派"中的"认知学派"也可视为企业家模式的一个小分支。认知学派的代表人物是西蒙。该学派认为，战略形成过程是战略家的认知过程，战略在本质上是一种直觉和概念，战略家对客观世界的不同认知会导致不同的战略。企业家模式认为，企业家个人的战略洞察力是企业战略形成的主要因素。主要观点有五个：①战略是企业家头脑中对未来的构想，深植于企业家的直觉、智慧、经验、判断和洞察力之中，战略是一种观念，一种长期的方向感和发展愿景。②战略的核心是远见，是企业家对企业未来图景的洞察过程，战略制定的主要任务是积极寻找新的机遇。③强调创新和企业家精神，认为战略是面向未来的，需要承担一定风险，战略的关键在于创新。④战略在整体上是深思熟虑的，在实施细节上又是涌现的，许多成功企业虽然没有系统的书面战略，但它们同样经营得很好。⑤企业家通过他的价值观、权力和意志，能自由掌控企业战略，在必要的情况下亲自参与并控制战略的执行。

第三节 企业战略管理的现实悖论

明茨伯格（2020）在《战略历程》一书中总结各战略管理学派的争论时，提出在复杂性、整体性、一般性、控制、集体、变化、选择和思想八个方面问题悖论，以此来更好地理解战略过程。每个争论点都是一个两难问题，都不能绝对地用"是或不是"进行回答，真正的答案需要在实践中进行协调。马浩（2019）在其《战略的悖论：拆解与整合》一书中指出，

战略管理实际上是一种非常矛盾的说法，管理不是战略，战略无法管理，两者存在着天然的矛盾。一个企业的经营战略既要力求卓尔不群，从而构建和保持其竞争优势，同时又要尽量泯然于众，合情合理合群，从而保证足够的社会合法性。跨国公司需要充分利用全球的规模经济与协同效应，同时努力形成本地适应性和灵活性。战略选择既要依照决策者个人的信念远见，又要符合未来趋势潮流的必然情境；既要创新，又要守恒；不但要有核心主题和主导逻辑的专注，而且要有表现形式和实现路径的多元；等等。战略选择并不是非此即彼，而是通盘打算、取舍权衡，用不同的排列与组合来考量和拿捏矛盾与对立的平衡。Raynor（2007）提出，由于"必然存在的不确定性"产生了具有最大成功可能性的战略，同时也具有最大的失败可能性这一战略悖论，指出承诺（战略选择）和战略不确定性相互冲突是导致这一悖论的主要原因。战略管理悖论的本质是具体企业战略总是处于相应变量的是或不是的中间状态。每家企业战略管理既需要严密规划和深思熟虑，又需要面对未来的不确定性并在未来的具体运营中涌现出来。企业的具体战略既包含一般战略的特征又存在着与其他企业不同的独特性，企业战略既有组织和环境的制约和影响，同时又不断地交织着战略决策者的非理性选择，战略作为企业长期的行为选择既要保持稳定又要随着组织内外环境的变化而变化。

一、战略管理的规划性与不确定性

雷纳（Raynor，2007）认为，未来不是一系列必然发生的确定情况，而是一组可能的结果，解决战略悖论的方法在于对承诺和战略不确定性的分工管理；提出依据决策时间跨度进行组织等级划分，高层管理者管理战略不确定性，中层管理者进行战略选择；面临战略不确定性时要避免做出承诺，而是要创造出各种可能履行或放弃的期权；使用企业风险投资突破运营功能的限制，利用情景对待未来的不确定性，应用实物期权调整行动，实现企业战略柔性。雷纳给出了面对不确定性时战略管理理念，这一理念回答了应该如何融合深思熟虑战略管理方法和自然涌现战略管理方法。

在战略管理中，在不确定、复杂、动态以及模糊的环境中，通过做出决策来维持企业的竞争优势，从而获得高收益，但同时风险是注定存在也是必须面对的。俗话说，高收益高风险。企业家要敢于冒险和善于冒险，通过适当的管理手段建立强势的市场地位。战略管理者应该考虑当下的业务是否符合未来发展潮流，是否有能力在业务板块上占据足够多的市场份额。

二、战略是深思熟虑还是自然涌现

一个有效的战略是通过深思熟虑所形成的还是自然涌现出来的？深思熟虑的战略强调战略制定的主动性和预见性，战略形成过程是一种分析推理和控制的行为。自然涌现的战略是在组织中各种职能互动或解决问题过程中产生的战略想法，是没有事先明确计划，在运营过程中逐渐形成的战略模式。在实践中，战略的形成是一个复杂的过程，完全深思熟虑的战略很少见，同样完全自然涌现的战略也很少，更多是这两种战略思路的融合。现实的战略需要兼顾深思熟虑和自然涌现，战略既要有一个明确的愿景和规划，也要考虑组织内的各类创新和运营实践。

三、战略是一般战略还是独特战略

一个好的战略应该是一般性意义上的战略，还应该是独特的战略。定位学派给出的战略是在某种外部环境下的选择，因此战略是一般性的，而企业家学派和文化学派却告诉我们战略是独特的，没有两个战略是完全相同的。如果战略是一般性的，那么战略内容就更多地被关注，但如果战略是独特的，那么需要更多地关注战略形成的过程。

企业的战略管理游走于独特性与一般性之间：追求最大限度的独特，确保最低限度的一般特征；既要特立独行，又要合群从众。再特立独行、成就卓越的企业与企业家，也要时刻掂量自己社会合法性的底线，不能偷工减料和道德绑架。所以企业追求生存与盈利的同时要承担起社会责任的合法性。如何在赚钱和合法性之间做好平衡，是每个企业及企业家面临的挑战。

四、战略是由人、组织还是由环境决定的

战略从根本上不仅是个人过程，还是技术过程、生理过程、集体过程甚至非过程。即谁是战略家，战略主要是由人、组织还是由环境所决定的。战略是一个选择的过程，但环境学派得出的是一个纯宿命论的战略选择，设计学派和企业家学派则假设战略管理者无所不能，可以完全支配环境。

战略选择是基于自由意志还是外在环境决定？自由意志论是战略管理者自由选择和主动行为的角色，强调人的主观能动性以及对自己行为和结果的掌控。环境决定论是外部环境难以抵挡的制约力量，以及对不同类型的企业所施加的不同的束缚，进行的选择和淘汰。但实际的情形是，处于自由意志和环境决定的某种交织中。战略选择不仅在于企业要选择什么业务板块，而且还在于选择不做什么业务板块。

五、战略是稳定的还是动态变化的

战略是稳定的还是需要变化的，如何平衡引起变化或稳定的冲突力量？组织追求战略的目的之一就是要保持目标的一致性，但有时组织为了对变化的环境做出反应，就不得不改变战略。

一个企业要想长期地生存和发展，必须在对产业组合以及资源组合的选择上做出某种承诺，形成自己的竞争优势；同时，它也要关注外部环境的趋势和潮流变化，保持撤出衰败业务并拥抱新兴业务的灵活性与可行性。在献身投入的承诺与伺机转型的灵活性之间，到底注重哪个维度，在两者之间如何平衡，也是战略管理者面对的挑战。需要应对的问题包括承诺的时序——是先动还是后发，以及承诺的过程——是一次性到位还是多阶段序列决策。

第四节 企业战略管理的实践挑战

一、战略管理"悬在半空"

战略管理常常面临"悬浮状态",即在实践中呈现出"上不着天,下不着地"的困境。其中,"上不着天"反映了由于外部环境分析不足,导致战略方向不明确。"下不着地"则是因为战略缺乏与企业内部能力的匹配,使得战略难以被执行。市场动态快速变化,因此如果企业战略不能及时调整、完善,就会失去市场机会。企业需要敏感地观察和响应市场变化,作为市场规则的参与者,企业对外界环境的依赖性大,面对市场的不断变化,对准确预测的需求也随之增加。战略制定和执行充满挑战,许多企业在应对市场竞争压力时寄希望于战略管理,但往往战略制定过于空泛,执行也难以到位。

20 世纪八九十年代出现了公司对战略的抵制,因为战略规划的实施结果远不及预期,甚至有些公司开始大规模裁减负责战略的员工(沃尔特·基希勒三世,2018)。这说明战略管理理论距离实践仍存在着较大的差距。典型的战略变量无法实现对企业更细颗粒度的度量,从而导致通过战略分析所得出的目标不明确或不现实。战略选择在执行时往往涉及企业复杂的资源配置、组织和流程重构等问题,这些因素与战略效果的关系难以衡量,使战略的有效执行变得较为困难。在外部和内部环境发生快速变化时,由于传统的战略管理范式缺乏持续的评估和调整方法,基于原有条件制定的战略规划难以适应。实践中战略在企业层面更多的是一种宏观和抽象的表述,处理的基本上是几个变量之间的关系,这与现实中企业所面临的错综复杂的局面相差较远,使分析得出的战略选择处于悬在半空的状态,难以落地。

二、以目标代替战略

许多企业倾向于用目标来代替战略，热衷于各种概念的炒作，会倾向于追求短期目标，但很少深入研究真正的市场趋势和技术方向，忽视长期发展。这种做法可能导致企业失去方向性和稳定性，面对内外环境的变化，企业战略应当进行适时的调整。在制定战略时要考虑目标与能力的平衡，战略一旦实施，企业就应该集中资源，培养核心竞争力，开发核心产品，提升品质标准，参与国际竞争，以获得长期利益。唯有如此，企业才能获得长期利益，真正做大做强。

目标是战略的重要组成部分，但目标不是战略。战略首先是企业的愿景和价值观，目标只是战略达成的手段和方法。传统的战略模型，如SWOT分析、波士顿矩阵等，更多地集中在目标设定和资源配置上，可能缺乏系统的执行和动态调整机制。这些模型帮助企业识别机会和威胁，但在实际操作中，容易将目标当作最终的战略输出，而忽略了细化的执行路径和步骤。在激烈竞争的环境下KPI和各种业绩指标管理方法被企业广泛使用，这促使企业在战略制定中，更多关注结果而非企业的使命和价值实现，结果导向的文化会导致企业以目标来代替战略。一些战略咨询公司在为企业提供战略咨询服务时，会更多基于外部环境和内部资源能力分析来设定目标，而忽视了企业家的真正愿景。传统的战略理论没有充分考虑企业外部环境的快速变化和面临的未来高度不确定性，策略制定缺乏灵活性和适应性，经常以目标为导向来制定战略。

三、缺乏战略创新

一些企业的战略不是基于全面和科学的分析，而是倾向于模仿成功案例，导致行业内出现同质化。尤其是在企业进入新产业的问题上，许多同行业的企业发展战略高度雷同，只是简单地模仿其他企业的做法或单方面依据领导层的经验与决策，缺乏系统化考虑和科学依据，导致战略不符合实际情况或难以实施。创新性通常伴随着较高的风险和实施成本，因此一般企业倾向于选择已被证明有效的战略路径，而非创新的战略。

战略同质化现象在行业中主要体现为产品同质化、服务同质化、品牌同质化，在中小企业中较为普遍，这加剧了市场竞争的程度，使企业难以形成可持续的竞争优势。企业制定战略本质上都是要寻求独特的发展路径，但在实践中战略选择是在外部环境和内部资源匹配中得到的。一方面这种匹配需要完善的信息获取和精准的分析能力，很多企业实践中难以达成，因此复制和模仿成功企业成为一种更容易实现的途径。另一方面这种匹配在实践中由于缺乏对于未来不确定性的充分分析，从战略管理范式上就难以克服同质性问题。解决战略同质化问题关键在于企业在进行战略选择时，要以企业家愿景为核心，充分获取企业外部和内部信息并进行深入分析，平衡战略的一致性与差异化。

四、组织结构与经营战略的矛盾

企业战略调整可能会引起组织结构的变化，例如，撤销某些部门、成立新的团队等。但是，许多企业在战略调整后的组织架构调整上没有跟上，导致团队不适应新的任务和职责分工，影响了战略实施的效果。企业组织结构调整目的是实现与经营战略的匹配，以提高企业沟通效率和激励员工参与，确保战略的顺利实施。钱德勒提出的结构跟随战略在理论上指出了战略会对组织结构产生影响，但却并没有给出结构应该如何随着战略而调整，企业在实践中都是凭借经验来寻求组织结构与战略之间的相互作用机制。

在实践中，企业所做的组织结构调整一般是为了适应市场变化、提高运营效率或实现战略目标而进行的管理过程，往往会使企业面临管理复杂性增加、管理层抵制、员工不稳定或流失、团队瓦解、短期内生产效率降低、信息传递不畅、内部控制有效性降低等风险。甚至在灵活性与效率、资源配置、沟通与协作、文化与价值观等方面组织结构与经营战略产生矛盾。因此，战略管理不仅要解决方向的选择问题，也得解决战略变革与企业内部运营的关系问题，只有解决了这些问题，战略才能真正落地。

本章小结

数字时代已经来临，基于工业时代和信息时代的管理模式正在被改变，但由 Rumelt 等（1994）提出的四个战略管理基本问题仍没有完美得以解决，同时战略的实践仍然在沿用 20 世纪 70~90 年代所形成的分析工具。战略的悖论来源于企业运行的复杂性以及其绩效本质上的不确定性，数字化也许并不能解决当前战略面临的问题，但给我们提供了新的数据来源和分析工具，探索这一扩展对于企业战略管理范式的影响和作用正是本书的主要任务。

参考文献

［1］Banalieva E. R., Dhanaraj C. Internalization Theory for the Digital Economy［J］. Journal of International Business Studies，2019，50（8）：1372–1387.

［2］Barney J. B. Firm Resources and Sustained Competitive Advantage ［J］. Journal of Management，1991（17）：99–120.

［3］Porter，M. E. Competitive Strategy：Techniques for Analyzing Industries and Competitors ［M］. New York：Free Press，1980.

［4］Raynor，M. E. The Strategy Paradox：Why Committing to Success Leads to Failure（and What to Do about it）［M］. CrownBusiness，2007.

［5］Rumelt，R.，Schendel，D. E.，Teece D. Fundamental Issues in Strategic Management：A Research Agenda ［M］. Boston，MA：Harvard Business School Press，1994.

［6］［美］布鲁斯·格林沃尔德，贾德·卡恩. 竞争优势：透视企业护城河 ［M］. 林安霁，樊帅，译. 北京：机械工业出版社，2021：3.

［7］［加］亨利·明茨伯格，布鲁斯·阿尔斯特兰德，约瑟夫·兰佩尔.战略历程（原书第2版）［M］.魏江，译.北京：机械工业出版社，2020：358-364.

［8］［加］亨利·明茨伯格，陈阳群.我们为什么要战略［J］.IT经理世界，2004（11）：100-103.

［9］［英］劳伦斯·弗里德曼.战略：一部历史［M］.王坚，马娟娟，译.北京：社会科学文献出版社，2016：11.

［10］马浩.战略的悖论：拆解与整合［M］.北京：北京大学出版社，2019：7.

［11］［美］艾尔弗雷德·D.钱德勒.战略与结构［M］.孟昕，译.昆明：云南人民出版社，2002：3.

［12］［美］沃尔特·基希勒三世.战略简史：引领企业竞争的思想进化论［M］.慎思行，译.北京：社会科学文献出版社，2018：51，311.

第四章

数字化时代对企业战略管理的变革与冲击

随着新时代宏观环境波动所引致企业所处产业环境以及竞争态势发生大的变革，企业战略管理也随之发生变迁。同样地，战略管理的技术工具也随之改进，从传统的波特五力模型、SWOT、VRIO、波士顿矩阵、PEST等方法逐步向着具有大数据特性的新战略管理工具演进，驱动企业战略管理新范式的产生。每一次的工业革命带来了不同的生产方式，提高了生产效率，随之而来的就是更加贴合企业发展的战略升级。

第一节　数字化本质

企业对于战略管理的重视是随着信息维度的技术革命而开启的，这也许是偶然，但也存在着某种可能的关联。信息维度技术革命的最重要的规律之一就是摩尔定律，其描绘了一个信息产业技术快速进步的发展轨迹，这一速度让企业不能只关注于当前，也必须关注未来，这也许是战略管理成为信息时代企业必要的管理职能的原因之一。

一、数字经济时代技术迅猛发展

工业革命对经济发展的促进作用是毋庸置疑的，1750 年以前，全世界的人均收入每隔 6000 年才翻一番，1750 年之后每 50 年就翻一番。工业革命之前经济增长停滞的原因之一是世界陷入了技术陷阱之中，即人类没有动力用技术来取代劳动力（卡尔·贝内迪克特·弗雷，2021）。工业革命中与经济高速发展同步的是技术进步，很多研究证明技术进步是经济增长与发展的重要来源。随着技术的不断进步，原有的经济运行模式已成功突破了资本规模报酬递减的束缚。第一次和第二次工业革命，其主导力量是能源革命，动力技术作为当时的通用技术（General Purpose Technologies，GPTs）极大地推动了生产力的发展和生产关系的变革。第三次工业革命和第四次工业革命的主导力量已转变为信息革命，其核心是计算机、互联网、大数据和人工智能等技术的普及，改变了人们的沟通方式，提升了控制能量的水平和效率。信息和数字技术正在成为新的通用技术，数字化正在改变着世界。数字化通用技术包括人工智能、预测技术、大数据、复杂的自动化技术（自主系统），在过去的 40 年中，数字通用技术全球专利申请呈爆炸式增长（WIPO，2022）。与数字技术相关的专利的增长速度比总专利申请数量快 172%（见图 4-1），数字技术成为继发动机和运输、生物制药、信息与通信技术之后又一增长最快的技术领域（见图 4-2），数字技术相关专利总量占到了当前专利总量的 5.8%（见图 4-3）。其中，人工智能的占比近年增长非常迅速（见图 4-4）。

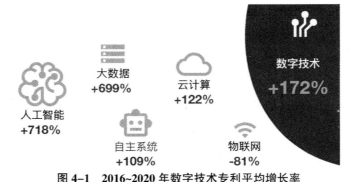

图 4-1 2016~2020 年数字技术专利平均增长率

资料来源：WIPO 的 2022 年世界知识产权报告：创新方向。

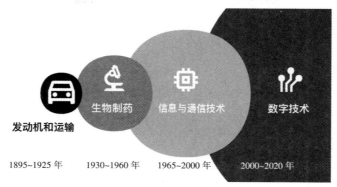

图4-2 1895~2020年专利申请增长最快的技术领域

资料来源：WIPO的2022年世界知识产权报告：创新方向。

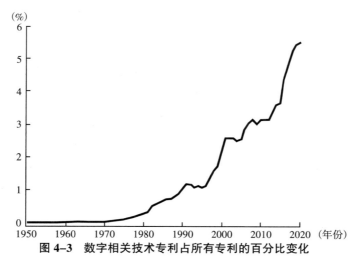

图4-3 数字相关技术专利占所有专利的百分比变化

资料来源：WIPO的2022年世界知识产权报告：创新方向。

数字经济时代的技术大爆发带来的是：一方面技术在商业运行中的作用进一步加强，另一方面产品的生命周期快速缩短，这为传统战略管理带来极大挑战，这也是为什么动态能力理论在21世纪这20年间持续成为战略管理研究热点的重要原因。

二、数字经济时代商业逻辑发展变化

互联网已彻底重塑了商业竞争的形式与内核。传统竞争模式通常围绕技术、产品、服务、价格、渠道、促销等维度展开，即所谓正面战。然

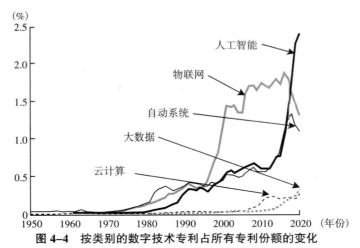

图 4-4　按类别的数字技术专利占所有专利份额的变化

资料来源：WIPO 的 2022 年世界知识产权报告：创新方向。

而，在当今时代跨界商业模式间的竞争日益激烈。新模式与传统模式间的竞争，常常不是新模式把旧模式打败了，而是通过重构生态系统、产业格局，让旧模式在不知不觉间被边缘化了（刘学，2021）。同时，商业竞争所依赖的资源基础发生了显著变化。过去的实物资源、人力资源和知识资产是企业竞争的核心要素。但在数据时代数据资产、智能资产和人力资产成为新的竞争焦点。领先者通过构建强大的生态系统，实现网络效应和数据资产的动态聚集，从而在竞争中占据优势地位。追随者要想实现超越，不仅需要强大的创新能力，还要拥有足够的数据资源和智能资产来支撑其业务发展。

另外，竞争的节奏发生了显著变化，技术变革速度越来越快，缩短了产品生命周期，压缩了新产业进入市场的窗口期。给企业决策者战略观察、思考的时间越来越短。路径依赖与速度竞争决定组织的未来的成败。在战术层面企业可以尝试不同的策略，但重大战略选择一旦失误，常常错失机会。互联网、人工智能、大数据的发展改变了商业竞争模式，由局部优势和渐进创造转向生态系统和产业格局的颠覆和重构。要看清终局，找到战略机遇点，形成公司的战略定位。机遇不仅是从现在趋势的预测中发现，更是从未来的格局洞察中发现。

（一）企业家的战略

数字化时代企业竞争优势的来源、组织架构的设置以及资源分配的方式都发生了重大的改变，这也对战略管理的经典研究问题提供了新的探索场景。例如，在数字化时代之前，满足用户需求可能是领先企业难以被其他企业模仿的一种能力，但数字技术的出现却使很多企业都能在技术的帮助下获得更多用户信息、勾勒用户画像，以及通过数据去洞悉用户的潜在需求。在数字化时代，通过一系列的企业数据，或者更多的领导讲话稿，勾勒出企业家的画像。

（二）组织结构平台化

数据赋能和数字化革命下，平台型企业的构建及其创新模式成为学术界和业界关注的热点。在此之前的职能型、事业部型、M 型、矩阵型组织架构本质上都是一种科层制管理的模式，通过等级权威和集权控制等制度完成自下而上的汇报与自上而下的指令，从而实现生产要素的有序化。然而，数字化时代下企业竞争已经从强调规模向强调速度转变。企业需要在高度动态和不确定性的环境下快速适应客户、市场和竞争环境，则必然要求组织架构适应这一战略的需求，变得更加敏捷且快速决策。传统的科层制企业如何向平台型企业转型、平台型企业如何生成、演化和发展，成为新一轮数字革命下组织治理与架构中的一个重要问题。

（三）生产模式模块化

企业的生产过程要能满足顾客个性化需求必须具备快速调整能力，模块化制造是快速实现定制化产品的关键。模块化是一种设计和生产方式，指特定功能子系统间按照规则相互联系构成更加复杂的系统。产品要素组合成半自律子系统，通过模块的批量生产和不同模块之间的组合来既实现大批量生产，又能满足客户定制需求。产品模块化分为共有部分和定制特征部分。企业预先组装共有部分，根据顾客要求快速组装定制部分，提高生产速度和效率。模块化形式多样，通过允许任意构建类型按标准接口进行连接，实现可组合模块化的最大多样化和定制化，类似儿童积木，组成积木的对象个数仅受想象力限制。

（四）研发模式开放化

开放式创新是企业不仅依靠内部资源，还要寻找外部资源来提高创新效率。传统的封闭式创新模式在市场需求趋同和信息相对有限时可以更好地保护知识产权，使企业在竞争中占据优势，但在应对多样化需求和不确定性方面存在不足。数据的非竞争性使数字经济时代知识的垄断难以实现，任何企业都无法保持在所有领域的技术领先，只能通过不断凝聚企业内外的各类技术资源才能发展壮大。因此，创新不能仅限于组织内部，还需要整个生态的协同共进。随着数字技术和开源系统不断注入企业研发过程当中，开放式创新模式为产品迭代提供了强劲动力。

三、数字化的本质

人类进入 21 世纪之后迎来了新的技术革命，这一革命以数字化为重要特征。它不仅是信息技术领域发生的革命，更是一场以数据为中心的从信息端来推动和改变实体端的革命。随着移动互联、云计算、大数据、人工智能、物联网+5G、区块链、3D 打印、虚拟现实等新技术的快速发展，企业正从信息化进入数字化转型阶段。2022 年第 2 期《求是》刊登了习近平总书记的文章，强调数字经济正在成为重组全球要素资源、重塑全球经济结构、改变全球竞争格局的关键力量。党的十八大以来，党中央高度重视数字经济发展，将其提升为国家战略，并在国家层面部署推动其发展。党的十九大提出推动数字经济和实体经济深度融合，构建数字中国和智慧社会。发展数字经济对国家发展至关重要，是把握新一轮科技革命和产业变革机遇的战略选择。国家"十四五"规划明确提出要"加快数字化发展，建设数字中国"。2022 年 1 月 12 日《国务院关于印发"十四五"数字经济发展规划的通知》提出数字经济是继农业经济、工业经济之后的主要经济形态，"十四五"时期，我国数字经济转向深化应用、规范发展和普惠共享的新阶段。到 2025 年，数字经济预计占 GDP 比重达到 10%，数据要素市场体系初步建立，产业数字化转型迈入新阶段，数字产业化水平显著提升，数字化公共服务更加普惠均等，数字经济治理体系更加完善，将成为未来经济发展的必然趋势。

第二节　重新审视战略管理

一、数字经济背景下的竞争优势来源

竞争优势是企业战略的核心问题，无论是产业定位学派、资源本位企业观，还是动态能力理论，都在揭示企业可持续竞争优势的来源问题。最早关于竞争优势的讨论来自企业政策的研究，SWOT 分析认为，企业自身能力与外部环境的契合是竞争优势的重要决定因素，产业定位学派则认为企业必须基于在产业环境中寻找可能的竞争优势，资源本位企业观强调企业内部资源和能力是获取竞争优势的来源，动态能力强调企业能力与外部环境的契合才是企业竞争优势的来源。数字经济时代，首先是数字化技术逐渐深入企业和产业内部，使数字成为整合各类其他资源的资源，竞争优势的来源无外乎内部、外部或内部与外部的匹配，而数字化环境下则需要考虑另一个维度，即竞争优势来源于当前条件还是构建未来能力。对于第一个维度，实际上决定于企业发展的不同阶段和条件，有时需要从内部获取竞争优势，有时需要从外部获取竞争优势，优势需要考虑两者的匹配，数字经济背景下企业可以随时获得内部、外部的信息，不必拘泥于竞争优势到底在哪里，而是根据不同的环境和条件做出选择。

企业和组织战略是面向未来的，但在不确定和复杂环境中，想对未来做出客观准确的判断，几乎是不可能。伦敦大学劳伦斯·弗里德曼在《战略：一部历史》一书中多次强调，"战略受制于起点，而非囿于终点"。现有的战略理论与工具主要将公司当前所处的环境、资源及其未来发展作为战略分析的起点和焦点。这种方法有助于理解战略的初始条件和约束。然而，从终局作为分析起点出发，有助于明确组织的方向和目标。战略制定的关键在于是以起点（制定战略时的约束条件），还是以终点（组织的目标）为重点。PEST、SWOT、波士顿矩阵、麦肯锡矩阵等战略分析工具都是基于当前的环境变量及其变化趋势来预测未来战略方向，并与组织的资源能力相匹配。这些分析的准确性是分歧的核心。弗里德曼将能够进行准确分析预测的称为"计划型战略"，包括设计学派、计划学派、定位学派等。而认为难以进行准确分析预测的，他称之为"应变型战略"，包括学习学派、权力学派、环境学派等。

在亨利·明茨伯格等（2020）提到的十个战略管理学派中，企业家学派最注重终局。这一学派的核心是愿景（Vision），通常表现为意象而非详细的文字或数字计划，这就使战略具有高度的灵活性。领导者可以利用自己的经验来制定战略，这种战略既是深思熟虑的，也是能随机应变的。伟大的领导者的灵感来源于丰富的特定情境经验，这可以视为产业的终局。企业家式战略试图占据市场中能够避免竞争冲击的特殊位置。然而明茨伯格等也指出企业家学派的不足，即过分强调个别领导人的行为而忽略了战略过程的详细讨论，将其视为一个"黑箱"。在数字经济时代，这种将愿景构建和战略形成视为"黑箱"的做法已不再适用，战略管理首要的任务是揭开这一黑箱，从企业家行为中找到竞争优势来源。

二、数字经济背景下的资源基础观

资源基础观从企业内部资源和能力的视角解释企业竞争优势的来源，假设要素市场是不完全流动的，能够获取有价值的、稀缺的、不可模仿的、不可被替代的生产要素是企业获取可持续竞争优势的关键（Barney，1991）。但在数字化的背景下，资源的本质属性发生了极大的转变，要素市场的可流动性被大大提高了（Banalieva & Dhanaraj，2019）。数字化背景下竞争优势的来源可能并不在于拥有特定的生产要素，而在于通过生态圈中的价值共创和价值协同一定程度控制特定的生产要素，例如，大量的平台企业通过赋能的方式在不拥有资产所有权的同时控制资产，从而获得更高的收益而不必承担相应的负担。资源基础观认为因果模糊性和社会复杂性是资源难以被竞争对手模仿的原因（Barney，1991）。但随着数字孪生、云计算以及大数据等一系列技术落地（陈冬梅等，2020），之前由于人类认知和技术能力所限而存在的由因果模糊性和社会复杂性带来的竞争优势可能都会难以维持。数字经济背景下企业的内部资源和能力是否还能成为企业竞争优势的重要来源？如何动态地构建和维持企业内部资源和能力等问题需要战略管理理论给出新的解答。

三、数字经济背景下的组织治理结构

随着云计算、大数据、物联网等技术的发展，作为经济活动载体的企业组织的架构和形态正在发生深刻变化。过往的事业部组织、M 型组织、矩阵组织等形式在高度动态和不确定性的环境下，资源配置等方面缺乏足够的灵活性，正逐步丧失主导地位（白景坤和罗仲伟，2015）。相应地，企业组织日益呈现出平台化和中台化的特征。那么传统的科层制企业如何向平台型企业转型，以及平台型企业如何生成、演化和发展，成为新一轮数字革命下组织治理与架构中的一个重要问题。同样地，什么样的企业组织需要中台？组织如何从原有的事业部架构演化成中台架构？部门利益将在组织变革中发生哪些变化？高管团队是否应该以及如何去进行中台化变革的顶层设计？这些问题仍然缺乏理论上的探讨与思考。

四、数字经济背景下的企业动态能力

动态能力理论从 20 世纪 90 年代开始发展，从企业不断更新使之与变化的商业环境相适应的能力角度探讨企业定义和企业竞争优势来源。认为企业是由运营过程、管理和资源构成的一个动态系统，竞争优势来自有效利用企业的管理和组织能力，长期竞争力取决于它的动态能力。战略在本质上是流动的、灵活的（Fluid and Flexible），是在变幻莫测的环境中针对复杂的经营管理问题而做出的一系列理性的反应。取决于如何将一系列复杂并不断变化的事物转化为有利条件。动态能力的研究当前仍然是战略管理学术研究的热门话题，因为随着数字能力的提升，帮助组织获取快速适应外部环境变化的动态能力不再只停留在理论层面，基于动态能力微观基础的探索，人工智能、大数据等正在把它变成一种可操作的模式。数字化企业已开始构建基于数据驱动的动态能力。

第三节 数字化对传统战略管理理论的影响

企业战略管理是企业蓬勃发展的关键所在，战略管理的研究也随着企业所处时代的变化而变化。受"二战"后美国经济高速发展和企业间竞争加剧的影响，企业管理者逐渐意识到企业原有的生存原则需要适时调整以维持生存与发展，学者通过对企业政策变化的研究而逐渐形成了战略管理的雏形，并总结出满足其时代特点的企业战略 SWOT 分析框架。早期战略管理主要是通过战略的视角从总体上把握企业与环境的关系，强调企业如何通过战略调整以适应环境的变化。直至 20 世纪 70 年代末，随着欧美国家企业兼并的浪潮以及大规模机械化生产方式的流行，企业规模不断扩大，并逐渐形成了一些产业组织，这些组织的力量已经可以直接影响经济环境。企业的成功和失败不仅取决于企业本身，还受所处产业环境的影响。彼时，迈克尔·波特（Michael E.Porter）的《竞争战略》和《竞争优势》风靡一时，将产业组织经济学加入战略管理中，形成独特的产业结构分析法，五力模型、三种基本战略、价值链等广为流传，至今盛誉不衰。与此同时，Wernerfelt（1984）则站在企业资源的角度提出了资源本位企业观，并由 Barney（1991）提出企业资源的 VRIN 分析框架。随着网络时代的发展，传统战略理论不足以满足新型企业的战略需求，应运而生一系列新战略管理理论，诸如平台战略、战略生态系统等，更加贴合新时代的企业发展需求。战略管理理论体系从发展的时间顺序上大体有环境适应主导型战略管理理论、产业组织主导型战略管理理论、资源能力主导型战略管理理论、生态系统主导型战略管理理论（见图 4-5）。

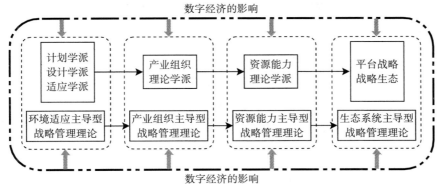

图 4-5 传统战略管理理论与数字经济

一、数字化与环境适应主导型战略管理理论

20 世纪 60 年代，战略管理起源于哈佛大学商学院的企业政策的教学与研究。在这一时期，逐渐形成了以环境适应为核心的战略管理范式。一般管理的任务是将企业看作一个有机的整体，通过战略的视角从总体上把握企业与环境的关系。在教授企业政策和一般管理课程中，肯尼斯·安德鲁斯等学者开始关注经营战略，强调战略是在企业外部环境因素（决定企业可能干什么）和企业内部资源与运作（决定企业能够做什么）之间寻求契合，同时考虑管理者的个人偏好（决定企业想干什么）和企业的社会责任与预期（决定企业应该干什么）。这些观点成为战略管理发展基础，进一步演化出计划学派、设计学派和适应学派等环境适应主导型战略管理理论。

计划学派视战略为一种详细的未来规划，是实现组织目标的过程。计划学派假设外部环境是相对稳定的，未来趋势与不连续性是可预测的。战略的形成是一个受到控制的、有意识的、详细具体的正规化过程，由专业战略规划部门的计划人员来制定，一般包括目标确定、外部审查、内部审查、战略评价和战略实施几个阶段。伊戈尔·安索夫在其著作《企业战略》中提出了著名的"战略四要素论"，认为企业战略应该包括产品和市场范围、成长因素、协同效应和竞争优势四个要素。他认为战略管理的作用是挖掘公司的潜在利益，确保在市场经营过程中具有满足对象需求的潜力，提供市场所需的产品和服务，并提供确保竞争优势的方法（Ansoff，1965）。

计划学派提出战略体系需与预算、目标和运营体系相互作用推动企业发展，目标体系一方面推动战略制定，一方面促进企业运作，同时又和预算体系实现了对组织的控制。20 世纪 80 年代很多公司由于收效甚微取消了战略规划，因为战略规划依赖于战略制定之前的准确预测，对于变化难以应对。战略的理想状态不是可以"一次性地"设计的方案，而是一个不断调整的规划过程。

设计学派强调设计战略制定模型以寻求组织内部能力和外部环境的匹配。艾尔弗雷德·D.钱德勒基于对美国企业史的考察，创建了设计学派有关组织结构追随经营战略的思想体系。他认为战略是确定企业长远目标，并采取一系列行动来配置资源以实现目标，而结构则是设计对企业进行管理的组织（艾尔弗雷德·D.钱德勒，1962）。战略变化主要是对企业外部环境中的机会或需求变化做出的反应，其结果就是设计出新的补充的组织结构。钱德勒提出了战略设计四个步骤：①研究企业外部环境条件、发展趋势和组织内部的独特能力；②识别外部机遇与风险，识别组织内部的优势与劣势；③决定机遇与资源的匹配；④战略选择。另一位学者 Andrews（1971）构建了设计学派的 SWOT 分析模型，该模型着重强调对外部与内部环境的评价：主要揭示企业在环境中潜在的机会和威胁以及组织自身的优势与劣势。该模型同时列出了在战略制定过程中非常重要的两个因素：一个是管理价值，即组织中正式领导者的信仰与偏好；另一个是社会责任，特别是组织在社会道德中所发挥的作用。

适应学派强调企业战略的动态适应性，认为企业应当是一个动态的、开放的、柔性的与环境互动的系统，其战略要依据外部环境的变化而做出调整，要具有动态性和对环境的应对性（明茨伯格，2012）。在环境变化中战略存在偏差，组织应该搜寻各种不同的战略，进行选择和调整。适应学派应用生态类比把企业战略看成生存在某种环境中的动物，这种类比产生一个悖论，即高度特化和最完善适应的类型必将归于灭亡，而原始和保守的类型往往成为新的适应发散中心（周三多，2003）。该学派从奎因的逻辑改良主义出发，认为决策者知道其自身的局限性和未来环境变化的不可测性，会在保持初步的和框架式的策略的同时，自觉尝试获取环境的相关信息，以随时对未来行为进行修正。环境适应学派分析的重点是不确定性环境，试错是其最主要的思想，主要分析工具是 SMFA 法，强调动态分析，不断修正。环境的机遇代表可能，环境的威胁是潜在的约束。

在大数据时代下，企业所处的环境发生巨大变化，其所面临的不仅有制度环境、行业环境的改变，企业还处在复杂的信息环境中。数据逐渐成为企业最重要的资产之一，决策将日益基于数据分析做出。然而，环境适应主导型战略管理理论的研究一方面只强调要求组织采用适用性的态度对待环境，而对企业要如何选择行业、如何积累、如何竞争和形成持久竞争优势，针对不同的环境特别是企业处在海量的数据信息环境时应采取何种对策等没有予以回答；另一方面其缺乏关于战略制定者对于环境变化的主观能动性，环境是不断变化的，当企业战略不适合企业发展时，企业家要依据其独特的判断力、嗅觉能力、前瞻性以及对环境变化的敏感力对当前战略做出适时变革，以保证企业的发展。可见，早期的单纯的以环境适应为主导而制定的企业战略不足以满足当下企业的发展需要，特别是当企业面临重大突变的外部环境时，企业家的决策显得尤为重要，企业家对企业后续发展的战略部署将影响企业的态势甚至生存。数据洪流下，越来越多的企业开始通过数据分析，挖掘数据的潜在价值，利用数据为企业服务，将大数据与画像技术结合，基于海量数据的基础，围绕企业与企业家画像，使企业战略管理不仅兼具对环境变化的数字感知，更加注重企业家行为特性对战略的影响，使企业战略更加精准且贴合企业发展。

二、数字化与产业组织主导型战略管理理论

20 世纪 70 年代末，学者不再仅围绕企业自身而制定竞争战略，而是将视野放在企业所处的产业环境，构建了结构—行为—绩效分析范式。当时西方国家企业的规模越来越大，基于价格约束和独家经营等手段形成了超越传统经济环境力量的产业组织。在由寡头组成的托拉斯市场中，大企业依靠垄断地位和市场权力挤压中小企业，攫取高额垄断利润。这时战略

学家们意识到企业在行业中的力量是成败的关键因素，他们跳出环境适应的战略理论框架，从成本和差异化上寻求企业竞争优势的来源，从而推动了产业组织学派的形成。产业组织学派与战略规划学派和适应学习学派在逻辑上没有沿袭关系，该学派认为行业决定企业成败，企业竞争战略必须与环境相联系，而行业是最直接的环境，每个行业的结构决定了企业竞争范围，从而影响企业潜在利润水平。

企业战略的核心是获取竞争优势，产业组织主导型战略管理理论把行业的吸引力和在行业中的相对地位看作企业竞争优势的两个主要来源。企业要获得竞争优势，首先必须选择有吸引力的行业。其次在行业中争取"差异化"或者"低成本"的有利地位（张雪平和吴应宇，2014），最后战略分析的重点是产业资源、产业的集中度、产品差异化、进入壁垒和规模经济等对市场结构的影响。企业只能选择"差异化""低成本"或者"集中化"三种通用竞争战略中的一种，任何脚踏两只船的战略都将最终导致企业的失败。Michael E. Porter（1980）将产业组织经济学的S-C-P引入企业战略分析研究中，使产业分析的手段和方法能够为企业服务，指引他们如何了解、预测和操纵市场结构，以最大限度地获取竞争优势和最持久地保持竞争优势。

数字化时代产业结构已然发生了剧烈变化，使产业组织主导型战略管理理论的稳定环境、同质组织和线性系统的假设难以成立。该理论指出产业结构决定了企业的战略选择空间、行业定位和运营模式，但是却无法解释为什么处于同一产业中的企业会有不同的绩效。当下，企业正进入一个因技术迅猛发展而充满技术演进、市场竞争以及消费者需求变化多端的不确定性时代，一个因数字技术而产生的数字时代，对于企业来说首先要明确其所处是在产业数字化变革中还是深处数字化产业中。当爆炸性增长的数据来临时，企业所面临的不仅仅是所处产业的变化，来自其他行业的竞争与威胁显得更加严厉，此时，作为企业核心的企业家如何将所掌握的数据信息应用到企业战略中将至关重要。

三、数字化与资源能力主导型战略管理理论

20 世纪 80 年代，学者不再仅限于对企业所处环境的分析，逐渐把企业所拥有的资源与能力引入到战略分析中，将企业战略管理建立在"异质性"假设基础上，认为企业获得超额利润的源泉是其拥有独特的和具有价值性、稀缺性和非流动性的资源。异质性资源难以在企业之间自由流动，也难以用其他资源替代（Barney，1991）。因此，企业内部资源条件决定了企业的竞争地位，是企业盈利能力差异的重要影响因素。伯格·沃纳菲尔特（Birger Wernerfelt，1984）提出企业是各种资源与能力的组合，资源分析与产业分析至少具有同等重要的地位，企业战略的实质是寻求现有资源利用与新资源开发之间的平衡。杰恩·巴尼（Barney，1991）从企业资源的异质性和不可转移性出发所进行的分析，得出企业可持续竞争优势来源于资源。

资源能力理论认为企业成功的关键不在于资源本身，而是企业对资源的使用方式即能力。企业本质上是一个能力体系，积累、保持和运用能力是企业长期竞争优势的来源。企业能力理论提出公司战略的组成部分不是产品和市场，而是业务流程，通过将公司关键流程转变为给顾客提供卓越价值的产品和服务才是竞争成功的关键，对支持性基础设施等能力的投资就是战略管理过程。20 世纪 90 年代动态能力理论快速发展，这一理论源于资源基础论，是一种改变企业能力的能力。Teece 等（1997）将动态能力区分为"3 个 P"：流程、位置和路径。所以，动态能力方法是一种可以促使企业在动态环境中不断保有其核心竞争力的一种方法，它提供了企业更新或创新组织知识与技能的能力，即巩固和扩大企业的市场位置并进一步更新发展相关的活动，并借此进入进一步细分的新市场。企业核心竞争力与能力的交集为企业创造新产品与流程提供了灵活机制，以应对处于高度动态的市场环境。

大数据时代下，数据不仅是企业的重要资源，利用数据信息保持企业竞争将成为企业战略制定的重中之重。在动态、开放、海量信息的环境中

保持可持续竞争优势，是战略管理领域面临的新挑战。资源基础观理论从内生视角探讨竞争优势的来源，视企业为一系列异质资源的组合，而非追求利润最大化的同质"黑箱"。持续性竞争优势源于资源的价值性、稀缺性、不可模仿性和不可替代性。异质资源的获取与管理主要依赖于学习过程（张胜和袁泽沛，2005）。企业通过维持内生优势来实现持续的绩效提升。然而，由于难以精确判定哪些资源对战略成功至关重要，这限制了该理论的实际应用。资源基础观理论的挑战在于，它未能充分解释在快速变化和不可预测的环境中，企业如何获得竞争优势。此外，该理论在预测现有优势的持续时间和未来优势的来源方面存在困难。对资源基础观理论的批评还包括概念模糊、忽视获得竞争优势的机制以及缺乏实证支持。在高度变化的市场环境下，主张长期竞争优势的资源基础观理论显得不切实际，因为短期的和不可预测的优势更为常见，而且成长往往是比利润更为重要的绩效指标（刘红叶和揭筱纹，2015）。而且，资源基础观理论忽略了时间的战略意义，企业家的敏锐性将显得尤为重要，特别是对于时机的把握是企业家对局势判断的重要结果。企业家是站在企业所拥有的资源与能力的基础上，通过本身所掌握的信息对企业面临的机会与威胁做出判断，海量信息的检索与处理则影响了企业家判断力的时效，大数据画像技术的出现则可以解决时间上的问题，提高企业家对信息的处理速度，新技术与企业家结合将创造出新时代的战略管理。

四、数字化与生态系统主导型战略管理理论

当前因科技的发展而衍生出新型的商业模式，从而产生了符合其发展需要的企业战略形式，生态系统主导型战略管理理论主要有平台战略和战略生态。平台战略是一种商业模式，它通过建立一个连接两个或更多特定用户群体的机制，使这些群体能够通过互动交流来满足需求，并从中获得利润。随着产品互补性、功能多样性和兼容互通性的增强，平台实现了不断演化和升级（孙新波，2021）。平台的发展从企业内部平台逐步扩展到供应链平台、产业平台和多边市场平台。企业在发展平台战略时，需要重

视预制兼容互补的技术开发，通过技术的协同整合，形成一个基于构件或模块的技术创新体系。这种体系强调知识异化、协同互补、共存共生和共同进化，把企业间的竞争提升为依赖于"创新生态系统"的竞争。平台战略的优势来自网络效应。在这种模式下，两个用户群体通过一个或多个中介，也就是平台提供者进行互动。例如，信用卡连接了消费者和商家，报纸连接了新闻发布者和读者，操作系统连接了计算机硬件和使用者，这被经济学家称为双边市场或者双边网络。平台战略的实施可以进一步细分为平台进入战略、平台构建战略、平台创新战略和平台包围战略。

战略生态系统研究关注的是企业与外部环境之间的动态关系，类似于自然生态中的演化规律。这一领域的研究不仅涉及企业自身的战略选择，还包括对整个战略生态系统的识别、规划、实施、评估和自我更新的系统管理（刘跃进等，2004）。战略生态系统是企业及其利益相关者构成的集群，这些集群形成了一个复杂的生态网络，包括企业与供应商、消费者、市场中介机构等垂直关系，以及与竞争对手、其他产业的企业、政府部门、高校和科研机构的水平关系。战略生态系统超越了传统的行业界限，能够在常规的行业边界内也可跨越常规边界发展成长。其与传统行业界限的关联方式类似于生物生态系统跨越地域界限的方式。在这种环境中，管理者的任务是寻找创新的核心，通过整合网络成员的贡献，为消费者和生产者创造价值。他们不仅需要应对行业内的竞争，还要将看似无关的商业要素整合到新的经济体系中，从而创造新的商业模式、竞争与合作的规则，甚至新的行业。平台战略和战略生态系统理论突破了传统资源基础观的局限性。这些理论基于环境的不确定性、组织的复杂性和战略管理的非线性，形成了一种强调非均衡和不确定性的新战略管理理论。这种战略有效地应对了新的管理实践课题。并且是对旧有战略管理范式的突破和完善。

数字经济环境下在环境适应主导型战略管理理论、产业组织主导型战略管理理论、资源能力主导型战略管理理论的基础上，基于海量信息的挖掘和利用，着重强调企业家在战略制定、决策过程中的主观能动性。自21世纪初以来，战略管理领域因经营环境的剧烈变化而面临新的挑战。首先，随着信息技术的发展，传统的行业界限和企业边界被打破，企业之间以及跨行业的联合与合作日益成为战略管理的新趋势。其次，企业经营环境的快速变化要求企业战略具备更高的灵活性。最后，企业战略的制定不仅要考虑内部资源，还需创造性地整合外部资源，以克服自身资源的限制。

在这种快速变化的环境中，企业战略的成功越来越依靠企业家的领导能力和战略变革能力。战略形成过程主要集中在企业家身上，这一过程是在他们的战略思维引导下，基于以往的经验和认知形成的，即企业家的直觉、洞察力和领导能力在战略形成中起着关键的作用。企业家的领导能力反映了其对企业发展的长远规划、资源组织、战略判断和战略决策的能力。根据管理大师德鲁克（Peter F. Drucker，2006）的观点，战略规划是一种分析性思维，它涉及思想、分析、想象和判断的应用。战略规划不仅是一种技术，更是一种责任，它不是预测未来，而是关于当前决策的未来影响的决策。在这个过程中，判断和决策能力是不可或缺的。德鲁克（2018）进一步指出，公司的核心竞争力体现了企业家精神，即逆境中寻求生存和发展的能力，以及将市场和客户的价值与制造商、供应商融为一体的特殊能力。企业家精神在塑造企业核心竞争力方面发挥着决定性的作用，特别是在那些具有远见和非凡能力的企业家中表现得尤其明显。因此，企业家的战略能力直接影响到战略管理的成败，以及企业是否能在复杂多变的环境中把握正确的发展方向和战略。企业家精神如何在新技术的作用下融入企业战略管理中是我们研究的重点，以企业家精神为核心，依托战略管理理论知识图谱，基于大数据画像技术构建企业战略管理分析工具为企业在新时代中发展助力远航。

第四节　数字化对传统战略管理工具的影响

一、传统战略管理的技术与方法

（一）经验曲线

经验曲线的运用可以追溯到 1936 年所做的某些研究中（Yelle，1979），这些研究表明：当一个产品的产量翻倍时，制造成本将以一个固定的比例减少（这个比例通常为 10%~30%）。换而言之，生产第 1 个产品时制造成本为 10 美元，生产第 2 个产品的制造成本就是 8 美元（假设成本降低比例为 20%），生产第 4 个产品就是 6.4 美元，以此类推，生产第 1000 万个时成本不会超过 1/5000000 美元。总而言之，企业能从经验曲线中有所收获。图 4-6 是摘自波士顿咨询公司出版物的一个例子。

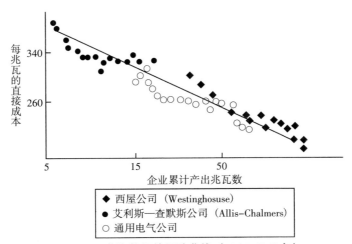

每兆瓦的直接成本

340

260

5　　15　　50

企业累计产出兆瓦数

◆ 西屋公司（Westinghosuse）
● 艾利斯—查默斯公司（Allis-Chalmers）
○ 通用电气公司

图 4-6　蒸汽轮机的经验曲线（1946~1963 年）

资料来源：摘自明茨伯格所著《战略历程》第 113 页图。

上面这种观点表明，在其他条件相同的情况下，第一个进入新市场的企业能够通过迅速扩大产量来获取领先于竞争对手的成本优势。当然，战略分析的本质就是一种在所有其他条件很少相同的情况下进行的。事实上，经验曲线的广泛应用常常会导致企业最后只重视产量。生产规模成为最重要的一个方面，企业都被鼓励直接应用经验，例如，采用降价手段来提早获得市场份额，目的是比其他竞争对手更早地进入经验曲线所表述的这种状态。曾经在一段时期里，由于经验曲线这种技术和波士顿矩阵技术的广泛运用，美国企业都梦想成为市场的主导者。

（二）PEST 分析法

PEST 分析法是一种分析企业外部环境的方法，由政治法律环境（Political）、经济环境（Economic）、社会环境（Social）和技术环境（Technological）四类分析组成。作为一种综合分析方法，PEST 分析法可针对此四大类环境因素进行分析，探讨面临的外部宏观环境给企业带来的机遇和威胁，提供分析决策和借鉴依据参考。

其中政治法律环境（P）一般是指会对企业造成影响的政策和法规，是保障企业和项目建设、生产等发展的基本影响面。从宏观上来说，主要包括国家政治制度和方针政策，国家和地方政府的法律、法规和法令等；微观上包括企业自身所设置的规章制度及运行机制。经济环境（E）是指与企业发展有关的经济环境，从宏观上来说，包括国家经济发展水平、经济结构、经济制度和市场机制等，关系到企业和项目的发展空间、行业发展前景、投资方向；微观上包括企业和项目所在地民众的需求、收入和消费等因素。社会环境（S）是指社会文化和自然资源条件，包括文化、民众观念、人口规模及构成、气候、生态环境等。技术环境（T）一方面是指企业自身的能力定位或自身能力在社会中的发展趋势，另一方面则是指与创新和技术有关的宏观环境。企业和项目需要了解技术发展现状，提升自身技术，保持企业核心竞争力（见图 4-7）。

PEST 分析法存在许多不足之处，主要体现在以下四个方面：①PEST 分析法不适合横向比较。②PEST 分析法在对企业所处外部宏观环境进行分析时，更多采用的是定性分析，缺乏充分的数据支持。③PEST 分析中涉及的法律法规、宏观数据、产业现状、人口结构等信息和数据获取困

图 4-7　PEST 分析法

难。④PEST 分析包含政治法律、经济、社会和技术四类因素，但对于企业在决策过程中还需要考虑的竞争企业策略、国际外交等因素的涉及面不够全。

（三）五种竞争力模型

五种竞争力模型（简称波特五力模型）是哈佛大学商学院的迈克尔·波特（Michael E. Porter）创立的用于企业战略分析的理论模型，在 20 世纪 80 年代全世界盛行，直至今日仍有大量学者运用此方法分析企业的竞争环境问题。波特五力模型（见图 4-8 与图 4-9）基于产业组织理论推导出决定企业竞争力的五种力量：供应商的讨价还价能力、潜在竞争者的进入能力、购买者的讨价还价能力、目前行业内竞争者的竞争能力、替代品的替代能力。波特五力模型通过环境分析和行业竞争态势分析，帮助企业更好地了解竞争环境和竞争地位，识别出企业战略选择的关键力量，获得有关战略定位、市场进入和盈利前景的洞察。波特五力模型是对一个产业中的企业盈利能力和吸引力的静态断面扫描，说明该产业中的企业平均具

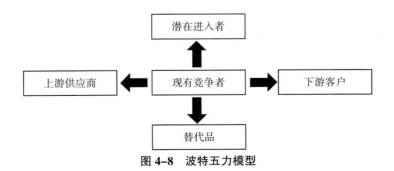

图 4-8　波特五力模型

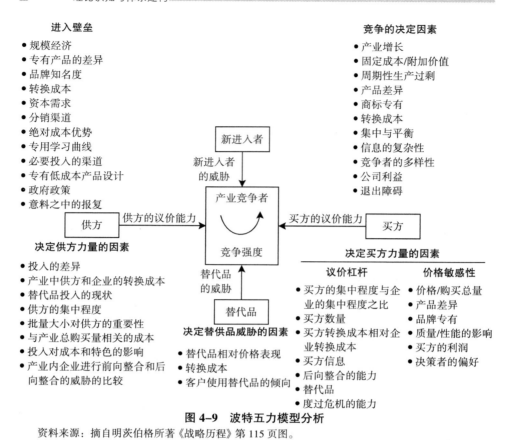

进入壁垒
- 规模经济
- 专有产品的差异
- 品牌知名度
- 转换成本
- 资本需求
- 分销渠道
- 绝对成本优势
- 专用学习曲线
- 必要投入的渠道
- 专有低成本产品设计
- 政府政策
- 意料之中的报复

竞争的决定因素
- 产业增长
- 固定成本/附加价值
- 周期性生产过剩
- 产品差异
- 商标专有
- 转换成本
- 集中与平衡
- 信息的复杂性
- 竞争者的多样性
- 公司利益
- 退出障碍

新进入者

新进入者的威胁

产业竞争者

竞争强度

供方 → 供方的议价能力

买方的议价能力 ← 买方

替代品的威胁

替代品

决定供方力量的因素
- 投入的差异
- 产业中供方和企业的转换成本
- 替代品投入的现状
- 供方的集中程度
- 批量大小对供方的重要性
- 与产业总购买量相关的成本
- 投入对成本和特色的影响
- 产业内企业进行前向整合和后向整合的威胁的比较

决定替供品威胁的因素
- 替代品相对价格表现
- 转换成本
- 客户使用替代品的倾向

决定买方力量的因素

议价杠杆	价格敏感性
买方的集中程度与企业的集中程度之比	价格/购买总量
买方数量	产品差异
买方转换成本相对企业转换成本	品牌专有
买方信息	质量/性能的影响
后向整合的能力	买方的利润
替代品	决策者的偏好
度过危机的能力	

图4-9 波特五力模型分析

资料来源：摘自明茨伯格所著《战略历程》第115页图。

有的盈利空间，所以这是对产业或企业形势的衡量指标。通常，这种分析法用于企业竞争能力和环境的分析，以揭示企业或产业的盈利空间。

（四）雷达图分析法

雷达图分析法是一种图形化分析方法，用于综合评估企业效益。这种方法因其图形类似雷达的放射波而得名（见图4-10）。雷达图通常包括三个同心圆和多条以圆心为起点的等分线，这些等分线代表企业的各类评价指标。同心圆从内到外分别表示行业的最低水平、标准水平和先进水平。在使用雷达图时，企业首先根据以上评价指标对自身进行评分。然后，以圆心为零点，将得分标在相应的坐标轴上。连接这些点形成的多边形，是用来综合分析企业经济效益的关键图形。通常，多边形的面积越大，表明企业的经济效益越好。

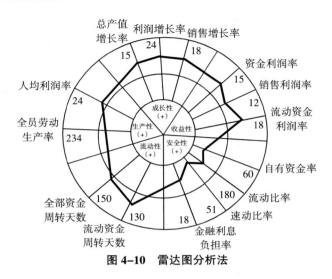

图 4-10 雷达图分析法

雷达图适用于多个指标的对比分析，也可以分析同一个指标在不同时间的变化。通过绘制并比较不同评价对象的雷达图，评价者可以直观地给出定性评价结果。这种方法的优点是直观、形象且操作简单，缺点是当评价对象众多时，难以给出一个清晰的排序。此外，随着企业面对更多复杂的信息数据，如果评价指标较多，雷达图的结构及其分析会变得更加复杂。

（五）VRIO 模型

VRIO 模型是由美国管理学会院士杰恩·巴尼（Jay B. Barney，1991）提出的，用以分析企业内部资源和能力对于创造可持续竞争优势的影响。巴尼强调，企业不能仅仅依靠评估外部环境的机会和威胁来获得竞争优势，而应依赖于其独特的资源和能力。这些资源和能力需要是有价值的、稀缺的、难以模仿的，并且能通过企业的组织结构得到有效利用。VRIO 模型包含四个核心要素：价值（Value）、稀缺性（Rarity）、难以模仿性（Inimitability）和组织（Organization）。通过回答以下四个问题，企业可以评估其资源与能力的竞争潜力：①价值（Value）问题：企业的资源和能力是否能有效对环境中的威胁和机会作出反应？②稀有性（Rareness）问题：竞争对手中已拥有这些有价值资源有多少，能力有多大？③不可模仿性

（Inimitability）问题：没有这些资源和能力的企业，在获取这些资源时是否面临成本劣势？④组织（Organization）问题：企业的组织结构是否能充分发挥这些资源和能力的竞争优势？通过系统地分析这四个方面，企业可以更好地了解其资源和能力的竞争优势及潜在收益，从而制定更有效的战略决策。

尽管VRIO模型提出有竞争力资源的标准，但很少有资源可以完全符合VRIO模型的评估。只有符合有价值、稀缺、不可模仿以及组织力的标准才是能推动企业发展的资源，进而获得竞争优势，但这也限制了VRIO模型的应用范围。尤其是当下的竞争环境，具备竞争优势的资源不会立马出现在企业家的眼前，而是需要企业家通过研判发展形势、选择未来方向，进而开发出符合自身发展的资源，因此，VRIO模型一方面其分类标准无法适应时代与外部环境的动态变化，另一方面寻求企业资源的方向已从实时筛选转向预测未来。

（六）SWOT分析法

SWOT一词的来源已不可考，SWOT分析方法在1969年已由Leaerned等描述为解决复杂战略的关键工具。Weihrich（1982）、Dealtry（1992）与Wheelan和Hunger（1998）对SWOT的进一步发展和创新做出了贡献。Weihrich提出了将环境威胁和机遇与公司的劣势和优势相匹配的分析方法，Dealtry则从具有共同主题和相互作用的群体和向量的角度研究SWOT，Wheelan和Hunger应用SWOT来寻找能力、资源和环境之间的差距和匹配方法。SWOT分析模型（见图4-11）是通过调查获取企业的优势因素、劣势因素、机会因素和威胁因素，并依照一定的次序按矩阵形式排列起来，然后把各种因素相互匹配加以分析，从中得出一系列结论。在四个英文字母中，S（Strengths）是优势、W（Weaknesses）是劣势、O（Opportunities）是机会、T（Threats）是威胁。SWOT分析作为一种广泛使用的战略分析工具，用于帮助企业识别和评估外部环境的机会和威胁以及内部资源的优势和劣势。该方法侧重于分析内外部环境因素的一致性和差异性，帮助管理者识别外部机会与内部优势的交汇点，发现企业寻找快速发展的机会。

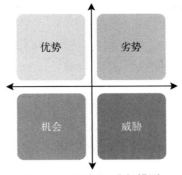

图 4-11 SWOT 分析模型

尽管 SWOT 分析因其直观性和简单性而受到青睐，但也存在局限性。由于 SWOT 分析主要采用定性的方法，缺乏数量分析的支持，结果很大程度上依赖于分析者的专业能力、目标设定和科学分析的质量，因此可能包含主观偏见。

（七）波士顿矩阵

波士顿矩阵又称市场增长率—相对市场份额矩阵，是 20 世纪 70 年代由波士顿咨询公司创始人布鲁斯·亨德森提出的一种战略分析方法。波士顿矩阵分析的目的是明确不同产品间的资源投入比重，通过产品结构调整来实现企业业务的优化发展。产品结构是否合理依据反映市场主体实力的相对市场占有率（横坐标）和代表市场引力的销售增长率（纵坐标）两个因素进行判定。相对市场占有率和销售增长率都高的产品群称为明星类产品，表明产品利润率高，投资机会大。相对市场占有率和销售增长率都低的产品群称为瘦狗类产品，表明产品无法给企业带来收益，需要采用收缩策略。相对市场占有率低和销售增长率高的产品群称为问题类产品，这可能是新产品，企业需要通过投资来扩大市场份额。相对市场占有率高和销售增长率低的产品群称为金牛类产品，表明产品已进入成熟期，企业需采用稳定策略保持当前市场份额。

如图 4-12 所示，波士顿矩阵图中将相对市场占有率作为横坐标，将销售增长率作为纵坐标，用气泡大小代表各产品销售额的高低，据此绘制四象限波士顿矩阵图。横坐标相对市场占有率是用产品收益除以最大竞争对手的收益，范围为 0.1~10x，即 0.1~10 倍。纵坐标销售增长率通常取值范围为 0~20%，其中 10% 为区分增长率高低的分界点。实际应用中数值界限需要根据具体情况进行修正。

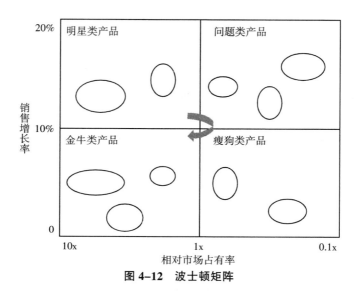

图 4-12　波士顿矩阵

（八）安索夫矩阵

安索夫认为，战略和组织是一体两面，组织架构和资源分配应围绕战略构建，组织的功能就是执行战略，而这一切要落实到系统机制之上。企业的整体经营战略就是找到现状与战略目标之间的差距，并将其一一消灭，这就是所谓的差距分析。20 世纪 60 年代的大企业大都包含了多个事业部，企业战略需要对各个事业部进行整体分析，确定整体战略的方向和重心，当时分析的工具就是著名的"安索夫矩阵"。安索夫矩阵是以产品和市场作为两大基本维度，产生市场渗透、市场开发、产品延伸和多元化经营四种产品与市场组合和相对应的企业策略（见图 4-13）。

市场渗透（Market Penetration）策略是用现有产品面对现有顾客，通过保有客户和提高产品使用频率增大产品的市场占有率，例如，新产品销售一段时间后，采用各种打折促销手段以提高销量。市场开发（Market Development）策略是用现有产品开发新客户，即开拓新市场。企业需要在不

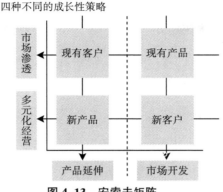

图 4-13　安索夫矩阵

同市场寻找具有相同产品需求的客户群体，虽然产品定位和销售策略可能需要做出调整，但产品核心技术本身无须改变，如这两年的热词"下沉市场"，就是市场开发的体现。产品延伸（Product Development）是把新产品推给现有顾客，通过利用现有客户关系来开拓产品市场，以此扩大现有产品的深度和广度，如苹果公司每年推出 iPhone 的升级版，就是这种策略。多元化经营（Diversification）是给新市场提供新产品，在这种情况下，由于企业现有的专业知识能力可能无法发挥作用，因此这是最冒险的一种策略。成功的企业通常能够通过在销售、渠道或产品技术等核心知识领域实现某种协同效应，否则多元化的失败风险很高。

（九）麦肯锡矩阵

麦肯锡矩阵，也称"GE 矩阵""九盒矩阵法""行业吸引力矩阵"，是对公司进行业务组合分析的战略管理模型，用于帮助企业深入理解业务组合的优势和劣势。20 世纪 70 年代在麦肯锡为美国通用电气公司提供咨询过程中创建了这个矩阵框架。麦肯锡矩阵使用行业吸引力和业务竞争能力两个维度替代了波士顿矩阵的市场成长和市场份额评估现有业务（或事业单元），每个维度分高、中和低三级，由此把矩阵分成九个格，每格表示两个维度的不同级别的组合（见图 4-14）。两个维度的评定指标可以根据不同情况确定，一般与行业吸引力相关的因素有市场增长率、市场规模、盈利性、竞争对手、进入壁垒、市场容量、政治经济法律技术环境、通货膨胀、人才可获得性、行业的获利能力等，与业务竞争能力相关的因素有营销能力、知名度、技术开发能力、产品质量、行业经验、融资能力、管理水平、产品系列宽度、生产能力、销售能力、人员水平等。麦肯锡矩阵可以用于对事业单元的市场实力和所在市场的吸引力进行评估，也可以判断一个公司的事业单元组合，把握公司的强项和弱点。

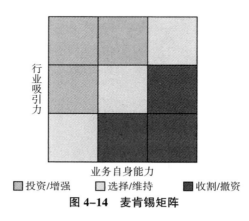

图4-14 麦肯锡矩阵

（十）战略地图

平衡计分卡的两位创始人罗伯特·卡普兰和大卫·诺顿发现，绝大多数企业都无法简洁地描述战略，导致管理者与员工之间不能对战略进行有效沟通，难以达成战略共识，战略执行中出现执行不力与执行偏差的问题。他们在平衡计分卡的基础上提出了战略地图（见图4-15）。

战略地图包括财务目标、客户价值、内部流程和学习成长四个层面。这四个层面，不仅说明了企业最终追求的财务目标，还在此基础上，阐释了要实现企业财务目标我们应该选取怎样的客户定位和传递怎样的客户价值主张。还说明了我们要用什么样的流程来实现客户价值主张，最后还展示了我们需要构建什么样的内部能力，如何激发团队才能保障内部流程的运转通畅，从而最终实现我们的财务目标。所以，战略地图将企业财务目标和实现路径之间的关系进行了一个结构化的阐述，让员工在理解企业财务目标的同时，也能知道财务目标实现的路径。

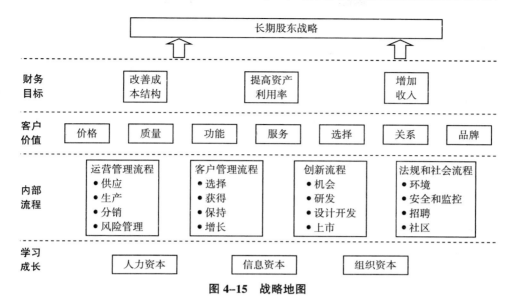

图 4-15 战略地图

(十一) 商业模式画布

商业模式画布是亚历山大·奥斯特瓦德 (2016) 在《商业模式新生代》一书中提出的。该工具描述了企业创造价值、传递价值和获取价值的基本原理 (见图 4-16)。商业模式画布提供商业模式框架, 帮助设计者梳理设计项目的商业影响因素, 通过对供应内容、内在活动、外部资源、收入与

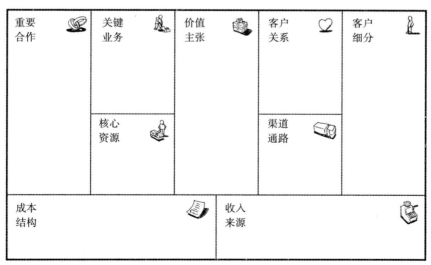

图 4-16 商业模式画布

支出等内容的整理，促成设计与管理和战略的结构性对话。商业模式画布用表单模型代替了详尽的业务计划，使得设计师也能够轻松地运用它提供的思考角度，来寻找市场切入点，明确项目价值，发现核心竞争优势，定义盈利模式，确定接触用户的渠道。最终形成战略目标和行动计划，降低甚至规避潜在的市场风险。

二、数字技术为战略管理提供了新的数据来源

战略管理是战略形成、战略执行和绩效评估的过程，无论是战略管理的实践还是其学术研究都离不开数据的支持。战略管理学术研究所使用的大样本数据主要来源于证券市场的企业公开数据，小样本数据来源于对企业的直接访谈和调研。由此，战略管理学术研究方法也可分为基于大样本的平均推断和基于小样本的案例研究。战略管理实践过程中的数据主要来源于企业内部的财务和运营数据，以及一般由战略咨询公司所提供的行业发展数据、社会发展分析数据、技术发展分析数据等。但这些数据企业平时并不进行积累，而只是在战略形成过程中才予以收集。随着数字时代的到来，企业被数字化了、客户被数字化了、行业被数字化了、政府被数字化了，过去只用于支持企业运作、社会运作、政府运作的信息现在变成了新的数据资源，这些新的数据来源大大扩展了战略形成、战略执行和绩效评估的视界和新的维度空间，未来必将引起战略管理本身的范式转变。

（一）战略管理学术研究的数据来源

在战略管理的实证研究中，数据主要来源于上市公司的数据（如Compustat、Execucomp、SDC、CSMAR）以及学者在进行针对企业的案例研究中所做的调查、访谈和观察。这些研究采用的是抽样方法，大多研究样本偏向规模大、历史久、制度化的上市公司，并主要使用公司的财务报表、并购等数据，而那些规模小的企业往往缺乏足够数据（易希薇，2020），更别说后来退出市场的企业更加难以进入研究的视野。因此，战略管理的实证研究实际上一直是一个有偏估计，我们无法真正通过随机抽样得到研究样本。

（二）战略管理实践的数据来源

企业的战略形成、战略执行和评估的实际战略管理行动中所采用的数据主要来源于企业内部的财务数据、运营数据，以及一般由外部咨询或内部战略部门收集的行业和社会、技术等数据。而且，由于这些数据都是在企业进行战略管理行为时才被临时收集和分析，企业并没有为战略管理而专门设计数据收集和分析系统。当前企业内部的数据库包括数据仓库实际上都是为业务运作和决策服务的，没有支持战略管理的专门数据库。所有战略管理过程中的数据都是临时构建和使用的。

（三）数字化扩展了战略管理数据来源的范围

当前的数字化进程正在把商业活动从一个物理空间映射到数字空间，企业能够用更低的成本在多个维度实时地收集数据，包括用户购买行为数据、智能设备收集的数据、行业发展数据、企业运营数据、企业员工交流数据、CEO 行为数据等，这些新的数据来源大大扩展了理解战略管理的维度空间。多维度的信息可以更加准确和精细地描述行业和企业行为，为企业未来的选择提供更好的支持。随着数字化程度不断提高，成功的和失败的、规模大的和规模小的企业数据都更加容易获取，数据不仅仅来源于一般的数据库，视频、文字、语音、图形数据都可以容易地被用于分析战略决策，数字化为战略管理带来新的视界。

（四）数字化促使战略管理从批量获取数据走向实时获取数据

传统战略管理过程中，数据收集都是临时从各类业务系统和外部数据库中获取的，企业中并没有专门的战略管理数据库。随着数字孪生等技术不断应用于企业，企业可以把业务数据随时转变成战略数据，这将促使战略管理从批量获取数据走向实时获取数据阶段，动态分析成为可能。

三、数字技术为战略管理提供了新的分析工具

随着数字技术的广泛应用，战略管理研究和实践中数据挖掘和机器学习等方法开始得到应用，基于大数据的这些分析方法在构建更为复杂、多维度和非线性关系战略模型上发挥着重要的作用。

过去，用户需求难以量化，客户市场细分也只能把客户分成几个主要的类别，而用户画像技术通过机器学习算法则可以计算每一个消费者的差异化需求。Malhotra（2018）通过机器学习利用电话会议数据测量了 CEO 的外向性得分。通过语义分析和深度学习算法研究者利用 CEO 的访谈图像和视频分析，发现了五种沟通模式。Gans 等（2017）通过分析客户推文中的情绪来预测企业行为。Barlow 等（2019）将自然语言处理的方法应用于 APP 的描述并计算两个 APP 的原型相似度（Prototype Similarity）和示例相似度（Exemplar Similarity）来分析如何定位能帮助 APP 开发者获得更好的竞争优势。当前的数据技术正在为战略管理的研究者和实践者提供更多的分析工具和方法，尽管这些分析工具和方法目前还分散在各个研究和战略管理实践当中，但其整合于战略管理的分析是必然的趋势。

数据画像技术是当前能够整合基于数字技术的战略分析工具的最可能模式，它是用户画像在大数据环境下的延伸和发展，是基于大量传统数据和非传统数据、静态数据和动态数据、结构化数据和非结构化数据，使用统计分析、机器学习和人工智能等算法，构建模型、挖掘数据、提取特征并进行动态可视化展示的一门数据分析与展示技术（李望月等，2020）。Chun 等（2006）提出了企业特征量表（Corporate Character Scale）概念，讨论了企业的一致性、能力、进取性、冷酷性、现代性（Agreeableness、Competence、Enterprise、Ruthlessness、Chic）五个主要维度和非正式性、男子气概（Informality，Machismo）两个次要维度的企业声誉特征，用于评估企业声誉对员工和客户的影响。2015 年 Matová 等（2015）应用量表的概念把企业形象特征扩展为七个标签维度，具体有企业理念和价值观、组织结构和管理效率、产品质量和服务水平、技术创新和研发能力、市场份额和品牌知名度、社会责任和社会贡献、企业文化和社会认同。企业画像就是企业信息标签化过程，以企业大量真实数据为基础建立标签模型体系，将企业的具体行为属性进行归类，最终形成一个多元化的企业标签对象（田娟等，2018）。目前在税务系统、企业数据查询系统、企业征信系统、供应链交易平台等领域均应用该技术以全景展示企业的信息，监管企业运营状态和分析企业风险因素（Zhang，2019；Zhang et al.，2019；李鑫，2020）。

（一）大数据画像技术背景

随着移动互联网技术的不断进步和 5G 网络的广泛部署，我国移动互联网活跃用户数量已超 12 亿。这些用户产生的海量数据正在被用于电子商务、金融等日常生活的多个领域，画像技术也随之从处理传统的低维、小规模数据变为分析高维、大规模数据，并从仅限于网络空间的应用扩展到物理空间，能够全面分析人们在消费、出行、生活和金融等方面的行为。

画像技术最初由 Alan（2006）提出，他定义这项技术为基于现实目标主体的具体表现，通过识别目标及其用户的行为来构建标签，并利用这些标签深入描绘主体的行为。随着时间的推移，画像技术的应用性得到了极大的增强，尽管其核心仍然是标签的构建。但是，随着互联网应用场景的日益丰富，画像中的特征描述也变得更加多元和复杂，使我们能够更全面地对目标的特征和行为进行数据化表示。

同时，随着基础网络设施的广泛覆盖和网络速率的提升，物联网、大数据、云计算、人工智能等新兴技术和业务迅速发展，预示着"万物互联"的时代即将来临。人们在使用高质量移动应用的同时，也会留下包括社交、消费、出行和饮食在内的丰富生活流量数据，这为画像技术提供了更加丰富的数据来源。而且大数据技术的不断更迭，也在同时推进画像技术的精确度。以微博为例，微博对数据中庞大用户群进行系统研究，依托先进大数据技术，筛选有价值的潜力用户，并利用网络广告的营销传播渠道建立精准的用户画像分析模型，从而实现了更高的流量转化率。在大数据和移动互联网的背景下，画像技术的有效性、准确性和实时性得到了显著提升，并在社会管理、医疗卫生、精准扶贫、商务推荐、海关税收等各领域得到了广泛应用。

（二）大数据画像技术的适用特征

如今，身处大数据的时代环境中，无论是企业还是数据中心，都更容易采集信息，还可通过数据应用需求，利用数据分析技术为各类主体提供更多的服务，而画像技术为大数据技术的主要应用之一。传统画像技术采用的数据只源于结构化信息系统，有很多非结构化信息是缺失的，无法得到准确全面的企业画像。在大数据环境下，可采集的数据维度更多，信息更加充分健全，而且随着互联网与物联网的逐渐发展，能够通过各种渠道采集信息，可建立全方位画像。主要有以下两点：

（1）大数据技术可以提高数据获取的精准度。面对企业数据平台上长期积累的大量企业与企业家行为数据，需要应用相应技术来提取出其中隐含的有价值信息。大数据的画像技术是解决这一问题的关键。这项技术可以准确描绘每位企业家在战略选择上的情况和特点，同时也关注了他们的个性化需求，体现了以企业家为中心的战略选择理念。

（2）大数据技术完善数学模型和标签体系。通过大数据平台建设和大数据项目改造迁移，可以统一数据应用界面、接口。同时，大数据技术还能建立统一的数据字典、数据集市，简化数据应用难度，提高数据风险防范能力。并进一步引入知识图谱、深度学习等方法，既能丰富基础数据、增加画像维度、完善标签体系，同时也能提高模型的准确性，提高画像应用价值。

（三）大数据技术对战略管理的影响

企业战略实施包含战略的发动、计划、运作和控制与评估这些实际行动，是战略管理中的关键要点，将大数据技术应用到企业战略管理中，可以实现对实施过程的合理监督，并且将方案内容与企业战略的实际发展结合到一起，及时将存在的矛盾问题以及组织结构进行调整。最后从企业的长期发展方向入手，对它的目标体系以及战略进行划分，保证战略实施的合理性。主要体现在以下三点：

（1）加强资源配置的优化。在传统的企业战略管理中，资源配置优化是管理中的重点和难点，它具有一定的综合性，涉及的企业资源包括财务资源、人力资源以及生产资源等。在企业战略管理中，为了满足企业动态发展的需要，应该不断对企业现有的资源进行调整，确保配置工作开展的科学性，将其与企业在未来时间段的战略思想以及战略措施结合到一起，这就需要耗费大量的人力进行管控，在大数据技术的应用下，它可以通过更先进的理念和技术体系进行资源的配置工作，为企业战略管理提供相应的保障。

（2）提升战略管理的效率。在企业不断发展壮大的过程中，企业战略管理也应该随着不同的发展阶段进行更新和优化。但在实际的操作中可能会导致管理工作的混乱，不利于企业的后续发展，失去战略管理的功能。在大数据技术的应用下，企业战略管理可以通过数据库系统等不同的软件功能对战略信息进行采集和管控，而且大数据技术中的信息具有一定的全面性，它可以在不同的角度进行数据的挖掘，从而应用到合理的位置。对于大数据技术来说，它可以将不同的功能整合到一起，工作人员可以同时对后期的相关内容进行维护，为战略工作提供可靠的保障，确保战略管理可以在一定的时间内达到预期的目的。

（3）减少战略管理中的风险隐患。在企业的战略管理工作中，市场以及政策等外界环境对于企业战略的影响越来越大，在这种情况下，企业战略管理中的风险隐患问题也在增加，需要有关部门强化对企业的全面管控，从实际情况入手，将大数据技术与企业战略管理结合到一起，从而解决风险隐患上的管控问题，从实际情况入手，在大数据技术的推动下实现风险管理体系的完善，从风险识别、风险分析以及风险规避等不同的角度应用现代化技术，有利于提高企业战略管理的稳定性。

本章小结

传统战略管理常聚焦于外部禀赋，如政治环境、技术资源、经济基础等，但随着数据时代的到来，战略管理的理论与工具已无法完全应对瞬息万变的企业竞争环境，且企业对于战略管理理论工具的使用并非呈现固定模式，主要是因为同一战略管理理论和工具在不同企业家的观察角度下，却展现着不同的机理作用，故而寻找合适的理论与工具逐渐成为数据时代背景下企业的首要目标。随着传统战略管理理论和工具的革新，企业家对战略选择的影响越发深远，同时企业家自我特质对经营企业也有显著作用。

参考文献

［1］Andrews K. The Concept of Corporate Strategy ［M］. Homewood，IL：Irwin，1971：18-46.

［2］Ansoff H I.Corporate strategy ［M］. New York：McGraw-Hill，1965.

［3］Barlow，M.A.，Verhaal，J.C.，Angus，R.W. Optimal Distinctiveness，Strategic Categorization，and Product Market Entry on the Google Play Appplatform［J］. Strategic Management Journal，2019（40）：1219-1242.

［4］Barney，J. B. Firm Resources and Sustained Competitive Advantage ［J］. Journal of Management，1991，17（1）：99-120.

［5］Birger Wernerfelt. A. Resource-based View of the Firm ［J］. Strategic Management Journal，1984，5（2）：171-180.

［6］Birger Wernerfelt，Cynthia A. Montgomery. What is an Attractive Industry？［J］. Management Science，1986，32（10）：1223-1230.

［7］Chandler Jr A D. Strategy and Structure ［M］. Cambridge，MA：MIT Press，1962.

［8］Chun R.，Davies G. The Influence of Corporate Character on Customers and Employees：Exploring Similarities and Differences ［J］. Journal of the Academy of Marketing Science，2006，34（2）：138-146.

［9］David J.Teece，Gary Pisano and Amy Shuen. Dynamic Capabilities and Strategic Management［J］. Strategic Management Journal，1997，18（7）：509-533.

［10］Dealtry，R. Dynamic SWOT Aanlysis ［M］. DAS Associates，1992.

［11］Gans，J.S.，Goldfarb，A.，Lederman，M. Exit，Tweets and Loyalty ［J］. American Economic Journal：Microeconmics，2021，13（2）：68-112.

［12］Heinz Weihrich. The TOWS matrix－A Tool for Situational Analysis ［J］. Long Range Planning, 1982, 15（2）: 54-66.

［13］Malhotra, Y.AI Machine Learning & Deep Learning Risk Management & Controls: Beyond Deep Learning and Generative Adversarial Networks: Model Risk Management in AI, Machine Learning & Deep Learning ［M］. Social Science Electronic Publishing, 2018.

［14］Matová H, Dzian M, Triznová, et al.Corporate Image Profile ［J］. Procedia Economics and Finance, 2015, 34（3）: 225-230.

［15］Michael E. Porter. Industry Structure and Competitive Strategy: Keys to Profitability ［J］. Financial Analysts Journal, 1980, 36（4）: 30-41.

［16］Wernerfelt, B. A Resource－based View of the Firm ［J］. Strategic Management Journal, 1984, 5（2）: 171-180.

［17］Wheelan, T.L., Hunger, J.D.. Strategic Management and Business Policy ［M］. Addison－Wesley, Reading, MA, 1998.

［18］Yelle, L.E. The Learning Curve: Historical Review and Comprehensive Survey ［J］. Decision Sciences, 1979（10）: 302-328.

［19］Zhang Q. Portrait Analysis of Power Transmission Line for Smart Grid Based on External Data Association Fusion Technical Committee on Control Theory ［M］. Chinese Association of Automation, 2019: 3798-3803.

［20］Zhang X., Yu Z., Li C., Zhai R., Ma H., Liu L. Construction of Portrait System of Listed Companies Based on Big Data ［C］. 2019 6th International Conference on Information Science and Control Engineering（ICISCE）, Shanghai, China, 2019: 210-214.

［21］［美］Alan C. 交互设计之路 ［M］. 北京: 电子工业出版社, 2006.

［22］白景坤, 罗仲伟. 组织的变与不变: "目标—结构"框架下的组织演进研究 ［J］. 经济与管理研究, 2015, 36（12）: 10.

［23］［美］彼得·德鲁克.管理: 使命、责任、实务 ［M］. 北京: 机械工业出版社, 2006.

［24］［美］彼得·德鲁克. 创新与企业家精神 ［M］. 北京: 机械工业出版社, 2018.

［25］陈冬梅, 王俐珍, 陈安霓. 数字化与战略管理理论——回顾、挑战与展望 ［J］. 管理世界, 2020, 36（5）: 220-236+20.

［26］［加］亨利·明茨伯格, 布鲁斯·阿尔斯特兰德, 约瑟夫·兰佩尔. 战略历程

（原书第 2 版）［M］.魏江，译.北京：机械工业出版社，2020：138-163.

[27]［美］杰恩.巴尼.获得与保持竞争优势（第 2 版）［M］.王俊杰，杨彬，等译.北京：清华大学出版社，2003.

[28]［瑞典］卡尔·贝内迪克特·弗雷.技术陷阱：从工业革命到 AI 时代，技术创新下的资本、劳动与权力［M］.北京：后浪出版公司，2021：6.

[29]李望月，刘瑾，陈娜.大数据技术在乡村画像中的应用研究［J］.大数据，2020（1）：20.

[30]李鑫.化工企业生产安全风险画像技术应用与研究［D］.青岛科技大学，2020.

[31]刘红叶，揭筱纹.战略管理范式的演进：危机与转换［J］.学术论坛 2015，38（11）：53-57.

[32]刘学.战略决策是始于起点分析，还是终局洞察？［J］.哈佛商业评论，2021（7）：198-208.

[33]刘跃所，谢洪明，蓝海林.战略生态理论的演进：概念与基本问题［J］.科学学研究，2004（S1）：25-33.

[34]［美］迈克尔·波特.竞争战略［M］.北京：中国财政经济出版社，1989.

[35]［美］迈克尔·波特.竞争论［M］.北京：中信出版社，2002.

[36]孙新波，马慧敏，何建笃，何志伟.平台战略适应性：概念、整合模型及研究展望［J］.管理现代化，2021，41（3）：63-67.

[37]田娟，朱定局，杨文翰.基于大数据平台的企业画像研究综述［J］.计算机科学，2018，45（11A）：58-62.

[38]［瑞士］亚历山大·奥斯特瓦德，［比利时］伊夫·皮尼厄.商业模式新生代［M］.北京：机械工业出版社，2016.

[39]易希薇.战略理论的基础与未来：数字化时代的新挑战［J］.管理学季刊，2020，5（4）：12.

[40]张雪平，吴应宇.波特战略管理思想的演进及启示［J］.江苏社会科学，2014（2）：59-65.

[41]张胜，袁泽沛.从组织学习到竞争优势的传导机制：基于企业资源理论观的分析［J］.科技进步与对策，2005（2）：115-116.

[42]周三多，邹统钎.战略管理思想史（第二版）［M］.上海：复旦大学出版社，2003：69.

第五章
数字经济时代的企业家认知

第一节　企业家与企业战略

一、企业家与企业家认知

企业家是把生产要素组织起来进行生产和提供服务的一群人，他们必须面对未来市场的不确定性来做出决策，战略是企业家基于自己的愿景来匹配企业外部环境和内部资源能力的过程。对企业家（Entrepreneur）的定义最早起源于法语 Entreprendre，在 16 世纪被认为是那些从事军事远征活动的并勇于承担风险的领导者。随着经济的发展和资本主义的兴起，企业的经营者在社会活动中日益活跃，学者对企业家概念在经济发展的不同时期进行了概括。18 世纪法国经济学家理查德·坎蒂隆（1986）把企业家看作是那些所有承担按固定价格购买而按不固定价格出售商品风险的人。萨伊认为企业家就是那些将生产要素的结合者和协调人，他们将所有的生产资料集中在一起，并对他所利用的全部资本、他所付的工资、利息和租金以及属于他自己的利润进行重新分配的人（萨伊，1997）。马歇尔（2013）把企业家看作是消除由买卖双方都无法预测市场供求信息所造成市场不均衡的特殊力量，他们对于各种不同生产要素的使用经常出谋划策和重新组合，从中选择最有利的那些组合。熊彼特（1991）发展了马歇尔的理论，强调企业家是实现各种生产要素重新组合的创新者，作用是创新性地破坏市场的均衡。德鲁克（2018）把企业家看作是有目的、有组织的系统创新者，这种创新通过改变产品和服务为客户提供价值和满意度。张维迎（2014）认为企业家做两件事：第一是发现不均衡，第二是创造不均衡。因此，企业家是指积极寻求和创造商业机会，并将其转化为具有经济增长和社会价值的企业的人。他们通常具备创新能力、领导才能、决策能力、风险意识和执行力等特质，并通过自己的努力和经验，创造企业价值和社会财富。

企业家的创新来源于其认知能力和水平，企业家认知是企业家对市场、社会、经济和行业等方面的认知能力，主要包含创新能力、机会识别能力、风险意识能力和结构化思维能力等。企业家认知水平越高，就越能准确地识别商业机会并做出合理的决策和策略调整。管理者和组织认知（Managerial and Organizational Cognition，MOC）是当前战略管理研究中一个重要的方向，有三个主要研究领域：一是行为决策理论研究，主要关注认知偏见和简化规则等在战略决策中的应用及调整（Schwenk，1984，1985）；二是认知地图和认知结构研究，主要关注管理者的认知分析方法（Huff，1990；Eden & Ackermann，1992）；三是认知结构与战略管理过程的联系，包括战略形成和实施过程（Walsh，1995；Finkelstein & Hambrick，1996；Nadkarni & Barr，2008；Kaplan，2011）。企业家的认识会显著地影响战略决策和领导行为，会受到组织内外部信息以及领导者背景、经历和个性等因素的影响（Finkelstein & Hambrick，1996；Porac & Thomas，2002；Nadkarni & Barr，2008）。企业家认知包括认知内容、认知结构和认知方式，认知内容指的是企业家知道的、假定的和相信的事情，认知结构是关于企业家头脑中的内容是如何组织、连接或分析的，认知方式描述了企业家是如何获取和处理信息的（Finkelstein & Hambrick，1996）。

二、企业家的特征

新古典经济学家马歇尔（2013）在《经济学原理》中指出，企业家属于具有高度技能的职业阶层，在动态的经济发展过程中是不断变化和发展的人。马歇尔认为，企业家扮演着领导者、协调者、中间商、创造者和不确定性承担者等多重角色，其中最重要的功能就是承担不确定性经营风险。弗兰克·奈特（Frank Knight，2011）将那些在高度不确定的市场环境中进行决策，并承担决策后果的人界定为企业家，强调了承担不确定性是企业家最普遍的角色。

熊彼特（1991）于1911年在其《经济发展理论》一书中指出，企业家是发现并实现"生产手段的新组合"的人，是资本的重新组合者。企业家们必须对旧秩序进行"创造性破坏"，通过采用新产品、新生产方法、开辟新市场、获取或控制原材料、实现新组织形式这五种创新形式来推动经济发展。熊彼特是第一位将企业家置于经济理论中心的学者，他强调企业家的"创新性"和"远见性"特征是其与经理人和资本所有者区别开来的最重要特征，认为只有那些能够进行"创造性毁灭"实现生产要素新组合的经理人，才能被称为企业家。企业家是在市场变化时能够做出独特决策的人，他们对成就和货币报酬的高需要是促进其进行创新的两个重要因素。

投机套利也是企业家活动的一部分，是从生产到消费过程中非常重要的环节（马歇尔，2013）。企业家能够在市场购置中找到最适合组织的生产要素，并能很好运用帮助组织避免失败，并最终取得成功的人。企业家不仅能够敏锐发现并充分利用获利机会，还能够实现套利机会。如果企业家要想把握这种机会，就需要有发现以往错误并对未来做出正确判断的能力，以及对尚未抓住的机会具有敏锐洞察力和判断力，在机会到来的关键时刻去实现机会。企业家对超额利润的追求是其本质功能，也是其承担不确定性风险进行创新的动力源泉。

在面对独特而复杂的环境时，企业家是专门从事判断和决策的人，尤其在稀缺资源的协调判断上优于他人。企业家不仅要具备承担风险的能力，更要具备洞察他人的能力和让别人相信自己决策正确的能力，以及处理不确定性的能力。企业家是那些能够发现并创造财富、权利和声誉等方面具有独创性和创造性方法的人。尤其在市场形成越不健全时，越是需要企业家做出正确的决策，部分学者认为成功实现创新就需要对创新带来的风险进行有效的控制，企业家就要选择合适的决策来保证企业创新的实现。通过协调企业的资源和能力以及大量组织要素之间的关系，并做出决策来提高企业的竞争优势。

综观学者对企业家特征的总结，让我们对企业家的这个经济范畴理论有了更加深入的理解和正确的把握。本书认为对超额利润的渴望和追求是企业家承担不确定性风险和创新的内在动力，企业家对超额利润的追求才是企业家根本的功能角色，经济增长意味着更多人拥有更多机会和更多选择，意味着每个人的机会的增加，而经济增长的源泉是企业家发现和利用利润机会和知识的动态过程。在此基础上，企业家的认知和选择通过大数据画像技术途径的刻画变得尤为重要。

三、企业家的战略

企业家学派将战略制定归结为企业家个人直觉，认为战略形成是一个构筑愿景的过程，战略是一种长期方向感的观念，产生于或表现在企业家的头脑中。企业家的直觉、判断、智慧、经验和洞察力被看作是企业战略形成的重要因素，为此企业家学派大量研究成功企业家和领导人的事迹以及企业家的个性，认知学派则试图寻找到战略形成的人类的心理和大脑的思考机制。高阶理论（Upper Echelon Theory）更是从实证的视角大量分析了企业家的个性和心理对于企业绩效的影响，Finkelstein 和 Hambrick（1996）继承战略选择理论的精髓（Child，1972）以及战略管理者的特征和行为对企业绩效产生影响的信念，以有限理性为前提提出了高阶理论，在战略管理学的文献中占有非常重要的地位（马浩，2017）。在企业战略制定和实施过程中，高管团队（TMT）的认知基础、注意力、行动、经验等因素对战略决策产生重要影响（Floyd & Wooldridge，2000；王世权等，2021）。

高阶理论为企业家和管理者界定了一片活动空间，为企业战略选择在环境决定论和自由意志论这两个极端之间寻求一种平衡提供了可能（马浩，2017）。

第二节　数字化与企业家认知

进入 21 世纪企业在信息化的基础上逐渐进入数字化时代，企业的数字化转型推动了企业管理模式的一系列变革，并形成了关于企业和企业家行为的大量数据，这些数据可以从另一个视角打开企业家认知的"黑箱"，为实现企业家认知和战略资源、战略能力匹配提供可能。

一、数字化提升企业过去和现在信息的准确性和客观性

企业的数字化转型是应用数字技术来实现商业关系（诸如客户、供应商、雇员之间）和业务流程的连接和沟通、核心的企业资产以数字化的方式进行管理和运作，这一方面使企业能够以新的方式捕捉利润，另一方面也为企业沉淀下更多的数据资源。数字化转型实现的是一个企业不断积累更多数据资源的正反馈过程，这一过程翔实地记录了企业过去和现在运行的数据和信息。数据资源的形成是企业数字化转型所收获的体验提升、效率提升和模式创新的副产品，这正如网络销售平台对客户数据资源的获取为其提供了更高效率和更低价格销售的副产品一样。随着企业数字化水平的提高，之前遗失在企业历史当中的细节信息现在也被信息系统记录了下来，包括每个产品的生产过程、每个服务的所有细节、员工之间的每次沟通、生产设备的每小时的运行状态、设备的每次维修、领导的每次决策等。数字技术帮助企业把其运行历史和当前状态可数字化的信息都变成了数据，并使这些数据可以在数据空间跨越原有实体空间的限制得以被重新组织和分析，为企业战略的分析提供准确的、客观的数据。

有关企业环境、资源能力的历史信息在传统战略形成过程中是需要重新挖掘和梳理的，并在重新梳理的过程中叠加了当前的认识和理解，但在一个已实现数字化的企业中它是直接实时获取的，并且获取的是没有经过加工的颗粒度更细的数据。企业数字化的实现对于企业内外环境和企业当前资源能力的分析可实时进行，但问题是战略是面向未来的，未来的方向才是战略形成的关键所在。

二、数字化实现企业过去、现在和未来的连接

历史性是将过去、现在和未来相互连接的一系列的假设（克里斯托弗，2022），大多数企业的历史在数字化之前是无法被完整记录的，有关企业发展的因果逻辑通常是通过很多企业共同的经验归纳出来的，但这也许并不符合某一家具体企业的发展规律，这在数学上称为没有遍历性。每家企业都是一个独立的存在，但企业没有数字化之前难以被单独低成本地予以分析和研究，而只能集合更多的企业寻找其平均表现。数字化改变了这一切，企业对于发展规律的知识不再只来源于阿里、华为、海尔、腾讯、宝钢等这些典型成功企业，而可以来源于自己。数字化允许企业从自己的发展历史中总结经验，使用自己丰富的细颗粒度的数据来实现自己企业的过去、现在和未来的连接。

在数字化场景中，企业家对未来的判断和方向的选择可实时与企业过去和现在的实时运行数据实现对接。战略规划在全球范围内企业的实践中鲜有成功的典范，这主要是因为未来难以被预测，同时规划本身与日常运营经常脱节。在制定规划时，由于难以收集到足够的企业现实运营数据，用来建构企业未来运营模型，因此也就无法验证某个战略想法现实运营效果，大数据技术则不仅提供了企业现实运作数据，同时也可以应用模拟模型来验证各种想法的可能结果。

三、数字化实现了企业战略形成的客观性和主观性的结合

企业战略的形成既包括深思熟虑的设计、计划和定位等客观分析过

程，也包括企业家的直觉、认知、判断、学习等主观过程。数字化在战略形成过程中有效地实现深思熟虑和自然涌现的结合可以起到重要的作用。明茨伯格（2020）提出疑问，战略形成从根本上说是个人过程呢？还是技术过程、生理过程、集体过程甚至是非过程，抑或上述所有过程的总和？在战略选择上他拒绝环境学派的纯宿命论，拒绝认知学派和文化学派的境遇支配战略家的观点，拒绝设计学派和企业家学派的唯意志论，也拒绝计划学派和定位学派在自由意志下的宿命论。现实是，企业战略形成是一个结合了企业家主观基础上的定位、计划和设计过程，而传统下一家企业战略的分析、选择和执行的过程往往难以实现这种结合，因为一个没有被数字化的企业难以建立起企业家决策与企业运作的关系。

过去由于缺乏数据的支持，对于战略的研究更多采用演绎和实证的方法展开，从基本假设和公理出发，通过收集和分析数据来推演和验证假设的有效性。然而，企业经营是一个复杂的社会过程，各要素之间的因果关系难以被发现，而且通过严格控制的实验来验证因果关系也是非常耗时耗力的。在大数据时代，尤其是数据画像技术的出现，为企业家提供了从相关性出发进行战略管理的可能，可以将数百种不同的算法应用于数据集，以确定最佳复合模型或解释，寻求获得"来之于数据"的见解（Kitchin R，2014）。

四、数据驱动模式下的企业家认知

认知心理学的发展意味着，关于人类如何应对不确定事态，我们现在知道的比以前要多得多，但距离我们解释企业家的战略形成还很遥远，我们必须找到新的方式来解释基于企业家认知的战略形成机制。1956年在美国达特茅斯学院由约翰·麦卡锡、马文·明斯基、纳撒尼尔·罗切斯特和克劳德·香农倡议召开的一次研讨会上人工智能首次被提出，从此开启了人工智能的研究。直觉上人们认为要实现人工智能，就需要首先了解人类是如何产生智能的，其次再由计算机去实现，但现实是对于人类智能机理的研究太难了，甚至到现在人类都对此知之甚少。明斯基在1968年指出，目前的方法无法让计算机真正有类似于人的智能。因此，从 20 世纪 70 年代开始，人类开始尝试用数据驱动的方法来解决那些由人脑来解决的问题，而放弃了采用先了解人工智能的产生机制的方式。这一变智能问题为数据问题的思路改变使人工智能在 2016 年迎来了又一次的爆发，数据驱动已成为当前人工智能的主要技术路线。对于基于企业家认知的战略形成机制的探索同样可以寻求获得来自数据的见解。2009 年 Tony Hey 把数据驱动方法与实验方法、逻辑演绎、计算机仿真三种科学研究范式并列为第四范式，这一范式已经被广泛地用于市场营销中的用户画像和推荐，而未来把其应用于企业战略管理也存在着广阔的空间。企业家的战略认知机制除了从其头脑中获取外，也可以基于企业数字化后的可获得数据通过人工智能分析来解决。本书所提出的企业战略管理新范式实质上就是基于数据驱动的企业家认知、企业战略资源、企业战略环境三个要素的匹配模式。数据驱动模式下的企业家认知与行为描述是在 Hambrick 提出的高阶层理论研究成果的基础上，使用企业内外数据以及对企业家的个人画像等来挖掘其价值观、认知模式、认知风格和个性等因素，用以描述企业家在对环境信息进行感知、解读和选择性解释后所做出的战略选择。

战略形成的环境决定和自由意志悖论体现了持深思熟虑观点的战略学派（设计学派、计划学派、定位学派）和持自然涌现观点的战略学派（企业家学派、认知学派和学习学派）之间的主要差异。对此，亨利·明茨伯格回答说，商业世界的真实情况可能是，既不存在纯粹深思熟虑的战略，也不存在纯粹自然涌现的战略，而是两种情况的融合，在学习过程中调整战略，用战略来指导学习过程（亨利·明茨伯格，2020）。萨伊指出，企业家将资源从生产力和产出较低的领域转移到生产力和产出较高的领域，这一过程是企业家创新的重要来源（熊彼特，1991）。彼得·德鲁克（2023）把企业家有目的的创新来源归于意外事件、不协调的事件、程序需要、产业和市场结构、人口变化、认知变化、新知识七个方面。这些来源存在于企业内部、产业、市场体系、社会、政治和知识环境的变化之中。企业家参与动态战略匹配本质上是一个熊彼特式创新的体现，企业家行为越来成为战略管理问题研究的核心要素。

企业家在数据驱动模式下更加重视数据的作用和价值，将数据视为决策的基础和依据。企业家借助人工智能技术分析数据，了解用户的需求和市场趋势，了解企业当前实际的运营状况，根据数据分析结果做出更加精准的决策。这要求企业家具备较高的数据素养，能够理解数据挖掘和分析过程，能够敏锐地察觉数据背后的意义和趋势，并能作出有针对性的决策。

本章小结

企业家是将生产要素组织起来进行生产和提供服务的人，他们需对市场的不确定性做出决策。企业家具有创新能力、领导才能和风险意识，通过认知能力识别商业机会并做出决策。进入 21 世纪，企业逐步迈入数字化时代，数字化转型推动了管理模式的变革，形成大量关于企业和企业家行为的数据。这些数据可以揭开企业家认知的"黑箱"，助力企业家实现认知与战略资源匹配。数字化提升了企业信息的准确性和客观性，记录了企业过去和现在的数据和信息。数字化连接了企业的过去、现在和未来，允许企业家基于实时数据做出战略决策。数据驱动模式下，企业家注重数据的作用，利用数据优化决策，实现业务目标并改善经营方式。

参考文献

［1］ Child J. Organizational Structure, Environment and Performance: The Role of Strategic Choice ［J］. Sociology, 1972, 6（1）: 1–22.

［2］ Eden C., Ackermann F., Cropper S. The Analysis of Cause Maps ［J］. Journal of

Management Studies，1992，29（3）：309-324.

［3］Finkelstein S.，Hambrick D. C. Strategic leadership：Topexecutives and Their Effects on Organizations ［M］. St.Paul，MN：West Educational，1996.

［4］Floyd S. W.，Wooldridge B. Building Strategy from the Middle：Reconceptualizing Strategy Process ［M］. Thousand Oaks，Calif：SAGE，2000.

［5］Huff A. S. Mapping Strategic Thought ［M］. New York：Wiley，1990.

［6］Kaplan S. Research in Cognition and Strategy：Reflections on Two Decades of Progress and A Look to the Future ［J］. Journal of Management Studies，2011，48（3）：665-695.

［7］Kitchin R. Big Data，New Epistemologies and Paradigm Shifts ［J］. Big Data & Society，2014，1（1）：1-12.

［8］Nadkarni S.，Barr S. P. Environmental Context，Managerial Cognition and Strategic Action：An Integrated View ［J］. Strategic Management Journal，2008（29）：1395-1427.

［9］Porac F. J.，Thomas H. Managing Cognition and Strategy：Issues，Trends and Future Directions ［M］. Pettigrew A，ThomasH，Whittington R.Handbook of Strategy and Management. Thousand Oaks，CA：Sage Publications. Inc，2002：165-181.

［10］Schwenk C R. Cognitive Simplification Process Instrategic Decision-making ［J］. Strategic Management Journal，1984（5）：111-128.

［11］Schwenk C. R. Management Illusions and Biases：Theirimpact on Strategic Planning ［J］. Long Range Planning，1985，18（5）：74-80.

［12］Walsh J. P. Managerial and Organizational Cognition：Note from a Trip Down Memory lane ［J］. Organization Science，1995（6）：280-321.

［13］［英］阿弗里德·马歇尔. 经济学原理（上）［M］. 廉运杰，译. 北京：华夏出版社，2013：230-235.

［14］［美］彼得·德鲁克.创新与企业家精神 ［M］. 北京：机械工业出版社，2023：33-34.

［15］［美］弗兰克·H. 奈特. 风险、不确定性与利润（汉译名著系列）［M］. 北京：商务印书馆，2011：30.

［16］［加］亨利·明茨伯格，布鲁斯.阿尔斯特兰德，约瑟夫.兰佩尔. 战略历程（原书第2版）［M］. 魏江，译. 北京：机械工业出版社，2020：358，366.

［17］［澳］克里斯托弗·克拉克.时间与权力［M］.北京：中信出版集团，2022：3.

［18］［爱尔兰］理查德·坎蒂隆.商业性质概论［M］.北京：商务印书馆，1986：24-29.

［19］马浩.战略管理学50年：发展脉络与主导范式［J］.外国经济与管理，2017，39（7）：18.

［20］［法］萨伊.政治经济学概论［M］.北京：商务印书馆，1997：77-79.

［21］王世权，张爽，齐雪.集团内子公司网络关系强度影响其主导行为的内在机理——基于宝钢集团的案例研究［J］.2021（2016-6）：101-112.

［22］［美］约瑟夫·熊彼特.经济分析史（第一卷）［M］.北京：商务印书馆，1991：334.

［23］［美］约瑟夫·熊彼特.经济发展理论［M］.北京：商务印书馆，1991：82-105.

［24］张维迎，盛斌.企业家：经济增长的国王［M］.上海：上海人民出版社，2014：7.

|第六章|

数字技术重塑企业战略管理的基础逻辑

数字技术一方面正在改变企业的生产方式，另一方面企业每个环节也正在被数字化过程所重塑。数字化企业的内部资源配置模式以及与外部环境的互动模式发生了深刻改变。企业家在人工智能和数据驱动赋能下，对外部环境和内部运营感知能力大幅提升。企业战略管理正在向着以企业家创新、外部环境和内部资源能力动态匹配的范式演变。

第一节　数字技术提升企业战略外部环境分析能力

外部环境分析是战略分析的重要组成部分，随着数字技术的广泛应用，PEST 分析不再是咨询机构的专利。企业借助全社会数字化水平的提升，应用人工智能技术可以快速地感知企业外部环境的变化，并通过算法来模拟并预测企业外部环境未来可能的演化路径，以实现对企业家各种可能选择所面临的未来不确定性的有效管理。当前的数字技术正在以极快的速度渗透到人类社会的各个方面，战略管理中的外部环境分析也将像当前各类平台的客户画像一样，由数据和算法来快速实现企业的外部环境画像。

企业战略环境分析是对企业所处的外部竞争环境进行分析，主要包括宏观环境分析和行业市场环境分析。宏观环境是来自企业外部会给企业带来市场机会或威胁的主要社会力量，包括人口的、经济的、技术的、政治的、法律的以及社会文化方面的力量和因素。其主流的分析工具是 PEST 分析和不确定性分析。PEST 是对政治（Political）、经济（Economic）、社会（Social）和技术（Technological）四个方面进行综合分析的方法，其提供了一个分析的框架，不确定性分析是对环境的不确定性的程度的判断。行业市场环境分析通常要分析行业总体状况、行业竞争结构、行业的市场与顾客，一般先分析行业总体状况，然后使用波特五力模型分析行业的竞争结构，再对这个行业的市场和消费者情况进行分析。以上这些分析一方面仍然需要大量的主观判断，另一方面分析只能不定时地进行，难以实现外部环境的监测。

数字时代的到来可以提升企业宏观环境分析和竞争环境分析的维度、动态性和颗粒度，从而可以更有效地匹配企业自身战略。传统的 PEST 分析和五力模型分析具体实施时通常带有强烈的主观判断，从观点出发往往产生选择性的偏误，因此其分析的客观性和准确性依赖于分析人员的个人能力。基于大数据的宏观环境和产业环境分析，由于揭示了宏观经济现象的微观机制和联系，从而大大提升了战略宏观环境分析的能力。例如，互联网信息搜索的海量数据集合就可以反映每个微观个体对于政治、经济、技术和社会出现变化的反应，通过机器学习方法就可以捕捉宏观环境和搜索行为之间的强关联，得到更真实和时效更强的战略环境信息。通过分析社交平台、自媒体等大量网民贡献的知识、新闻、评论等结构化和非结构化的数据，可以发现微观个体的预期。交易大数据则实时反映了市场的动向和产业发展动向。这些都要比基于统计数据的主观判断能更加准确地反映企业战略环境的变化。

一、数字技术可以更充分地感知外部环境的变化

企业战略必然离不开对环境现状及变化趋势的把握，要及时抓住有利于企业发展的机会，同时躲避因环境变化而带给企业的威胁。企业所处宏观态势环境主要是政治法律环境、经济环境、社会文化环境、科学技术环境等。企业的生存必然受与企业相关的政治要素和法律系统的影响，一般

来说，政府主要是通过制定一系列法律法规直接或间接地影响企业活动，在一个稳定的法治环境中，企业可以通过公平竞争，获取合法权益，实现长期稳定的发展，同样地，国家的政策法规可以调控企业的生产经营活动，同一个政策或法规对不同企业带来不同的机会或制约。可见政治和法律是企业实现持续生产经营活动的基本条件。经济环境则是那些影响企业生存和发展的社会基本经济状况及国家有关经济政策，主要包括社会经济结构、经济体制、发展状况、宏观经济政策等要素。在宏观经济大发展的情况下，市场不断扩大、需求越来越多，企业机会也就越来越多，而如果宏观经济发展停滞衰退，市场需求增效甚微，企业的发展机会也会随之减少。与政治法律环境相比，经济环境对企业生产经营的影响更直接具体。社会文化环境是指企业所处的社会结构。社会风俗和社会习惯、信仰和价值观念、行为规范、生活方式、文化传统、人口规模与地理分布等因素的形成和变动。社会文化是企业在确定投资方向、产品改进与革新等重大经营决策问题时必须考虑的因素。技术环境则是企业所处环境中的科技要素及与该要素直接相关的各种社会现象的集合，包括国家科技体制、科技政策、科技水平和科技发展趋势等。在数字技术发展的今天，政府、市场、社会、技术的监测等都正在被数字化，这将极大地提升企业战略感知外部环境的能力。

（一）政府的数字化使企业更好地感知政策环境

随着数字技术的迅猛发展，数字化政府建设成为全球发展趋势，各国政府正在通过数字技术提升政府服务效率和公共治理水平。爱沙尼亚政府在 1997 年推出了 e-Estonia 项目，通过为每位公民提供电子身份证卡信息来提高公共服务效率，几乎所有公共服务都实现了数字化。爱沙尼亚电子身份系统（e-ID）和区块链技术的广泛应用，使公民可以在线上完成几乎所有的政府事务，从缴税、投票到签署合同。此外，爱沙尼亚的"X-Road"数据交换平台，通过安全、高效的数据共享，实现了跨部门的信息互通（李瑞龙和刘琼，2020）。

我国政府的数字化经历了电子政务、互联网+政务服务和数字政府三个发展阶段。建立了全国一体化政务服务平台，通过"极简办""掌上办""指尖办""跨省办"等一系列行动实现线上办事"一网通办"。2023 年提出了"数字中国"战略，整体提升数字基础设施建设水平，加强传统基础设施数字化和智能化改造，畅通数据资源循环，推动公共数据汇聚利用，建设公共卫生、科技、教育等重要领域国家数据资源库，建立数据要素按价值贡献参与分配机制。我国还加大了智慧城市建设力度，利用物联网、云计算、大数据和人工智能技术，提升城市管理和公共服务水平，汇集政府、企业和社会数据，通过实时数据分析，实现城市运行的智能化，优化交通管理和公共安全。

美国的数字政府建设起始于 20 世纪 90 年代，经历了电子政府、电子政务、开放政府、数字政府四个阶段。通过《电子政务战略——简化面向公民的服务》《电子政务法案 2002》《开放政府令》《开放政府计划》《数字政府：建立一个面向 21 世纪的平台更好地服务美国人民》等政策，促进政府数据开放和共享（胡微微等，2022）。美国政府推出了 data.gov 平台，集成了大量联邦政府数据，便于公众和企业使用。各州和地方政府也积极推进数字化进程。例如，加州的开放数据门户和纽约市的 Smart City 项目，通过数据驱动提升公共服务效率和城市可持续发展。

欧盟致力于建设单一的数字市场，推动成员国之间的数据互通和电子政务标准化。欧盟不断推出数字社会战略，2015 年发布《数字化单一市场战略》，着力打破数字市场的壁垒，在欧盟范围内实现协调一致。欧盟的《数据法案》、《通用数据保护条例》（GDPR）、《数字服务法》和《数字市场法》为数字政府建设提供了法律和政策框架。2019 年的《开放数据和公共部门信息指令》促进各国通过共同的数据共享平台，如欧盟开放数据门户，促进数据开放和创新应用（马文婷等，2022）。

2014 年新加坡提出了"智慧国家"愿景，成立了智慧国家和数字政府工作小组（SNDGG），致力于通过数字技术提升国家治理和公共服务水平。新加坡政府推出了 AskJamie 虚拟助理、数据开放平台（Data.gov.sg）、Ideas、MyInfo 和 LifeSG 等平台建立政府和公民之间的关系，在为企业服务方面推出了 InnoLeap 协作平台，推出 FormSG 辅助公务员快速绘制表格（聂清斌，2023）。

日本政府于 2000 年设立了 IT 战略本部，先后制定了《E-Japan 战略》《E-Japan 战略Ⅱ》《U-Japan 构想》《新 IT 改革战略》《i-Japan 战略 2015》计划，提出了"超智能社会 5.0"愿景，旨在通过人工智能、物联网等新技术，构建以人为本的智能社会。2022 年发布《数字日本 2022》加强数字基础设施建设，促进公私部门的数字化转型（曹冬英和王少泉，2023）。

澳大利亚数字政府建设强调公共机构数据的开放性。2009 年发布的《澳大利亚数字经济：未来发展方向》和《参与：接触政府 2.0》中提出构建更加开放、负责和有回应的政府（吕璐和陈翔，2022）。澳大利亚建立了全国一体化公共服务平台 myGov，使公民可以在线办理多项服务。此外，澳大利亚通过开放数据战略，鼓励数据创新和公民参与，推出了 data.gov.au 平台，集成丰富的政府数据资源。

尽管各国数字政府建设路径和侧重点不同，但其共同目标都是通过数字技术，提升政府服务效率和公共治理能力，促进社会创新和经济发展。数字化政府通过提升信息透明度，优化政府与企业和公民沟通渠道，利用大数据和人工智能提供智能化服务，实现数据共享和跨部门协作，以及简化行政审批和服务流程等多种机制，极大地提高了企业对政策环境的感知能力，帮助企业和公民及时获取政策信息、理解政策意图和顺利实施各项政策规定，从而更好地适应和应对政策环境的变化。企业可以越来越多地通过政府直接提供的数据来感知政府意图和政策变化，为战略分析提供实时动态信息，在战略上实时响应政府变化。

（二）市场的数字化使企业更好地感知经济环境

全球市场正在经历一场前所未有的数字化变革。市场的数字化是通过数字技术，将传统的市场运行和管理模式转变为更加智能、高效、透明的数字化模式。电子商务是最早的市场数字化形态。全球范围内，各类商品和服务的在线销售平台迅速涌现，亚马逊、阿里巴巴、京东、eBay 等电商巨头的成功运营，标志着数字化市场的成熟和巨大潜力。电子商务平台通过技术手段，极大地扩展了传统市场的覆盖范围，打破了时间和空间的限制，使得消费者可以随时随地进行购物。2010年后移动电子商务也在快速增长，随着智能手机的普及，以及移动支付技术的进步（如微信支付、支付宝支付和苹果支付），消费者逐渐习惯通过手机进行购物，移动端销售额在整体电子商务中的比重不断提升。这一趋势不仅便捷了消费者，也为商家提供了新的销售渠道和营销方式。市场的每一个环节都在经历深刻的变革。这一过程不仅提高了市场的效率和透明度，也为消费者带来了更加便捷和个性化的服务体验。企业之间市场的数字化当前是以产业互联网的方式存在。产业互联网是基于互联网技术和生态，对各个垂直产业的产业链和内部的价值链进行重塑和改造，从而形成互联网生态和形态。产业互联网正在全球范围内快速发展，在产业互联网内各上下游企业、研究机构、政府部门等，通过合作形成了一个协同发展的生态系统。

在市场不断被数字化的过程中，客户和企业的行为数据资源也不断丰富，形成了数据资源，这一资源不仅可以作为新的生产要素重新投入到企业的生产和服务当中，同时也可以基于这一数据资源更好地刻画市场的变化规律。企业战略需要分析当前客户的消费偏好，需要更好地理解市场动态和竞争对手行为，大数据分析和商业智能工具能够收集和分析大量相关数据，从中提取有价值的洞察。数字技术可以帮助企业建立实时监控和预警系统，及时发现行业中的新动向和潜在威胁。企业可以利用物联网和区块链技术优化供应链管理，提高供应链透明度和效率，增强企业对供应商议价能力的分析和掌控。人工智能可为企业建立自动化收集经济系统信息，使企业实时动态掌握经济发展态势。开放式创新和协作平台使企业可以更快地响应市场需求，减少被替代品威胁的风险。企业在一个数字化的世界里可以更灵敏地感知市场的变化与发展。

（三）社会的数字化使企业更好地感知社会文化环境

数字化深刻改变了我们的社会文化。从沟通方式到文化传播，从娱乐方式到商业模式，数字化正在形成新的社会认同与身份构建，重塑我们的社会文化。数字化技术首先带来了沟通方式的革命。从最早期的电话、传真到现在的社交媒体和即时通信工具，人们的沟通方式发生了翻天覆地的变化。社交媒体平台如微信、Facebook、抖音等，让全球范围内的即时沟通成为可能，人与人之间的地理距离被大大缩短。不再需要等待信件的到来，一条短信或者一条微信，瞬间就能传递信息。这种即时沟通的方式一方面提高了人类沟通的效率，更重要的是它改变了人们的生活和工作方式。数字化技术极大地增加了文化传播的速度和广度。过去文化传播主要依赖于书籍、报纸、广播和电视等传统媒介，而现在互联网和数字媒介成为文化传播的主要渠道。无论是音乐、电影、文学作品还是学术研究，几乎都可以通过网络进行传播。数字内容可以被快速复制和分发，使得任何文化信息都有可能在全球范围内传播。数字化同时改变了我们的娱乐方式。从传统的电影院、电视机到现在的智能手机和平板电脑，娱乐形式和内容变得更加多样化和个性化。流媒体服务提供了几乎无限的内容选择，用户可以在任何时间和任何地点享受自己喜欢的音频和视频内容。数字化技术引发商业模式变革，亚马逊、阿里巴巴等电子商务巨头的崛起，使传统的买卖交易方式逐渐被线上交易所取代，消费者可以通过网络平台购买全球各地的商品，商家可以利用大数据分析顾客的购物行为，更精准地进行市场营销，在线支付和物流系统的完善大大提升了交易的便利性和效率。数字化环境影响了社会认同和身份构建，过去人们的身份和社会认同主要通过家庭、学校、工作单位等现实生活中的群体来建立，在数字化社会中，虚拟社区和在线群体逐渐成为人们寻求认同和构建身份的重要平台。例如，论坛、社交媒体、网络游戏等虚拟空间提供了丰富的互动和表达自我的机会，人们可以在这些平台上分享兴趣爱好、观点和经历，从而获得群体认同和归属感。

　　数字化一方面使得社会文化更趋个性化，另一方面社会也被广泛地记录。数字化之前社会只有一小部分人的历史被记录，但数字化之后社会中几乎所有人的历史都在被记录。通过对更多的更翔实个人数据的收集，企业可以更容易发现社会文化中的小趋势，战略中的社会文化环境可以更细颗粒度的方式进行分析，得到更加贴合企业需求的社会文化因素，从而为企业战略选择提供支持。

（四）技术的数字化使企业更好地感知技术环境

科学技术也正在被数字化，文献数据库和开放科学平台促进了科学技术更广泛的交流。文献数据库一般包括期刊数据库、会议论文数据库、专利数据库、学位论文数据库等，其汇集的文献资源为科学研究和技术发展提供了重要的数据支撑和资料参考。世界上当前有众多的文献数据库，例如 Web of Science、Scopus、IEEE Xplore、JSTOR、SpringerLink、ProQuest、ScienceDirect、知网、万方等期刊数据库、会议和学位论文数据库，以及 Derwent World Patents Index（DWPI）、Espacenet、United States Patent and Trademark Office（USPTO）、Japan Patent Office（JPO）、China National Intellectual Property Administration（CNIPA）、PATENTSCOPE、Korean Intellectual Property Office（KIPO）等专利数据库。文献数据库将大量分散的文献信息规范化、结构化后存储起来，使用户可以更便捷和高效地获取所需信息，推动了学术交流和信息传播。文献数据库极大地促进了科学研究的发展。在科研过程中，研究人员不断查阅前人的研究成果和最新的研究动态，从而了解研究前沿、发现研究问题以及寻找研究方法。通过文献数据库，研究人员可以快捷地获取全球范围内的相关文献，从而大大缩短了信息搜集的时间和成本。同时，文献数据库提供的文献量大而全，覆盖面广，能够为研究人员提供全面、权威的知识支持。文献数据库为技术发展提供了强有力的支撑。技术创新离不开对现有技术的分析和改进，而文献数据库中大量的专利文献、技术报告和会议论文等，正是技术研发人员的重要参考资料。通过查阅文献数据库，技术人员可以了解同行业的技术动态和发展方向，避免重复劳动，快速找到技术创新的突破口。此外，文献数据库中的知识产权信息，还能帮助企业在技术开发过程中规避潜在的专利侵权风险。文献数据库在促进学术交流中发挥了重要作用，为全球研究人员提供了共享信息资源的平台，不同学科和不同地区的研究人员可以通过文献数据库互相了解对方的研究成果，进行跨学科、跨地域的学术交流与合作。这不仅有助于研究资源的共享和利用，也有助于提升整个学术界的研究水平和科研成果的质量。开放科学平台是综合性地提供与科学研究相关服务和资源的数字基础设施。当前存在的主要开放科学平台包括：Open Science Data Cloud（OSDC）和 DataONE 等开放数据平台，arXiv 和 bioRxiv 开放出版平台，GitHub 和 Open Science Framework（OSF）等开放协作平台，DRYAD 和 Zenodo 开放工具和资源库。开放科学平台通过提供开放的数据、工具和方法，提高了科学研究的透明度和可信度，加快了科研交流和知识传播，促进多学科协作和创新，提升科研资源利用效率，推动产业界和学术界的合作。

科学技术的数字化汇集了各类文献资源，为科学研究和技术发展提供了重要的数据支撑和资料参考，同时也为企业更好地感知技术发展环境带来了便利。在战略管理的外部环境分析中，技术因素是一个重要组成部分，主要包括了对技术创新的速度、技术成熟度、技术应用的广度和深度、技术研发的投入、知识产权保护等方面的分析。在制定战略时企业必须密切关注技术发展趋势，评估技术环境的变化，积极应对新技术的挑战。随着科学技术的数字化程度不断提高，企业可以智能感知技术发展的变化，识别战略期内技术影响，有助于企业在动态的市场环境中保持竞争优势。

二、数字技术可以更好对外部环境的变化规律进行预测和模拟

企业通过大数据和人工智能技术可以更好地感知外部环境变化，并基于感知到的数据对企业面临的政策、市场、社会和技术环境进行预测和模拟，从而为战略选择提供依据。

（一）基于数字技术的外部环境的预测

数字技术在预测政策变化、经济环境变化、社会环境变化和技术环境变化方面展现出了前所未有的潜力。数字技术利用大量的数据和人工智能算法，能够分析复杂的社会、经济、政治和经济因素，从而为决策者提供更加准确和及时的洞察。

数字技术从社交媒体、新闻报道、经济数据等各种信息来源收集数

据，通过预测模型识别政策潜在的变化趋势。通过机器学习的文本分析可以提取和理解政策文本信息，基于计量、内容分析、共词分析、网络分析、数据挖掘等技术可以研究政策演进、政策变迁以及政策主体之间的合作等问题。通过对各类政策文本分析，可以更好地理解政策的内容和意图，例如，通过词频统计、主题建模和情感分析等方法或者直接把政策文本输入大语言模型，就可以快速了解政策的主题。文本分析还可以帮助研究者追踪政策的演变过程，了解政策的变化规律。

数字技术在预测经济环境变化中发挥重要作用，在宏观经济变化、金融动向、行业变化等方面可以通过相应模型来预测其变化规律。世界上有许多著名的宏观经济预测系统，例如经济合作与发展组织（OEDC）的OECD's Economic Outlook、国际货币基金组织（IMF）的 IMF's World Economic Outlook、世界银行的 World Bank's Global Economic Prospects、Oxford Economics 的经济预测和 Moody's Analytics 的经济预测分析模型。我国也有许多宏观经济预测系统和机构，例如，中国人民银行宏观经济模型、国家信息中心宏观经济预测系统、中国社会科学院经济研究所宏观经济预测和中国国际经济交流中心（CCIEE）宏观经济分析等。但以上这些系统都是从国家和地区整体视角去对经济做出预测和分析，无法全面满足企业对于宏观经济和市场发展的预测需求。企业也在搭建属于自己的经济预测模型，当前的一些金融机构、投资银行和证券公司、大型互联网和科技公司、制造业巨头等都拥有自己的经济预测分析系统。随着数字技术的发展用于宏观经济、金融和行业预测模型成本会进一步下降，小企业也可以成功搭建属于自己的经济预测模型，为企业战略决策服务。

大数据预测已在金融、市场营销、交通运输、健康医疗、电商零售、能源管理等领域广泛使用，未来大数据预测应用将继续深入各行各业，推动智能化、数字化转型。随着人工智能、物联网、5G 等技术的发展，大数据预测的精度和应用范围将进一步提升。有效的战略分析依赖于企业外部环境的预测，大数据和人工智能将不断地应用于企业外部政策、经济、社会和技术等环境因素分析，企业可以更低的成本构建预测分析系统，提升企业战略分析的准确性。

（二）基于数字技术的外部环境的模拟

战略是面向未来的，企业在战略分析时必然要面对外部环境变化的不确定性。应对这种不确定性不能只依赖预测，准确预测是不可能的，多情景模拟成为一种有效的方法。情景分析（Scenario Analysis）是一种战略管理工具，帮助组织在面临不确定性和复杂性的情况下制定和评估战略选择。通过预测多个可能的未来情景，企业可以更好地理解外部环境的变化，并制定灵活的战略应对措施。例如，金融机构利用机器学习模型分析客户交易行为和市场波动，预测未来不同经济情景下的市场表现，能源公司通过计算平台模拟不同能源政策和市场需求变动下的能源供应和价格，制造公司基于数字技术预测不同情景下的供应链中断风险和市场需求变化，以优化库存和采购策略。

情景模拟的成功应用依赖于先进的数据分析、建模和优化技术，其核心是通过识别和评估驱动因素的变化，模拟出多个可能的未来情景，并对这些情景进行分析，以制定灵活和适应性的战略决策。情景模拟一般通过识别驱动因素、构建假设、情景生成、情景模拟、情景分析和战略制定六个步骤来实现，采用的算法和模型一般包含系统动力学、蒙特卡罗模拟、Agent 建模和优化算法。大数据平台、机器学习平台和数据可视化工具都被广泛应用于情景分析的数据分析过程。情景分析能够为企业在复杂和不确定的环境中提供重要的前瞻性洞察。壳牌石油公司自 20 世纪 70 年代起就开始使用情景分析来应对石油市场的不确定性，这些情景涵盖了不同的能源市场趋势、地缘政治情况和经济变化。耐克公司通过模拟不同情景能够评估气候变化、贸易政策、原材料供应等因素对其全球供应链的影响。宜家公司构建了多个情景，涉及国际市场政治经济风险、本地消费者行为和文化差异等，用于根据不同市场的需求来调整产品和营销策略。数字技术通过提供先进的数据分析、计算和模拟能力，可以增强战略的外部环境分析准确性和实用性。

第二节　数字技术提升企业配置资源能力

随着信息技术和数据分析的快速发展，企业资源配置的方式和效率正在发生巨大的变化。数字技术，作为大数据、人工智能和物联网等技术的综合应用，正在以前所未有的速度提升企业的资源配置能力。这不仅是在生产环节的优化，更是全链条、全流程、全方位的资源配置提升。数字技术渗透到企业的各个运营环节，其首先通过信息化的方式，改变了企业业务流程，提升了运营效率，结果是企业把运营的细颗粒度信息以数据的方式存储了下来，实现了企业对运作数据的实时获取。实时数据能帮助企业及时发现问题，不断调整和优化生产和服务过程，更合理地安排采购和生产，更精准地预测市场需求，打通供应链各环节信息壁垒，快速响应客户需求，提供更个性化的服务，有助于管理层进行科学决策，制定更合理的资源分配方案。同时实时数据让企业能够迅速捕捉市场和环境变化，通过数据分析和算法增强企业预判能力，有助于打破部门壁垒，提升企业各部门之间的协同性。实时数据为管理层提供最新和最准确的信息，为其做出快速灵活的策略调整提供帮助，有助于企业发现新的市场机会和创新点。企业实时运作数据为企业提供了一个更直观、动态反映企业内外部环境的工具，使企业能够更加灵活、敏捷地应对各种挑战，提升其动态能力和竞争优势。

一、数字技术可以实时监控优化企业运作

20 世纪末企业开始的大规模信息化过程是以降低运作成本和提升运营效率为目的展开的，但其结果却是为企业积累了大量的数据，这些数据成为 21 世纪企业数字化转型的基础，也成为改变企业管理范式的基石。基于数据企业可用以往不可能的方式来重新组织企业资源，打造企业新的动

态能力。

（一）生产和服务过程的实时监控和优化

生产和服务的数字化过程从业务流程为起点，将传统的生产和服务流程转换为数字化流程，通过建立企业资源规划系统，将各个生产和服务环节的数据进行收集和整合。企业通过部署各种传感器和物联网设备，实时采集生产和服务过程中的运行状态、环境参数和产品质量等数据，这些数据一方面支撑生产和服务流程的高效运行，另一方面运用机器学习等算法来识别和整合生产和服务中的关键因素，挖掘有价值的信息和模式，为企业的组织和管理提供依据。

对于生产制造来说数字化过程中收集的企业生产数据主要包括：设备运行数据、生产过程数据、物料与库存数据、工艺质量数据、车间人员数据、环境与安全数据、生产控制信息、网络和系统日志信息。利用这些数据，通过引入物联网、人工智能、自动化系统、大数据分析对生产过程进行智能化改造。例如，使用大数据分析和机器学习算法可以预测市场需求，并实时动态调整和优化生产计划。利用物联网和大数据可以监控企业库存状态并追踪供应商交货情况和质量，优化库存水平，确保供应链的稳定性。通过物联网设备实时监控生产设备状态和健康状况，预测设备故障，进行预防性维护，利用控制算法和边缘计算实现生产设备的智能控制和优化。通过信息系统和物联网传感器实时监控生产过程中的关键参数，确保生产过程稳定，利用机器学习算法实时检测生产过程中的异常情况并进行预警和处理。采用计算视觉和传感器技术实现产品质量的自动化检测和控制，并通过大数据分析生产过程中的各类数据，找出影响产品质量的关键因素。通过模块化、自动化和智能设计实现柔性生产，实现多品种小批量生产。构建数字孪生模型，实时模拟和优化生产过程，实时监控和管理生产过程中各项任务和资源。通过视频监控和传感器系统实时监控生产现场的安全状况，建立智能应急响应系统，及时发现和处理安全隐患，保障安全生产。利用智能能源管理系统，通过物联网和大数据技术可实时监测和优化企业能源管理，减少能源浪费，提升能源使用效率。通过物联网和传感器技术实时监测生产过程中排放和噪声等环境参数，减少资源消耗和污染物排放，实现绿色生产。

服务过程通常包括客户接触、需求确认、服务提供、反馈收集和客户关系维护等环节，对于服务过程收集的数据主要包括：客户的基本信息和历史记录、客户需求和具体问题或要求数据、服务过程与客户的沟通和提供服务数据、客户反馈和意见数据、客户跟进数据。利用这些收集到的数据通过数字化过程可对服务过程进行多方位的改造。例如，建立智能客户系统、通过客户画像来预测客户未来需求和行为、自动化流程、个性化推荐、实时监控与反馈服务过程、运用虚拟现实和增强现实提升互动体验、运用区块链技术提升服务的透明度和信任度、运用云计算与物联网技术实现实时分析和智能决策。

数字技术对传统生产和服务过程可以进行全面改造，通过数据驱动和人工智能算法的加持使企业实现降本增效，并赋予生产更高的灵活性，同时数智化的生产过程不断产生大量的数据资源，这些数据资源对企业的资源配置方式带来了根本的改变，最终影响到企业的组织模式和管理模式。

（二）供应链的实时监控和优化

供应链是生产和流通过程中的原材料供应商、生产商、分销商、零售商以及最终消费者之间通过上下游之间的连接构成的网络结构。数字技术通过应用物联网、人工智能、大数据和区块链等技术可以加强企业供应链的监控和优化。物联网设备和传感器可以实时追踪物料和产品在供应链中的位置和状态，提供端到端的可视化，整合供应链各环节的数据，实现全链条的透明化管理。通过物联网实时监控各环节库存状态，通过智能补货防止库存过多或缺货，提高库存周转率。利用大数据可以分析供应商的交货准时率、货品质量和成本，基于区块链技术实现智能合约，追溯供应商的生产信息和材料来源，实时监控供应商风险。利用人工智能算法可以优化运输路径，通过物联网设备实时监控运输过程中的关键参数，提高物流效率。基于数字技术构建的供应链管理平台可实现供应链各环节的信息共享，及时响应市场变化，动态调整供应链策略，提高供应链协同效率。应用数字技术可以建立供应链智能应急响应系统，应对供应链突发事件，确保供应链的连续和稳定。利用大数据和物联网技术监控供应链中的各类活动对环境产生的影响，降低碳排放，实现绿色供应链。总之，数字技术的广泛应用可以全面提升企业对供应链的监控和优化能力，并不断积累供应链的数据资源，为从供应链视角来整合和配置企业资源提供基础。

（三）财务管理的实时监控和优化

财务管理是企业管理的核心环节，贯穿于企业设计、生产、采购、销售、人力资源管理等所有环节，为企业的经营活动提供基础保障。同时财务管理涉及企业资金的筹集、使用和分配，涵盖了企业成本控制、风险管理、利润管理和决策支持等多方面内容。在信息时代财务领域就是企业最早被信息化的部门，数字化时代财务活动同样最早开始利用大数据、人工智能、区块链、云计算、机器人流程自动化（Robotic Process Automation，RPA）等技术，加强企业财务管理的监控和优化。

数字技术可以很好地实现财务数据的整合和可视化，通过大数据和云计算把分散的财务数据整合到一起，实现数据的实时共享与更新，同时利用数据可视化工具将企业财务运行数据和关键财务指标呈现在财务仪表盘上，供企业各级管理层随时掌握和分析企业运行状况。利用人工智能和大数据分析可实现财务预测分析，自动生成财务预算方案，帮助企业制定财务规划和辅助战略决策。RPA 机器人在财务管理中广泛使用可以替代人工完成重复性的、规则明确的财务任务，自动生成财务报表和分析报告，减少手工操作软件的时间，提高效率并降低人工错误。通过数字技术分析企业客户付款行为，自动制定催收策略，提高应收账款回收率，利用智能合约确保付款流程的透明和高效，减少拖欠应付账款的风险。数字技术可以实时监控和分析财务数据，对合同、发票等进行自动审查，确保财务活动合规，并及时发现企业各类异常，进行有效的风险管理。利用智能算法和大数据分析工具分析企业各项成本情况，优化企业各类支出，提高资金使用效率，并找出节约成本的方向。通过数字技术可以有效地对企业投融资决策进行分析，预测投融资的风险和回报。利用人工智能和 RPA 自动执行财务审计任务，实时检测财务活动中的异常行为，提高审计效率和准确性。利用人工智能和RPA自动完成税务申报和报表生成，优化企业税务筹划，确保税务申报合法合规和及时准确。通过区块链和相应的加密技术保护财务数据的安全、防泄露和篡改，确保财务数据的真实和透明。

数字技术在企业财务管理的各个环节中都发挥着重要的作用，通过实时监控、自动化流程、风险管理和合规管理，提升财务管理的效率和准确性。同时，数字技术可以更细颗粒度和高效地存储和管理企业财务数据，并实现财务数据与业务数据的融合，为企业各层级管理决策提供丰富的数据支持。

（四）人力资源管理的实时监控和优化

数字技术在企业人力资源管理的实时监控和优化中发挥着强大的作用，对从招聘与人才筛选到员工绩效管理、培训与发展、员工关系与福利、考勤与工时、薪酬与激励和法规与合规管理都能实现更为精细和高效的管理。人工智能当前已被广泛运用于企业招聘中的简历筛选、候选人匹配和面试优化中，自动化分析和AI算法可以大批筛选简历，并识别与职位要求匹配的人才。通过数据分析可以整合员工工作成果、团队协作和任务完成情况，形成全面的员工绩效评估，并识别高潜力和需要改进的员工，为员工制定个性化发展计划提供依据。基于对员工的大数据分析，可以了解员工特点，有针对性地为员工设计个性化培训课程，并利用AI给员工推荐最适合的学习计划和路径。通过分析员工邮件、社交媒体活动和企业内部交流活动，AI系统可以识别员工的情绪变化，发现员工可能存在的问题并予以解决。大数据可以分析员工满意度调查结果，识别影响员工满意度的关键因素，分析预测员工流失风险，优化员工福利计划。通过智能考勤系统，自动记录员工的出勤情况，分析员工工时利用情况，识别工作的瓶颈，优化任务分配和资源利用。基于大数据分析市场薪酬水平和企业内部薪酬结构，并基于AI分析不同激励措施的效果，优化企业薪酬激励计划，保持企业薪酬的公平和在市场中竞争力。AI可以自动监控和审查企业内部员工合同、薪酬福利等，确保人员使用符合法律法规的要求。通过实时的人力资源报告，为管理层提供决策的数据支持，确保人力资源与企业发展目标的一致性。通过智能化和数据化的方法，人力资源管理可以实现实时的监控，实现从基础事务性工作向战略性决策的全面转型。

（五）销售和市场的实时监控和优化

数字技术可高效地实时监控企业销售过程，并在市场营销中发挥重要作用。由此企业可以更快速地响应市场变化，制定精确的营销策略。利用大数据分析平台可以实时监控企业销售指标，动态获取所有关键销售数据，通过社会媒体监控工具可以实时监测市场动态、竞争对手动向和消费者行为，及时掌握市场趋势变化。应用 AI 和机器学习算法可实时分析广告效果、动态调整广告投放政策和预算，结合大数据分析识别出有价值的客户并进行客户市场细分，提高营销精准度。通过 CRM 系统监控客户行为和识别客户需求，利用用户画像为客户提供个性化的服务和产品推荐，利用数据挖掘技术预测客户流失风险。结合历史销售数据和市场趋势通过机器学习进行销售预测，实时监控库存数据，制定合理的销售计划。通过社交媒体监测工具实时监测企业产品和服务的品牌效应，了解消费者的偏好，快速响应市场需求，实时分析网络舆情信息，识别可能风险。构建数据可视化仪表盘，自动实时生成销售分析报告，将销售和市场数据实时呈现给相关管理层，提供决策支持。利用聊天机器人和智能客服实现与客户的实时互动，实施基于客户行为触发的自动化营销活动，提高客户体验。利用数字技术分析用户的浏览和购买行为，进行用户精准画像，实时推荐个性化产品或服务。通过 A/B 测试平台实时测试不同营销内容、广告创意和销售策略的效果，持续迭代优化营销策略和销售流程。整合线上和线下的销售和客户数据，优化各渠道的资源配置，实现全渠道统一管理，提高整体营销效果。总之，数字技术可以显著提升企业销售和市场营销的实时监控和优化能力，促使企业更好地理解市场动态和客户需求，快速做出决策和策略调整。

二、基于数字技术的企业资源配置

资源基础理论将企业看作是物质资源、技术资源、人力资源等的集合体，这些资源的异质性决定了企业之间竞争力的差异。Penrose（1959）认为企业是联系和协调大量人员的群体活动的管理框架，不应被视为一个简单的生产函数，企业通过拥有的生产资源束来实现成长，这便是资源基础观理论的来源。Barney（1991）提出的资源基础观成为替代 Porter（1985）以外部分析为核心的战略形成的重要战略理论之一，其把竞争优势的来源定位到了企业内部。一个有价值的、稀缺的、不易模仿的、可被组织利用的资源就是企业持续竞争优势的来源。产品和服务的日益数字化以及人工智能在企业的快速渗透对企业资源能力正在产生多方面的影响，从而影响企业战略选择。

（一）数字技术改变企业原有资源的 VRIO 属性

资源基础观认为如果一个企业拥有的资源能使企业利用机会并消除威胁，同时这些资源既难于复制又无供给弹性，那它们就可能是企业优势的潜在来源。通常资源被分成财务资本、物质资本、人力资本和组织资本。使用企业资源与能力来分析企业优势和劣势的框架是 VRIO，这四个维度帮助评估企业的资源和能力是否能带来持续的竞争优势。价值（Value）问题是企业在资源和能力上能使企业对环境的机会或者威胁做出反应吗？稀缺性（Rarity）问题是资源当前仅被少量竞争企业控制吗？模仿性（Im-itability）问题是没有该资源的企业在获取或利用它们的时候会面临成本劣势吗？组织（Organization）问题是企业的其他政策和程序能组织起来支撑对有价值、稀缺、模仿昂贵资源的利用吗？对这些问题的回答决定了企业的某一具体资源和能力是企业优势还是劣势（杰伊·B.巴尼，2013）。VRIO框架为企业在实现某一战略目标时如何配置资源和能力提供了指引。数字技术可以更好地监控企业和优化几乎所有运作过程，通过提升企业资源和能力价值、增加资源和能力稀缺性、提高资源和能力的复制壁垒和提升组织资源的能力来改变企业原有的 VRIO 属性，以更好地匹配企业家的愿景。

利用数字技术企业可以在产品和服务赋能、提升运营效率、供应链优化、增强客户体验、数据驱动决策、创新与研发方面显著提升资源和能力价值。在数字时代产品和服务不再是一次深思熟虑之后的完美设计，而是通过大数据对客户反馈的快速分析不断迭代改进产品和服务功能，即大数据提升了企业快速响应客户个性化需求的能力。现代的产品和服务中越来越多嵌入了数据和算法，产品功能更多不是由硬件而是软件来定义的，硬件和基础设施已不再是企业产品优势的来源，数据和算法才是。人工智能把生产和服务过程变得愈来愈自动化和柔性化，企业的运营能力更多地由数据和算法来决定。通过人工智能和物联网优化企业整体供应链过程，从采购到生产再到物流，提高资源利用效率和响应速度，形成其他竞争者难以复制的供应能力。智能客服和个性化推荐成为数字化时代企业增强客户体验的重要手段，数据作为用户画像和精准营销的基础一方面提升了企业了解消费者行为和偏好的能力，另一方面自身也形成了一种企业新的资源。利用数字技术和数据可视化技术，管理者可以开启企业数据驱动决策的模式，通过更好地理解市场趋势、客户需求和业务性能，制定出更有针对性和有效的策略，这种模式本身就是一种企业能力。数字化的研发平台可以促进企业内部和外部的协同创新，加速新产品开发过程，以用户为中心汇集各方智慧，提高创新效率和质量。总之，数字技术可以从多个视角改变和提升企业当前的资源和能力价值，适应企业战略制定。

数字技术可以增加企业资源和能力的稀缺性。如果企业的一种资源或能力可以被大量竞争企业控制，那么这种资源就不能成为企业竞争优势的来源。数字技术通过产品和服务的定制化、高效创新体系、数据资源和算法优势来打造企业资源和能力的稀缺性。基于数据分析和机器学习，企业可以为客户提供高度个性化的产品和服务，满足客户的独特需求，增强企业的独特性和稀缺性。高效的创新体系可以加快企业产品的研发，快速迭代更新产品，用速度来建立企业资源的稀缺性。通过积累和整合大量的用户数据，企业可以形成独特的数据资产，这种数据资产在市场上具有高度的稀缺性和不可替代性，使用这些数据资产构建起的企业内部资源和能力也同样具有不可替代性。

一般来说竞争企业在模仿企业资源中由于先发优势和路径依赖、资源和能力与绩效之间模糊的关系、资源和能力形成的复杂性等原因使其面临成本劣势（杰伊·B.巴尼，2013），数据和算法在企业应用的特征会强化以上作用而使得复制或替代一家企业的资源和能力更加困难。数据和算法本质上可以低成本地被复制，但由数据和算法打造而成的企业资源和能力由于具有累积效应，先发者仍然可以构建起相应的壁垒防止其他企业的低成本模仿。大数据应用中使用的大部分数据本质上是企业的生产、运营、采购、销售、客户服务等过程的副产品，这些数据不能只被看作是一个数据集，而是与现有业务活动有孪生的关系，企业拥有的数据资源本质上是企业的发展历史，这种历史过程是难以复制的。企业应用人工智能不是完全替代企业人员，而是专业人员与人工智能的协作，人工智能可以复制，但这种协作关系却难以复制。

数字技术能够提升企业组织资源的能力。从人力资源管理、财务资源管理到信息和物理资源的优化，数字技术提供多种工具和方法来提升企业管理和利用各种资源的能力。智能招聘、在线学习平台、AI培训系统、自动考勤、基于AI的薪酬分析等系统提升了数字时代企业对人力资本的管理和开发。智能财务和资产管理系统可以提升企业财务资本的组织管理能力。信息、数据资源管理和客户资源管理可以提升企业信息资源的组织管理能力。供应链和物流管理、运营和生产管理、风险管理可以提升企业物质资本的组织管理能力。

（二）数字技术提升企业动态能力

企业的动态能力包括感知机会和威胁的能力、整合和重构内外部资源的能力以及持续创新的能力。数字技术可以显著提升企业的动态能力，使企业更迅速、灵活和有效地应对市场变化、技术进步和市场竞争压力。这种提升主要从感知能力、快速响应能力、组织的适应能力等方面得以体现。

数字技术可以大幅提升企业感知能力。企业利用大数据和人工智能技术，整合和分析来自市场、客户和竞争对手的多种数据源，实时监控市场动态，深入分析消费者行为，预测市场发展趋势。企业还可以通过爬取社交媒体数据，获取用户在社交媒体上的讨论和反馈，及时掌握市场舆情。利用物联网技术企业可以获得大量生产、仓库、物流等系统实时数据，及时发现并解决生产中的问题。数字化客户管理系统可帮助企业整合客户购买历史、行为和反馈信息，形成全方位的用户画像，以更好地了解客户需求和偏好。

数字技术可以提升企业快速响应能力。快速响应能力是企业在高效的决策机制和灵活的供应链的支持下，实现企业的敏捷性和灵活性。大数据分析为企业提供了深入了解市场和用户行为的能力，通过实时监控市场动态，识别趋势和机会，数据和人工智能驱动的决策系统可帮助企业快速准确地做出决策。供应链的灵活性和响应速度对企业快速响应能力至关重要，数字技术加持下的供应链系统上下游信息可以高度共享，并实现高效的协同和资源匹配，柔性制造系统和智能自动化系统都可以大幅提升企业生产和运营的快速灵活响应能力。

数字技术提升组织的适应能力。适应能力是企业快速调整和改进内部资源和能力，以适应外部环境变化的能力，数字技术支撑企业资源灵活重组。智能化调度系统当前在生产制造、物流运输、云计算、能源管理等领域被广泛使用，其利用人工智能和大数据技术可以实时分析和预测、动态调整资源的分配和调度。智能工厂、智能物流、智慧能源、智能电网等融合多种技术，采用人机协作加自主决策的模式实现了资源的最优分配和实时调度。数字技术还可以通过数据共享、实时沟通、跨部门协作来实现企业内部各部门之间的实时协同工作，这种协同提高了企业内部的响应速度，为企业带来了更强的适应能力。

（三）数字技术本身作为企业资源与能力

数字技术不仅仅作为提升企业资源能力的工具发挥作用，其本身就正在成为企业的一种新的资源和能力，这主要体现在数据作为企业的资源和人工智能作为企业的能力。随着数字化转型的不断深化，企业通过不断积累的数据和信息不仅可以做出更准确的市场判断，还能为用户进行个性化的产业和服务定制，支持更高效和灵活的运营，支持管理决策。这些特性都展示出数据作为一种专门资源的可能，因为其越来越成为企业竞争优势的关键基础。然而，数据资源又同企业其他资源有着很多不同。第一，数据资源只有汇总后才能体现其价值，单个数据的边际价值几乎为零，因而数据的采集和汇集能力才能被看作资源，而不是数据集本身。第二，数据作为一种资源在被使用前难以度量其价值，其价值是在利用数据的过程中体现的，不同的使用场景其价值存在巨大的差异，因此数据资源的价值必须与其被利用的过程同时考虑时才能确认其价值。因此，数据容易复制，但企业内部的数据资源本质上是难以被复制的。第三，企业的数据都来自企业运行过程，是企业运行的副产品。因此，数据资源与现有业务的其他资源和能力存在着相互作用。这种相互作用的机制还有待深入研究。随着企业数字化程度不断加强，数据需要作为一种新的资源要素被考虑到企业战略分析当中。

数据可以作为一种企业资源，那人工智能能否作为企业的一种能力呢？在这个方面仍然需要深入研究。如果人工智能完全替代人类，那就不能作为一种能力，而只能被看作是一个工具，这就如同如果你和你的对手都使用 AI 去下棋，只有你的 AI 和对方的 AI 水平不同时，你才能获得优势。但如果你和你的对手都只是用相同的 AI 来训练，实际下棋还是由人类来完成，那么这时人类和 AI 的协同就会产生异质性，这样的能力也许才能看作企业能力。随着人工智能技术的快速发展，其必然会渗透到企业运营和管理的各个方面，企业必须改变现有能力结构，以充分利用人工智能的优势。

第三节　企业家通过数字技术主导战略形成

企业家在企业创立和发展过程中起着至关重要的作用，他们的愿景、创新能力和决策直接影响企业的发展方向和成长轨迹。尽管设计学派把首席执行官看作是战略的设计师，认为战略源自其思维过程，但事实上设计学派通过强调战略形成的框架依赖淡化了企业家直觉的影响。设计学派、计划学派、定位学派、权力学派、文化学派、环境学派的战略形成都是正式的、经过分析的、受外部环境和内部资源约束的过程，而企业家学派强调的战略形成是个人行为的展现（亨利·明茨伯格等，2020）。这两者在战略实践中往往包含着某种冲突，一种情况是企业家依据直觉来代替深思熟虑的分析过程，另一种情况是战略变成了环境与资源和能力的匹配，缺少了企业家的创新。产生这种冲突的原因主要是由于传统战略分析过程是从当前外部环境分析和内部资源和能力分析为起点的，得到的是应当是什么战略，而不是企业家想要的战略，是战略分析人员在主导着战略的形成，而不是企业家。数字技术的出现可以对企业家打开外部环境与内部资源和能力分析的"黑箱"，从而由企业家来主导战略形成过程。

一、企业家提供企业未来的愿景

战略管理是面向未来的，未来是不确定的，产业竞争分析、SWOT 分析、PEST 分析等战略分析框架的基础假设都是过去、现在和未来环境和条件是一样的，但这不是事实。每个企业的发展路径都不可能被重复，每个企业的发展都充满着不确定性，企业不可能通过过去和现在的经验来推断未来的发展，这也是战略的计划学派在 20 世纪 80 年代初陷入困境的重要原因。把战略形成建立在准确预测的基础上是不明智的，企业家才是应对不确定性的终极答案。当然，这并不是说企业家可以消除不确定性，而是说企业家是纳西姆·尼古拉斯·塔勒布所说的未来风险的风险共担者，是企业未来不确定性运作的现实入局者。企业家为企业提供愿景，同时现实承担未来的所有风险。而所有的战略咨询者只提供对未来不确定性的判断，并不共担风险，其所形成战略的有效性完全依赖于预测的准确性。因此，企业战略分析应该围绕着企业家的愿景而展开，并在战略的具体环节和运作上保持灵活多变。

企业家的愿景来源于其个人的认知能力，不论这种认知被看作是对客观世界的勾画和现实的反映，还是被看作是对世界的主观解释，企业总是在企业家对未来的描绘和追求与企业面临的内外环境、资源和能力之间不断地匹配中发展的。企业家认知与现实的匹配逻辑都隐藏于企业的现实发展路径当中，企业家的每次决策所形成的结果都体现在企业运作的数据中。在没有数字化之前，我们只能通过观察来探索企业家认知的逻辑，企业数字化之后可以随时对企业家的行为画像，构建企业家认知逻辑的数据模型，从而为企业家愿景与战略资源和战略环境的匹配搭建桥梁。

二、企业家主导外部环境与内部资源能力匹配

战略匹配是战略形成过程中重要的环节，企业必须选择合适的战略方法或战略组合，而且要随着环境的变化不断调整战略组合。商业环境中日益加剧的不确定性和动态变化使一些学者和商业领袖断言或暗示，竞争优势乃至更广泛意义上的战略已与现实脱节。针对所处的商业环境来制定与之相适应的战略凸显出前所未有的重要性（马丁·里维斯等，2016）。一个战略若想取得成功，必须是企业家的认知、行业环境、竞争环境、公司的最佳市场机会及公司运营环境的其他相关方面相匹配。只有企业家的认知和当前环境状况具有良好的外部匹配性，公司战略才能很好地发挥作用。数字技术加持下的企业家认知来源于企业家在企业内外环境中的行为画像，而非其心理机制的推演，这可以使同样基于大数据的企业战略宏观环境画像和产业竞争画像与企业家认知实现有效的匹配。企业战略的形成应该是在企业家认知、企业外部环境和企业内部资源能力三个变量之间的匹配过程，但由于之前战略管理实践中数据获取与处理能力的限制，使用传统方法难以实现对三个变量之间所形成的复杂关系进行研究，尤其是企业家认知数据的难以获取使战略管理学者们更多地从企业外部环境与内部资源能力匹配视角研究战略形成问题。战略必须根据公司的资源和竞争能力量身定制，并得到公司一系列互补的职能活动（如公司的供应链管理活动、运营、销售和营销等活动）的支持。也就是说，它还必须表现出内部

匹配性，与公司战略实施能力相一致。战略如果不能很好地与公司内外部的整体环境相匹配，那么将导致该战略的实施结果不佳或难以成功。好的战略也体现了动态的匹配性，它随着时间的推移不断演变，即使外部和内部环境发生变化，也能与公司环境密切一致。企业家参与动态战略匹配本质上是一个熊彼特式创新的体现，也是企业战略非环境和资源决定的重要变量，企业家参与战略匹配才能真正实现企业个性化的战略。

企业数字化转型正在成为未来发展趋势，更加完备和多维度的数据可被企业获取。企业数字化使企业战略的形成不是简单从众多方案中选择一个最优方案，而是全面描述未来可能情景下的众多最优选择，并给出这些最优选择的概率分布。企业家需要依据自己对未来的判断来做出战略选择或创造期权。数字技术驱动范式下的企业战略通过对企业外部环境、企业内部资源和能力、企业家认知和企业绩效的多维数据构建，用以描述企业未来所有可能战略选择的分布，辅助企业家认识企业战略不确定性规律，为企业在动态和不确定环境中制定有效战略提供支持，企业战略画像的实质是用数据完备性来应对动态性。

三、基于数字技术企业家主导战略形成

传统战略分析通常需要做的是战略环境与战略资源的匹配，往往忽略企业家认知在其中的作用，这主要是由于前述客观与主观、未来与过去之间存在需要通过数据去填充的沟壑。随着数字技术的发展，数据的获取和处理能力不断提升，逐渐改变着企业战略环境分析的方法，从而为基于数据驱动的企业家认知与战略环境之间的匹配成为可能。小阿瑟·A.汤普森等（2019）在《战略管理：概念与案例》一书中指出，一个制胜战略需要通过三项测试：一是匹配性测试，包括外部环境匹配、内部环境匹配和动态匹配，即一个战略若想取得成功，必须和行业环境、竞争环境、公司的最佳市场机会及公司运营环境的其他相关方面相匹配；二是竞争优势测试即战略是否适用于企业获得持久的竞争优势；三是绩效测试即战略是否为企业带来卓越的财务业绩和市场表现。匹配性决定着战略选择的质量，在战

略管理理论和实践发展的 60 多年历史中，前人创造了 SWOT 分析模型、BCG 矩阵、GE 矩阵、I–E 矩阵、大战略矩阵、SPACE 矩阵、QSPM 矩阵、PEST 分析等众多战略匹配工具。但这些工具和分析方法都以对内外环境预测的准确性为前提条件，战略存在必然的不确定性使通过了匹配性测试的战略既有最大的成功可能性，同时也具有最大的失败可能性（Raynor，2007），这便是迈克尔·雷纳所指出的战略悖论。从事战略管理的人都相信管理者是有能动作用的，可以积极主动地进行战略选择，而不只是在环境的各种约束中被动漂移（马浩，2019）。动态战略匹配不能只是外部环境和内部资源能力两个变量的互动过程，要应对战略的必然不确定性企业家行为的作用必不可少。

本章小结

本章探讨了随着企业数字化水平不断提升和数字技术的广泛使用企业战略形成的范式有可能被重构。传统战略形成模式主要是对企业外部环境与内部资源和能力的分析和匹配，企业家的创新作用难以体现。数字技术正在提升企业对外部环境的分析能力，并能以更加高效灵活的方式配置自身资源，提高动态能力。因此，如果传统的战略分析可以被算法化，那么企业家就可以主导战略形成过程，把自己的愿景加入战略形成当中。

参考文献

［1］Raynor，M. E. The Strategy Paradox：Why Committing to Success Leads to Failure（and What to Do about It）［Z］. Crown Business，2007.

［2］曹冬英，王少泉.数字时代治理"浪潮"中的日本数字政府治理：战略演进、问题与经验［J］.数字治理评论，2023，（00）：162-182+187-188.

［3］［加］亨利·明茨伯格，布鲁斯·阿尔斯特兰德，约瑟夫·兰佩尔.战略历程（原书第2版)［M］.魏江，译.北京：机械工业出版社有限公司，2020：139-163.

［4］胡微微，周环珠，曹堂哲.美国数字战略的演进与发展［J］.中国电子科学研究院学报，2022，17（1）：12-18.

［5］吕璐，陈翔.部分国家数字政府建设实践及对我国的启示［J］.中国统计，2022（3）：57-60.

［6］［美］马丁·里维斯，［挪］纳特·汉拿斯，［印］詹美贾亚·辛哈.战略的本质：复杂商业环境中的最优竞争战略［M］.北京：中信出版集团，2016：6.

［7］马浩.战略的悖论：拆解与整合［M］.北京：北京大学出版社，2019（7）：47-53.

［8］马文婷，付安之，梁雨.欧盟数字战略和数据立法概况及对我国数据制度建设的借鉴［J］.电子知识产权，2022（10）：38-48.

［9］聂清斌.新加坡数字政府的运行实践及启示［J/OL］.海南大学学报（人文社会科学版），1-10［2024-06-26］.https://doi.org/10.15886/j.cnki.hnus.202310.0082.

［10］［美］小阿瑟·A.汤普森，玛格丽特·A.彼得拉夫，约翰·E.甘布尔，A.j.斯特里克兰三世.战略管理：概念与案例（第21版)［M］.北京：机械工业出版社，2019.

［11］李瑞龙，刘琼.爱沙尼亚：从0到1的"数字国家"进化史［EB/OL］.腾讯研究院WeCity未来城市，2020-07.

第七章
基于数据画像技术的企业战略管理新范式建构

数字技术飞速发展开启了数字化生活的新篇章，把人们带入了大数据和人工智能时代。企业立足于大数据与人工智能技术，传统的管理正在变成基于数据和人工智能的管理，传统的决策范式正在变成基于数据分析和人工智能辅助的决策。

第一节 传统企业战略管理范式

管理理论与实践发展并不总是简单的知识积累过程，管理假设、对象、研究方式也会发生根本的变化，人们称为范式转换。管理范式转换就是用管理新的共识取代旧的共识过程。将范式理论应用于企业战略管理领域，就产生了企业战略管理范式（项国鹏，2001）。战略管理理论从发展的时间顺序上大体可以分为：战略规划学派（Strategic Planning School）、适应学习学派（Adaptive Learning School）、产业组织学派（Industrial Organization School）和资源基础学派（Resource-Based School）。这些学派都有着自己的理论范式（见表7-1）。

表 7-1　战略范式对比

范式类型	内涵	特征
战略规划学派的理论范式	战略规划学派认为战略是明确的、详细的、常规性的未来计划	①资源与机遇匹配 ②战略制定与实施分开 ③随环境变化而改变
适应学习学派的理论范式	企业应当是一个动态的、开放的、柔性的系统，企业与环境是互动的，战略具有动态性和对环境的应对性	①强调战略动态性 ②包括环境、资源和组织三方面的适应
产业组织学派的理论范式	企业的竞争战略必须将企业同其所处的环境相联系，行业是企业所处的最直接的环境，每个行业的结构又决定了企业竞争的范围	①核心是获得战略优势 ②只能选择三种通用竞争战略中的一种
资源基础学派的理论范式	企业拥有独特的资源与能力是获得持久竞争优势的源泉。当一个企业具有独特、不易复制、难以替代的资源时，它就比其他企业更具有竞争优势	①战略核心和资源 ②企业竞争力有比较优势 ③利用自身资源，保持长久优势

一、战略规划学派的理论范式

战略规划学派把战略看作是明确、详细和常规性的未来计划。该学派认为战略的制定应该是资源与机会的匹配。钱德勒等学者指出，对组织内部的资源、能力分析可以明确优势、劣势，研究外部环境的发展趋势可以发现机遇，战略的制定将资源与机遇匹配，进行战略构建、选择。战略规划学派将战略制定和战略实施看成两个独立的过程，战略制定是"分析性"的，企业可以拥有战略规划所需要的所有信息，战略实施是"管理性"的，企业需在全体员工的共同努力下来实施战略。钱德勒指出，企业的经营战略要与环境相匹配，企业的组织结构要随着企业的成长而改变。

战略规划学派奠定了战略管理理论的基本范围和框架，尽管随着适应学派、产业组织学派、资源基础学派的兴起，其不再是战略管理的主流范式，但其确定的基本原则和发展出的工具和方法依然具有重要的理论价值和应用价值。战略规划学派引导企业把战略作为一项重要的管理内容，使战略思想成功地渗透到管理层的意识中，众多企业成立了专门的战略规划部门，战略咨询业快速发展。战略规划学派确立了战略分析、战略形成、战略选择、战略评价和战略实施的战略计划和控制体系。

二、适应学习学派的理论范式

战略规划学派以未来可预测为假设，但企业未来环境是不确定的，现实中大量的战略计划耗资巨大但收效甚微（Mintzberg，1994）。由此，以环境不确定性为基础的"适应学习学派"应运而生。这一学派强调"战略的动态性"，即最合适的战略制定与决策过程要与不确定的环境相互匹配。

适应学派认为，企业应当是一个动态的、开放的、柔性的系统，企业与环境是互动的，战略具有动态性和对环境的应对性。在环境变化中战略存在偏差，组织应该搜寻各种不同的战略，进行选择、调整。战略的适应性应该包括环境、资源和组织三方面的适应。由于组织和环境的复杂性，有效战略来自一系列战略子系统，每个战略子系统应对特定的战略问题。战略实施应从小的举措开始，通过反复实验并在行动中感知战略与环境变化的匹配，当小的战略举措被证明是成功时，这种战略就会进一步推进。适应学派发展了战略与变化环境相适应的权变理论，提出战略是一个企业在环境中适应和学习演进的过程。

三、产业组织学派的理论范式

产业组织学派认为，产业结构决定了企业的战略位置，而企业的战略位置又决定了企业的组织结构。企业的竞争战略必须与其所处的环境紧密相连，而行业是企业所面临的最直接环境。每个行业的结构决定了企业竞争的范围，并进而影响其潜在的利润水平。产业组织学派认为企业战略的核心是获得竞争优势，而行业吸引力和企业在行业中的相对地位是获得竞争优势最重要的两个因素。因此，企业要获得竞争优势，首先必须选择有吸引力的行业；其次，在行业中争取"差异化"或者"低成本"的有利地位。产业组织学派指出企业只能选择"差异化""低成本""集中化"三种通用竞争战略中的一种，任何脚踏两只船的战略都将最终导致企业的失败。基于产业组织战略分析的重要内容和重点是产业资源、产业的集中、产品差异化、进入壁垒和规模经济等对市场结构的影响。产业组织学派把战略看成在行业中的定位过程，波士顿矩阵应用外部环境（市场成长率）和内部能力（相对市场份额）的组合可以把企业定位成四种通用战略，波特则通过竞争分析、价值链分析形成了三种通用战略的定位。总体上看产业组织学派与规划学派同时关注外部环境和内部能力不同，其更倾向于研究外部环境，尤其是产业和竞争对手，而相对忽视企业内部能力，其定位因素更多地来源产业分析。这种战略范式由于可以从一系列约束条件中选择某一确定的通用战略，使其在战略分析或咨询中得以广泛使用。

四、资源基础学派的理论范式

战略规划学派、适应学习学派和产业组织学派都基于企业外部环境和内部能力的匹配来界定战略，只是其各自的侧重点不同，但这三种战略管理范式都无法回答企业获取竞争优势的异质性问题。资源基础学派指出企业拥有独特的资源和能力是获得持久竞争优势的源泉。当一个企业具有独特、不易复制和难以替代的资源时，它就能比其他企业更具有竞争优势。该学派认为战略的核心是通过积累与配置无法模仿的资源来获得超额利润。企业是以自己的资源与其他企业竞争的，因此企业所具备的能力，应该是与竞争对手相比较有优势同时又是顾客所需要的。企业战略的核心就是如何有效地保护与利用这些资源，把自己的业务范围限定在自己的资源具有竞争优势的领域，不断地培养、维持自己的独特资源与能力，保持竞争优势的持久性。

第二节 数字经济背景下企业战略管理新范式

战略管理的传统范式主要解决了资源与环境的匹配问题，尽管企业家学派提出战略形成是一个构筑愿景的过程，但在实践中难以与其他学派结合来解决企业战略异质性的问题。企业家在战略管理中的作用一是应对未来的不确定性，二是实现企业创新。企业战略应该是企业家的战略，而不是环境和内部资源与能力的战略。因此，基于"企业家—资源—环境"三维视角的企业战略管理范式才能真正体现战略的本质。

一、三维视角战略管理新范式的提出背景

传统范式下的企业战略管理是基于"资源—环境"的二维视角，如传统战略管理范式下的行业预期和竞争预期是考虑企业所处环境的问题，企业战略资源与战略能力分析都是资源方面的问题。限于技术的原因，"资源—环境"二维视角下的企业战略管理范式较少体现企业家的关键作用，企业家的认知和愿景等较为抽象的能力无法量化处理，更无法被系统地整理和呈现。企业战略管理的研究更多是要发掘企业的独特性，成功的企业为什么会取得成功，它不同于其他企业的地方在哪里，这是企业战略管理研究的主要重大课题之一。而在"资源—环境"二维视角下企业战略管理范式研究主要在研究企业所处的环境问题和企业的资源问题，这大概率会使同一行业的不同企业的战略管理趋同。更加重要的是将"资源—环境"的二维视角的企业战略管理范式应用到中国情景下，国家战略等重要问题只是在环境预期分析中作为一个政策分支进行了分析，没能将中国国家战略和大政方针等重要问题提高到一个更高的认知维度。传统企业战略管理范式缺乏企业家的这个维度视角是因为在过去的技术条件下，研究企业家在企业战略管理当中的作用机制很难实现。企业家的作用机制是一个"黑箱"，无法解释和呈现，随着大数据技术的应用，企业家的作用机制和影响被数据呈现，使企业家、资源和环境三者的动态匹配成为现实。

二、企业家—资源—环境三维战略结构

战略在军事、政治和商业领域都可以被看作是一个明确目标、并为实现目标获取资源和方法的过程。企业战略在文献中有各种不同的定义，钱德勒把战略定义为确定企业的基本长期目标和任务，并选择相应的行动以及配置必要的资源实现目标。安索夫认为战略是针对环境变化而进行的企

业目标、业务范围及成长方向的规划。安德鲁斯把战略看作是企业管理层决定的目标、行动方针及其实施方案，这些内容决定了公司类型、业务领域及其增长和收益。大前研一将战略描述为顾客创造强于竞争对手的持久价值。波特指出战略是通过独特的定位和价值链活动组合来确立企业在行业中的竞争地位，是为了在竞争中获得独特优势而进行的一系列计划和决策。明茨伯格把战略综合为计划（Plan）、计谋（Ploy）、模式（Pattern）、位置（Position）和观念（Perspective）。这些定义都可以从资源和环境这一二维结构中得以诠释，无论是规划、定位和竞争优势都是基于外部环境和资源与企业内部资源和能力之间的匹配予以确立的，企业家在战略中的位置却经常被忽略。这主要是因为实践中的战略要么是企业家自我意识的体现，要么是战略决策机构基于外部环境和内部资源匹配的结果，两者一直难以被融合到一个框架当中。企业家的直觉认知来源于高度复杂和不确定性的实践活动，传统战略分析框架难以纳入，但随着数字技术的快速发展，基于企业家认知的多样性匹配成为可能，企业家需要深入参与到战略分析当中。

马浩观察到现实中的战略是在高度复杂和不确定的环境下制定并实施的，战略通常是基于特定意图的猜测和尝试，雷纳认为企业高层的关注重点应该从制定战略和执行战略转移到管理战略的不确定性，应对战略过程中的复杂性和不确定性是企业家发挥作用的领域。在三维战略分析框架中，企业家作用不仅是形成愿景，而是要嵌入到战略形成中，在战略形成中成为真正的主导者。企业家应用数字技术快速获取内外部信息，通过人工智能技术快速分析基于某种愿景和目标的外部环境和内部资源能力的匹配性，从而实现快速动态实时战略分析和选择（见图7-1）。

三、竞争环境下的企业战略管理新框架——基于"企业家"的三维视角

企业战略管理新的框架结构主要由四部分构成（见图7-2），分别是数据感知、战略画像、战略匹配和战略选择。通过企业战略管理基础数据中

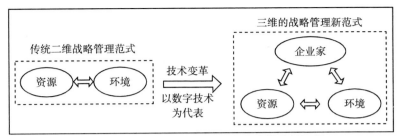

图 7-1 传统战略管理范式向新范式转变的逻辑

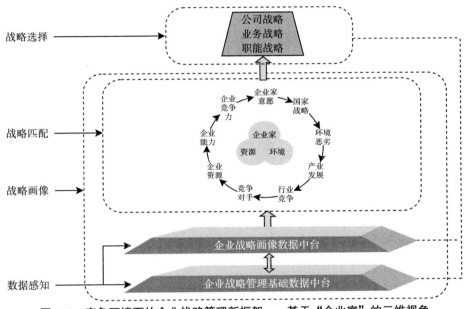

图 7-2 竞争环境下的企业战略管理新框架——基于"企业家"的三维视角

台和企业战略画像数据中台进行数据感知，对企业家及九个方面（国家战略、环境恶劣、产业发展、行业竞争、竞争对手、企业资源、企业能力、企业竞争力、企业家愿景）进行战略画像，九个方面的画像再与"企业家—资源—环境"三个维度视角进行战略匹配。在战略匹配完成后，对企业成长战略和竞争战略进行适应性选择，最终形成新公司战略、业务战略和职能战略。新战略形成并落地执行后又会成为下一轮战略画像的企业战略画像数据中台和企业战略管理基础数据中台的一部分，如此迭代，最终实现大数据画像技术以企业可持续性盈利为核心匹配形成企业战略管理新范式。随着战略画像进行的次数不断增多，对企业战略画像会更加精准，形成企业个体特有的战略画像，并最终实现企业战略的自适应性。战略画像技术及战略管理新范式会为企业提取当下最需要做的战略选择和举措，同时指出特殊的战略选择和举措。

在竞争环境下，基于"企业家—资源—环境"的三维视角竞争企业战略管理新框架的推演逻辑分为四步：

（1）数据感知。首先由企业战略管理基础数据中台和企业战略画像数据中台获取企业进行战略分析的基础数据和企业战略方面的相关数据，战略画像结束后形成新战略，新战略执行后又为数据感知的两大中台提供数据来源，如此迭代，数据感知在不断地对企业所涉领域进行感知。企业数据感知是一套连贯的、可操作的分析、概念、政策、目标、推理和步骤，旨在释放数据的价值，使组织能够在高风险的数字世界中高质量发展。针对特定企业对企业涉及的领域和数据分布规律，有针对性地进行相关数据感知，形成特定的画像数据产品，为企业战略选择提供数据来源。战略画像应该致力于帮助组织使用数据来做出更智能更快和更全面更好的决策，战略画像的数据感知必须明确地将企业战略管理基础数据与企业战略画像数据联系起来，数据感知的数据量越大，企业的战略清晰度越高。

（2）战略画像。战略画像是通过数据感知技术对企业家及国家战略、环境态势、产业发展、行业竞争、竞争对手、企业资源、企业能力、企业竞争力、企业家愿景九个方面的数据进行感知并画像，并相应地形成战略画像产品集。过去传统的战略管理范式对企业分析是依靠专家和分析师的人脑，运用一些定性或定量的工具和方法，经常用到的有 PEST 分析、SWOT 分析、五力模型、价值链分析、波士顿矩阵、GE 矩阵、内外部矩阵、战略地位与行动评价矩阵、大战略矩阵、市场成熟度/协同度矩阵、竞争态势矩阵等。传统的战略管理范式是依据战略管理形成的几大学派设定的理论框架进行几个层面和维度的分析，而战略画像技术最终要打破这种框架的约束，随着数据量的迭代和积累，会逐渐产生企业自适应性的战略，发现企业特有的战略资源和核心竞争力，形成更为差异化的战略选择。

（3）战略匹配。通过大数据画像技术进行企业数据感知和战略画像后，根据企业家自身特征，以企业可持续盈利为目标，以企业家画像为匹配的起点和核心，分别对国家战略、环境态势、产业发展、行业竞争、竞争对手、企业资源、企业能力、企业竞争力、企业家愿景等进行匹配形成企业成长战略与竞争战略的选择。即以企业家为中心，动态地对九大战略画像进行战略匹配，根据匹配的结果进行相应的战略选择。

（4）战略选择。战略选择是企业家决定战略行动路线的过程，是通过实现预期绩效得到的其在环境中的自主权。外部制度和商业环境的复杂性和不确定性要求企业的战略选择要有对于变化的敏感度，确保自身战略选择和外部环境的动态匹配。数据感知、战略画像和快速的战略匹配可以帮助企业实现动态的战略选择。

第三节　企业战略管理新范式的主要构成要素

企业战略管理新范式的构成要素主要包括企业家、数据要素、资源禀赋、动态能力、产业环境、国家战略、政策制度、社会文化等（见图7-3）。数字化是驱动新范式的关键因素，数据成为新型生产要素，将成为企业获取竞争优势的关键。国家战略是驱动新范式的重点因素，国家战略是筹划和运用国家总体力量，谋求国家生存和发展的总方略，是国家战略体系的最高层次，直接引导行业方向，对企业家决策产生重大影响。企业家是驱动新范式的核心因素，企业家是企业最根本的竞争力，其他因素通过企业家发挥作用。文化是驱动新范式的动力因素，文化会驱动新范式做出环境适应性，同时促进人对应用数字技术的积极性。

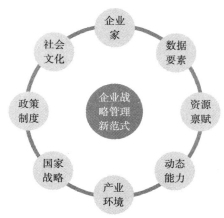

图 7-3　企业战略管理新范式的主要构成要素

一、企业家

在不确定性的环境中，企业家的首要职能是"决定做什么，以及如何去做"。企业家既是战略的制定者，又是战略的实施者。随着数字经济的发展，消费者需求的快速变化，企业家要及时调整企业生产行为，提供更加优质的个性化产品，通过创新驱动企业发展。数字时代万物互联，不确定性、非线性增长、系统重构等成为时代的新趋势和特征。在这个时代，资源的配置和价值创造方式，经济和社会发展的驱动力都在发生根本性的变化。企业的生存环境与发展逻辑都发生了巨大的变化，因此，要求企业对其战略及时进行调整。而企业家是企业的灵魂和统帅，是企业战略管理的核心主体，其战略管理作用发挥的好坏直接决定了企业的成败。企业家要适应这些变化，洞察和认知变化的趋势和深层逻辑，建立全新的思维方式，提升思维层级，从不确定性变化中找到确定性的新战略，从而赢得发展的优势。

高阶理论认为企业家是企业的灵魂和统帅，是企业战略方向的决定者，有能力组合、重新配置组织资源以创造价值。当前我国企业正处于经济和社会发展的转型时期，面临着众多非结构化的问题，这是企业难以通过简单模仿外部组织或沿袭旧方法来解决的，而是需要企业家结合他对环境的认知以及个人判断予以决策。企业家认知在组织能力的演变过程中占主导地位，会影响企业能力的开发及整个战略决策过程。企业家的认知通过"信息搜寻—解释—应用"的作用路径对企业战略决策产生作用影响。企业家的认知柔性不断关注外部环境的实时变化情况掌握外部环境变化的关键信息，进而推动企业对外部环境变化的动态匹配和适应程度，更好地制定动态环境下的战略决策；认知复杂性使企业家对自身所处的内外环境的各类核心概念都能进行注意力的合理配置，并拥有多样化且联系紧密的核心概念。认知复杂性能够使企业家更好地把握和识别企业发展的机遇和挑战，并根据内外部环境，适时做出战略变革行为。

随着产品的数字化和分层模块化架构的出现，企业面临着新的竞争动态。无线和互联网技术的融合推动了行业间的巨大融合，这就使得企业从单个产品和流程的创新转变到生态系统内的创新。在这个新环境中，数字技术是战略制定的一个组成部分。因此，企业家必须设想新的数字战略框架，以确定新的价值创造来源并获取竞争优势。首先，产品的数字化模糊了产品和行业的界限。因此，当企业处于一个稳定的行业和拥有固定且有界的产品时，将会限制数字技术在企业的应用。因此，企业需要新的理论框架来制定竞争战略，并设想信息技术在战略中的角色，以此开发动态的数字化产品获取竞争优势（Yoo et al.，2010）。其次，在数字产品平台中，企业需要确定开放哪些资源，如何识别和控制具有战略重要性的资源，因此，这种数字产品的特性促进企业思考应如何从战略上控制其数字产品平台，并建立竞争优势和战略柔性。同时，企业还应仔细设计其数字产品，以保证当前的决策不会限制其未来的数字化产品的战略选择。

随着全球竞争的日益激烈，消费者需求的不断变化，科学技术的迅猛发展，企业所处的环境不再是稳定和可预测的，而是复杂动态的。复杂动态环境中的战略，首先是通过企业家头脑中的思维而存在的。企业家的战略思维是战略的基本雏形，战略思维的冲突是战略变革的基本源泉。企业家作为企业的主导者，是企业成长的原动力，是企业发展的最根本竞争力，通过把握机遇、识别创新风险、优化资源配置来实现企业创新。

二、数据要素

数字技术和人工智能正在深刻改变着企业战略形成和选择方式，通过实时监控市场动态和企业内部运营状况，并从大量数据中提取有价值信息，企业家可以更好地参与到战略分析当中。Teece（2018）指出数字技术具有持续改进和赋能互补品创新的特征，其发展和应用将对企业创新创业和战略产生巨大影响。数字技术的作用对象正在从内部管理的协同走向产业生态的协同，即从企业内部管理协同走向更大范围的产业链多主体协同。这时企业战略就不只是考虑自身，更要从产业生态的视角来进行战略分析。

数字技术作为信息技术的高阶迭代，正逐步成为全球企业创新发展的新角逐点。凭借嵌入式数字功能，产品能够提供新颖的功能和高性价比，从而改变了产品的设计、分销和使用（Yoo et al.，2010）。苹果公司的iPhone和亚马逊的Kindle的标志性成功，说明了老牌产品数字化如何引发产业结构和竞争格局的深刻变化，模糊了行业边界，创造了新的机遇。诚然，数字化产业发展前景明朗，但企业向数字化转型的进程却非一帆风顺。全球企业的数字化转型实践都亟须具备现实洞察力和战略导向的系统性理论框架来指导（Agrawal et al.，2018）。而作为企业发展与定位的核心指导思想，战略管理理论应当是考察与研究的重点，在数字化成为无可逆转的趋势背景之下，战略管理理论能否指导企业实践关乎一个企业乃至整个产业的兴衰存亡（陈冬梅等，2020）。

数字化连接打破了组织内部和外部的边界，为跨界经营创造了机遇，企业不得不面临来自不同领域的颠覆式创新和替代式竞争。因此，面对数字化革命带来的历史机遇和重大挑战，特别是面对全新复杂的竞争环境，为保持基业长青，企业的战略目标、治理结构、内部管理应作出适应性调整。在数字经济背景下，基于交叉网络外部效应的作用，用户价值主导和替代式竞争成为驱动企业管理变革的两个根本力量。面对经济世界的"百年未有之大变局"，企业制定数字化转型战略，智能化升级已经成为所有企业战略方向上的不二选择（戚聿东和肖旭，2020）。

随着产品的数字化和分层模块化架构的出现，企业面临着新的竞争动态。无线和互联网技术的融合推动了行业间的巨大融合，这就使企业从单个产品和流程的创新转变到生态系统内的创新。在这个新环境中，数字技术是战略制定的一个组成部分。因此，我们必须设想新的数字战略框架，以确定新的价值创造来源并获取竞争优势。

实际上，企业数字化转型正成为企业在逆境中谋求突破的首要战略任务，通过数字技术优化和重组企业原有的生产要素，构筑新的生产函数，助推企业实现技术创新和商业模式转型（张国胜和杜鹏飞，2022）。与传统经济模式相比，数字经济背景下的数字化转型变革是数字科技与企业战略的深度融合，通过学习、融通、创新与协作等机制，在提升信息传输效率和质量、降低数据处理和交易成本、匹配公司经营战略和精确配置资源等方面具有独特优势（陈晓红等，2022），数字化转型升级成功的企业能够有效提升自身的技术创新能力、价值创造能力和风险抵御能力（陈剑等，2020）。然而，并非所有企业的数字化转型均能推动企业的高质量发展，对转型环境和自身禀赋认识不清而强行进行数字化转型，则会适得其反。组织柔性和敏捷能力与数字化转型的技术架构先进性存在一定程度的匹配时滞，数字化转型带来的收益会被其衍生的管理成本抵减，使数字科技驱动效益有限（戚聿东和肖旭，2020）；且数字化转型变革具有典型的长期性及不确定性等特点，也让企业数字化转型的隐性成本高企。

三、资源禀赋

对于所有企业而言，企业的一切活动，包括对核心能力的构建、企业竞争优势的建立都必须围绕企业的资源禀赋来进行。然而，随着我们进入了数字时代，传统基本生产要素配置趋向均衡，要素增量接近瓶颈，生产力的进一步发展要求转换经济发展的新动能。数据作为一种新型生产要素，被视为新兴战略资源，与土地、劳动力、资本等在经济运行中享有同等重要的制度地位，也成为调控其他生产要素的重要媒介。

互联网的普及使得信息传递的载体变为"比特"，人工智能、区块链、云计算、大数据等技术则将"比特"信息进一步数字化为数据。数据作为一种新的生产要素，赋予了数字经济发展更大的活力，通过加快信息交互等途径强化了知识的外溢性。数据要素为数字经济有效提升创新主体创新效率提供了可能。主要体现在以下五个方面：①数字技术的发展提供了便捷的信息交流平台，在降低企业外部信息搜寻成本的同时，也加速了知识在企业内部的传播，从而提升了企业将知识转化为创新成果的效率。②立足于互联网平台的数字经济通过激发消费者对于产品多样化的需求，推动了产品供需双方的双向交流（郭家堂和骆品亮，2016）。企业根据消费者需求及时变更产品方案以把握商机、提升研发效率都具有重要的推动作用。③以互联网、云计算、大数据等新兴技术为载体的数字经济发展，激励着企业在生产环节更加高效地使用数字化的智能装备，同时还为市场上的信息匹配问题提供了优化路径（荆文君和孙宝文，2019），从而能够给企业带来更高的创新经济效益。④数字经济的社会互动效应和信息渠道效应为企业创新活动决策提供了信息交互的基础和来源，能够进一步推动区域内企业的创新创业活动，并对周边地区形成示范效应，释放创新的外溢红利。⑤数据的流动还能够带动技术、资本、人才向利用效率更高的领域集中，纠正资源错配。总的来说，数据穿透在推进信息孤岛的互联互通的基础上，还为产业内企业间与企业组织内部加强协作、促进知识扩散、优化要素配置创造了有利条件。

同时，在知识经济时代，知识是企业创造和维持竞争优势最重要的战略性资源。相对于有形的物质资源（如原材料、机器等）较为容易地通过市场交易行为得到，且这些非知识资源离开了拥有知识的人的有意识、有目的地寻找"经济租金"的活动是不能产生任何生产力的。而知识更具稀缺性和难以模仿性，尤其是隐性知识更是难以交易和模仿。企业知识体系的不断新陈代谢保证了企业核心竞争力的先进性、有效性和持久性（刘冀生和吴金希，2002）。因此，知识是知识经济时代企业资源的核心，知识和知识管理是企业蓬勃发展的核心能力，是企业核心竞争力的逻辑归宿和源泉。

在工业时代，获取和控制有价值的、稀缺的、难以模仿的和不可替代的资源是获取竞争优势的重要方式（Barney，1991）。然而，数字经济时代，资源属性的变化也为企业获取竞争优势创造了新途径。生产成本的迅速下降、大规模且无限量供给以及应用前景的普及型特点使得数据成为数字经济时代的典型关键生产要素。大数据成为企业通过数字化转型建立可持续竞争优势和挖掘潜在机会的重要引擎（焦豪等，2021）。

四、动态能力

企业作为数字化转型的载体，运用数字化技术重塑战略、流程、组织和模式的全过程。企业推进数字化转型的核心，是通过构建数据处理与运用的能力，形成全新的价值创造体系，进而形成强大的市场拓展与控制能力。

数字化转型不是简单的技术突变，而是信息化到数字化的渐变过程。企业数字化战略更强调数字技术对企业经营管理模式的再造与数字生态系统的构建。通过数字化改造提升企业对数据处理与运用能力，进而实现降本增效、增强企业与市场及客户关联的战略目的。确保数字技术应用与组织目标一致，通过领导力实现战略整合，以在企业战略和数字技术间建立有效一致性。在实施数字化转型战略过程中，企业还应设计数字化转型治理过程，通过采用专用结构、专用流程和专用关系机制来管理数字创新。

动态能力在企业数字化战略过程中扮演着重要的角色。主要体现在以下三个方面：①动态能力影响着企业家对变革方向的识别与变革时机的把握。在数字时代，数据驱动改变了动态能力的决策基础和决策方式，进而影响了动态能力的作用机制。一方面，企业决策基础从企业经营积累的有限信息和经验转变为海量数据资源和信息，企业家拥有几乎无限量的详细信息可供使用。另一方面，企业决策方式从依靠企业家经验和认知的模糊决策转变为大数据辅助经验的科学决策。②动态能力决定着企业数字化战略的顺利形成。数字化战略的形成要求企业摒弃原有的战略逻辑与框架，转变心智模式与战略理念，通过动态能力，企业能够有效地学习战略变革所需的相关知识和能力，从而为数字化战略的顺利实施奠定基础。③动态能力促进了企业战略变革的推进与实施。因为企业战略变革的推进需要企业具备相应的资源与能力支撑，这需要企业对已有资源和能力进行整合与重构。同时，动态能力还能够促进企业业务转型、商业模式创新、组织文化变革等。因此，动态能力为企业顺利实施战略提供了保障。

数字业务战略跨越传统职能与流程，战略与资源间的不协调会产生张力，这个过程需要跨越多个组织流程，同时开发、重新配置资源。动态能力通过机会感知能力、机会把控能力、变革重构能力等推动企业持续建立和更新资源与资产，以快速响应外界市场环境的变化（Teece，2007）。为企业整合技术，实现业务流程改进与优化，提高运营效率和增强客户体验、创建新的商业模式等业务创新活动提供思路。战略转型过程中不仅要求与企业外部环境要求相一致，还需要充分分析企业内部自身能力，长期推动企业内部与战略发展需求相匹配。

五、产业环境

企业所处的外部环境瞬息万变，是导致企业战略发生变革的主要因素，而产业环境是所有外部环境中最重要的。朱亚东（2013）指出，产业结构的不稳定、竞争构成要素的变化、市场竞争结构的均衡性等影响产业环境的波动性。对产业环境的分析主要从产业竞争、产业价值链、产业生命周期三个方面进行。

从迈克尔·波特（1989）对产业结构的"五力"分析模型来看，企业所处的产业竞争环境包括产业内现有厂商间竞争、供应商讨价还价能力、购买者讨价还价能力、潜在新进入者威胁、替代品威胁。这五种竞争力量决定了产业内的竞争状况和强度，它们的相互作用和综合作用决定了企业的最终获利能力。管理者可根据分析结果，制定出有效的战略尽可能地摆脱或影响这五种竞争力量，使其朝着有利于企业的方向发展。

产业价值链理论是由企业价值链理论演化而来的，后来又扩展为产业价值系统理论。产业价值链是把企业整体运作模式与产业活动联系起来

（杜义飞和李仕明，2004）。构成产业价值链的各个组成部分是一个有机的整体，相互联动、相互制约、相互依存，每个环节都是由大量的同类企业构成，上游产业（环节）和下游产业（环节）之间存在着大量的信息、物质、资金方面的交换关系，产业价值链是一个价值递增过程，但是在每个环节的增值幅度是不同的，存在高增值环节。同时产业价值链之间相互交织，往往呈现出多层次的网络结构。在新的竞争环境下，产业中的竞争不仅表现为单个企业之间的竞争，还表现为一条产业链同另一条产业链的竞争，一个企业集群同另一个企业集群之间的竞争。在价值链中获得有利的位置、控制价值链的高价值环节、价值各环节的协同等成为企业战略制定的关键，也是提高产业和企业竞争力的重要手段。

　　产业生命周期是一种模型化的归纳，能够帮助企业识别影响企业发展演变的动态因素。在现实中，由于技术、社会、经济等因素不同，生命周期未必会按上述模式发展，不同产业的每个阶段的时间长度不同。因此，在当今时代确定产业处于哪个阶段具有困难性，识别不当将带来战略上的失误。需要明确的是，不是所有的产业都有完整的生命周期阶段，有时产业跳过某个阶段直接进入下一阶段；产业生命周期呈现缩短的趋势；产业生命周期曲线的形状更为平缓与漫长。在有些产业，企业可通过产品创新来扩大其用途，从而影响和延长寿命周期，特别是延长成熟期。产业生命周期各阶段的持续时间随产业的不同而有很大差别。在不同国度甚至同一国度不同企业，各产业所处阶段也不相同，有时一个产业究竟处于哪个阶段也不是很清楚，这就削弱了产业寿命周期理论的作用。

　　数字技术的出现打破了产业间的边界，通过技术手段可以实现产业间的技术融合，基于企业平台化而建立的新业态使得传统企业在生产、销售、研发、供应链等方面不断协同发展，彼此取长补短，不断革新传统的产业组织形态，优化以往的生产合作及经营服务方式，推进不同产业间的深度融合，使企业的战略制定不再仅是企业范围内的发展问题，而是融合了产业间的发展动向以及与其他组织的协同发展问题。

六、国家战略

国家战略是为维护国家利益、实现国家目标而综合开发、合理配置和有效运用国家力量的总体方略，是一个国家在政治、经济、社会、军事、科技等多个领域的总体发展规划和优先事项。国家战略的制定与实施对企业战略形成有多方面的影响和作用。第一，政府通常会为支持特定行业或技术发展推出相应的政策和激励措施，或者在环境保护、劳动保护、市场准入等方面进行一系列的规制，从而影响企业战略的制定。第二，国家财政政策、货币政策和贸易政策直接影响市场供需、资本成本和企业竞争格局，从而影响企业的市场进入、扩张和投资决策。第三，国家在科技创新方面的战略和投资与知识产权保护政策都可以推动企业在技术和产品创新方面的战略布局。第四，国家对外政策以及地缘政治战略和国家安全战略都直接影响企业的国际化战略，以及在特定地区的运营和投资选择。第五，国家的区域发展战略和地方政府的支持政策会影响企业的区域扩张战略。第六，国家对社会责任和可持续发展的重视，促使企业在制定战略时要考虑环境保护和社会公益等因素。第七，国家战略中的产业升级、转型和重点产业扶持等产业政策可以引导企业的战略方向，企业需要依据国家产业政策调整自己的战略方向。总之，国家战略为企业提供了宏观的指导和支持，同时也通过政策和法规设定了企业运作的底线，企业在制定战略时需要充分考虑国家战略，顺应国家发展方向。

七、政策制度

改革开放以来，中国经济制度不断演进和发展。国内学者多把制度环境细分为市场化水平、金融中介发展水平、法律产权保护完善程度、政府服务水平等维度。政府的政策和制度在企业战略形成和选择过程中有着重要的引导作用，直接或间接地影响企业的经营环境，从而影响企业战略选择。一个国家市场机制的成熟程度反映了市场在资源配置中的主导作用，对企业战略选择有着重要影响，包括市场进入战略、竞争战略、资源获取和分配、创新和技术发展、国际化等战略。国家的金融中介发展水平显著影响企业的融资能力、风险管理、资本结构优化、并购重组和国际化战略等领域，企业在制定战略时需充分考虑金融中介环境，依据其所在区域发展水平和提供的服务来优化财务规划和运营策略。国家的法律产权保护水平直接影响企业的投资决策、技术创新、市场竞争、内部治理、国际化战略、并购重组、财务管理及人才管理等方面。在产权保护水平高的国家，企业能够获得更大的投资安全和创新动力，制定和实施更加积极和长远的战略，进而推动企业的可持续发展和竞争优势提升。反之，如果产权保护薄弱，企业策略将更多集中在防范法律风险和保护自身权益，可能限制其积极发展和创新潜力。企业在不同法律产权保护环境中需因地制宜，调整策略以适应和利用环境优势。总之，政府的政策制度会从多角度影响企业战略的形成，企业在制定战略时必须考虑制度环境的作用。

八、社会文化

社会文化决定着一个社会或组织的观察、认知、思考和行动模式，这种潜移默化的影响自然会在组织管理和运作中体现出来，从而最终影响到企业战略的制定。文化对企业战略发展的影响主要体现在其三个基本功能上：导向功能、协调功能和激励功能。文化的导向功能指的是共同接受的价值观引导企业员工，尤其是战略管理者，自觉地选择符合企业长期利益的决策。在决策的组织实施过程中，员工会自觉地表现出符合企业利益的日常行为。文化的协调功能意味着在相同价值观和行为准则的引导下，企业各层次和部门的员工所选择的行为不仅符合企业的长期或短期利益，而且是相互协调的。这种协调性确保了企业整体运作的和谐和高效。文化的激励功能体现在员工在日常经营活动中，自觉地根据企业文化所倡导的价值观念和行为准则调整自己的行为。这种自我调整源于对企业文化的认同和内化，从而激发员工的积极性和创造力。文化通过导向、协调和激励三大功能，深刻影响着企业的战略制定和执行，确保企业在实现长期目标的过程中保持一致性和高效性。文化的导向功能、激励功能与协调功能影响着企业员工、特别是影响着企业高层管理者的行为选择，从而影响着企业战略调整方向的选择及其组织实施（陈传明，2002）。正是由于这种影响，与企业战略制定或调整和组织实施过程中需要采用的其他工具相比，文化的作用的实现不仅是高效率的，而且可能是成本最低的、持续效果最长的。从这个意义上说，文化是企业战略管理的最为经济的有效手段。

本章小结

随着科学技术的快速发展，信息技术的应用更为广泛，使传统的市场经济环境发生了翻天覆地的变化。市场信息的快速传播、消费者需求的快速变化使企业传统的战略与管理方式受到了严峻的挑战。在当前的环境中，现有战略管理范式已不能完全保证企业获取竞争优势。通过企业战略管理数据中台进行数据感知，大数据技术对企业家画像、企业画像与产业画像的分析，使得企业家、竞争者、政府及消费者等都对企业及内外部环境有更为清晰的认知，企业家通过画像技术挖掘出企业大量的隐藏知识，进行企业战略分析并结合企业家与行业特征做出动态、柔性的企业战略，最终匹配选择以可持续性盈利为目标的企业战略。

参考文献

［1］Agrawal，A.，Gans，J.，Goldfarb，A. Prediction Machines：The Simple Economics of Artificial Intelligence ［M］. Harvard Business Press，2018.

［2］Barney，J. Firm Resources and Sustained Competitive Advantage ［J］. Journal of Management，1991，17（1）：99-120.

［3］Mintzberg，H. The Rise and Fall of Strategic Planning［M］. New York：Free Press，1994：108.

［4］Teece，David J. Explicating Dynamic Capabilities：The Nature and Micro Foundations of（Sustainable）Enterprise Performance［J］. Strategic Management Journal，2007，28（13）：1319-1350.

［5］Teece，David J. Profiting from Innovation in the Digital Economy：Enabling Technologies，Standards，and Lieensing Models in the Wireless World［J］. Research Policy，2018，47（8）：1367-1387.

［6］Yoo，Y. Computing in Everyday Life：A Call for Research on Experiential Computing［J］. MIS Quart，2010，34（2）：213-231.

［7］Yoo，Y.，Henfridsson O. Lyytinen K. Research Commentary-The New Organizing Logic of Digital Innovation：An Agenda for Information Systems Research［J］. Information Systems Research，2010，21（4）：724-735.

［8］陈传明. 企业战略调整的路径依赖特征及其超越［J］. 管理世界，2002（6）：94-101.

［9］陈冬梅，王俐珍，陈安霓. 数字化与战略管理理论——回顾、挑战与展望［J］. 管理世界，2020，36（5）：220-236.

［10］陈剑，黄朔，刘运辉. 从赋能到使能——数字化环境下的企业运营管理［J］. 管理世界，2020，36（2）：117-128+222.

［11］陈凯华，冯泽，孙茜. 创新大数据、创新治理效能和数字化转型［J］. 研究与发展管理，2020，32（6）：1-12.

［12］陈晓红，李杨扬，宋丽洁，汪阳洁. 数字经济理论体系与研究展望［J］. 管理世界，2022，38（2）：208-224+13-16.

［13］杜义飞，李仕明. 产业价值链：价值战略的创新形式［J］. 科学学研究，2004（5）：552-556.

［14］郭家堂，骆品亮. 互联网对中国全要素生产率有促进作用吗？［J］. 管理世界，2016（10）：34-49.

［15］焦豪，杨季枫，应瑛. 动态能力研究述评及开展中国情境化研究的建议［J］. 管理世界，2021：191-210.

［16］荆文君，孙宝文. 数字经济促进经济高质量发展：一个理论分析框架［J］. 经

济学家，2019（2）：66-73.

[17] 刘冀生，吴金希. 论基于知识的企业核心竞争力与企业知识链管理［J］. 清华大学学报（哲学社会科学版），2002（1）：68-72.

[18] ［美］迈克尔·波特. 竞争战略［M］. 北京：中国财政经济出版社，1989.

[19] 戚聿东，肖旭. 数字经济时代的企业管理变革［J］. 管理世界，2020，36（6）：135-152+250.

[20] 项国鹏. 企业战略管理范式的转型［J］. 经济管理，2001（16）：8.

[21] 余东华，李云汉. 数字经济时代的产业组织创新——以数字技术驱动的产业链群生态体系为例［J］. 改革，2021（7）：24-43.

[22] 张国胜，杜鹏飞. 数字化转型对我国企业技术创新的影响：增量还是提质？［J］. 经济管理，2022，44（6）：82-96.

[23] 朱亚东. 产业战略与企业战略关系研究［D］. 河北工业大学，2014：14.

第八章
中国企业战略管理新模式的构建

　　党的二十大报告明确指出，过去十年来，我们经受住了来自政治、经济、自然界等各方面的风险挑战考验，党和国家事业取得历史性成就、发生历史性变革，推动我国迈上了全面建设社会主义现代化国家新征程；提出并贯彻新发展理念，着力推进高质量发展，推动构建新发展格局，实施供给侧结构性改革，驱使我国经济实力实现历史性跃升。从现在起，全面建成社会主义现代化强国、实现第二个百年奋斗目标，以中国式现代化全面推进中华民族伟大复兴，已经成为新时代坚持和发展中国特色社会主义的总任务；高质量发展是全面建设社会主义现代化国家的首要任务。随着新一代科技革命和产业革命的迅猛发展，推进数字经济战略已成为我国立足新发展阶段、贯彻新发展理念、构建新发展格局、推动高质量发展的必然趋向；实现数字化转型是推进我国企业高质量发展和迈向世界一流的必由之路；推动战略管理数字化已成为新时代我国企业数字化转型的必然要求；构建具有中国特色和适合中国情景的企业战略管理新模式已成为我国企业数字化转型的基础前提。鉴于此，本章主要依据第七章提出的竞争市场环境下企业战略管理新范式，立足新时代中国式现代化、高质量发展和数字化转型等现实情景，提出构建具有中国特色和适合中国情景的中国企业战略管理新模式，以期为我国企业数字化转型、高质量发展和迈向世界一流提供适用可行的战略依据。

第一节　中国企业战略管理新模式提出的现实情境

　　党的十八大以来，中国特色社会主义进入新时代。党的十九大对实现第二个百年奋斗目标作出分两个阶段推进的战略安排，提出到 2035 年基本实现社会主义现代化，到 21 世纪中叶把我国建成富强民主文明和谐美丽的社会主义现代化强国。党的二十大对全面建成社会主义现代化强国两步走战略安排进行宏观展望，对全面建设社会主义现代化国家、全面推进中华民族伟大复兴进行了战略谋划。在以中国式现代化全面推进社会主义现代化国家建设的新征程上，基于市场竞争环境下的企业战略管理新范式，中国企业战略管理新模式提出的现实情景主要凸显在中国式现代化、经济高质量发展、数字经济发展、企业数字化转型与弘扬企业家精神五方面，如图 8-1 所示。

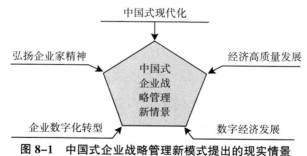

图 8-1　中国式企业战略管理新模式提出的现实情景

一、中国式现代化

（一）中国式现代化的提出与演进

　　中国式现代化是从新中国建设尤其是党的十八大以来的实践中发展而来并锚定了未来推动中华民族伟大复兴的实践指向（刘文勇，2022）。党的七届二中全会提出"中国由农业国转变为工业国、由新民主主义社会发展到社会主义社会的发展方向",明确了新中国发展道路的战略方向。在1954年第一届全国人民代表大会第一次会议上,《政府工作报告》首次提出关于工业、农业、交通运输业与国防现代化建设的目标,1956年党的八大将"四个现代化"写入党章,中国的现代化建设具有了明确的内容,成为全党为之努力奋斗的目标。1963年周恩来在上海科学技术工作会议上提出"农业现代化、工业现代化、国防现代化、科学技术现代化",并在1964年全国人民代表大会上所作的《政府工作报告》中,提出将建立独立的比较完整的工业体系和国民经济体系作为第一步实现目标,这不仅实现了中国现代化建设内容的动态调整,也完成了从内容到步骤的首次细化。1982年党的十二大报告在沿用之前的"四个现代化"建设内容的同时,提出了"高度文明、高度民主"的社会主义现代化特征;1987年党的十三大报告将"富强"增列为特征,并将社会主义现代化建设目标分解为经济、政治与文化建设,提出了"三步走"战略;1997年党的十五大报告围绕"三步走"中"第三步"的实现,将其进一步具体化为三个阶段,即21世纪第一个10年、第二个10年直至21世纪中叶,其中第二个阶段与第三个阶段对应的正是"两个百年"的奋斗目标。2004年党的十六届四中全会正式提出"构建社会主义和谐社会",进一步丰富了中国式现代化特征。

依据中国的现实发展,2017年党的十九大针对第二个百年奋斗目标的实现阶段,将其划分为"2035"与"2050"新的"两步走"阶段,将"美丽"作为中国式现代化特征之一,丰富和完善了社会主义现代化强国的五大特征。2021年在庆祝中国共产党成立100周年大会上,习近平总书记将中国共产党人领导的"走自己的路"凝练为中国式现代化新道路,从新发展理念与"五位一体"总体布局到"四个全面"战略布局,这是在坚持"两个结合"与实现"四个自信"基础上开创的人类文明新形态。2022年党的二十大报告明确指出:从现在起,中国共产党的中心任务就是团结带领全国各族人民全面建成社会主义现代化强国、实现第二个百年奋斗目标,以中国式现代化全面推进中华民族伟大复兴。由此可见,中国式现代化经历由理念到目标、步骤、特征的逐渐完善与丰富的过程,是党的五代领导集体承前启后、探索创新下由历史的实践中总结而来而且能够在未来实践中加以检验的发展模式。全面建设社会主义现代化国家，以中国式现代化推进中华民族伟大复兴，已经成为新时代坚持和发展中国特色社会主义的总任务。

（二）中国式现代化的内涵特征与战略要求

中国式现代化，是中国共产党领导的社会主义现代化，既有各国现代化的共同特征，更有基于自己国情的中国特色。该报告凝练了中国式现代化的"人口规模巨大、全体人民共同富裕、物质和精神文明协调、人与自然和谐、走和平发展道路"五个特色，提出了"坚持中国共产党领导，坚持中国特色社会主义，实现高质量发展，发展全过程人民民主，丰富人民精神世界，实现全体人民共同富裕，促进人与自然和谐共生，推动构建人类命运共同体，创造人类文明新形态"的本质要求，明确了"坚持和加强党的全面领导，坚持中国特色社会主义道路，坚持以人民为中心的发展思想，坚持深化改革开放，坚持发扬斗争精神"的五个重大原则，以及将"高质量发展"作为首要任务，将"教育、科技、人才"作为基础性与战略性支撑等。在以中国式现代化全面推进中华民族伟大复兴的新征程中，高质量发展是全面建设社会主义现代化国家的首要任务、是中国式现代化的本质要求之一。成功推进和拓展中国式现代化，必须坚持把发展经济的着力点放在经济上，推进经济高质量发展。党的二十大报告提出的中国特色现代企业制度，是社会主义市场经济体制的企业微观制度基础之一，既坚持了中国共产党领导这个中国最大最现实的国情，又坚持了建立现代企业制度这个市场化改革方向，是中国式现代化的企业微观制度基础之一，必将驱使中国企业管理趋向现代化发展。实现中国企业管理现代化，我国企业必须坚持加快提升现代化战略管理能力和水平，在吸收西方先进战略管理模式的基础上，充分发挥中华文明的整体观、系统观优势，以卓越的战略引领能力、以人为本的现代化战略管理模式，不断积累、全面创新，持续深入推进企业战略管理的中国式现代化（陈劲，2022）。

（三）企业视角下的中国式现代化的内涵外延与战略要求

中国的企业和企业家在新的时代命题下，必须深刻领悟中国式现代化的内涵和外延，理解中国式现代化的新要求，让企业的发展与社会和时代的发展保持方向一致、节奏同频。党的二十大报告强调，以中国式现代化全面推进中华民族伟大复兴。宏大的叙事需要微观行动的支撑，作为现代经济的微观主体，企业需要站在自下而上的视角，来理解这个国家高层的宏伟顶层设计。即中国式现代化是统筹全局的一盘大棋，对于每个企业来说，则要站在所在行业结构、商业环境、经营特征、独特竞争力等具体条件下，深刻理解中国式现代化的要义，并将宏观远景转化为具体行动。这是中国式现代化大进程下中国企业及企业家的基本出发点。中国式现代化道路的每一个节点，都伴随着企业现代化的组织变迁。中国的企业和企业家必须将自身置于国家和社会进步的大洪流中，构建基于自身时空条件和禀赋结构的现代化道路。

从企业的角度，要做到全面把握中国式现代化的内涵和外延，至少要深刻理解以下三点：

（1）从空间上理解中国式现代化的规模性和复杂性。中国是一个超级大国，人类历史上第一次在一个如此大规模的传统社会和农业国家，开启"外生"的现代化进程。站在企业发展与创新的角度，要理解中国经济的超级规模效应，在企业经营的基本原理的基础上找到符合中国企业独特条件的企业现代化之路。中国式现代化是在大国经济上的现代化，具有超级规模经济优势，但同时也具有更高的复杂性和不确定性。规模意味着具有足够的要素供给、市场需求，具有充分的经济韧性和回旋余地，具有更加完整的产业链、供应链，企业发展更具有"杠杆"效应。但同时，这么一个发展中经济体，一个快速转型的社会，在大规模经济体内部又有超级复杂的结构性矛盾，有巨大的不确定性，对企业与时俱进创新和变革经营管理模式的要求也更高。中国企业必须正视这些优势、矛盾和风险，在坚守经营管理基本原理的基础上，找到符合中国大国经济和特定发展阶段的转型发展之道。

（2）从逻辑上理解中国式现代化的普遍性和独特性。中国式现代化是一个普遍性与特殊性矛盾统一的辩证运动过程。现代化的普遍规律，例如，经济上的市场化、政治上的法制化、社会上的多元化、技术上的工业化等无论哪个国家都要遵守，但是具体的模式则要根据不同国家的独特国情进行构建。成功的现代化模式有英美模式、欧洲模式、东亚模式。中国式现代化是在尊重工业化、市场化、法制化、多元化的基本现代化原理基础上，尊重中国独特的国情和发展阶段，走出的一条独特的中国道路。对应着中国式现代化道路，也应该有一条中国式企业现代化道路。中国的企业和企业家应该对中国道路充满信心，在中国式现代化的新阶段以开放、包容、创新、自强的心态创造属于自己的企业发展之路。

（3）从目的上理解中国式现代化的综合性与艰巨性。要清醒地认识到，现代化只是过程、手段、道路，但绝非目的。中国式现代化的最终目的还是实现人的幸福、自由和价值实现等一系列终极目标。基于此，现代化是一个综合的、统一的、系统的过程：不仅是物质世界的发达，还要有精神世界的丰富；不仅要有持续的经济增长，还要有社会的和谐、对自然环境的保护；不仅要突出效率导向，还要有全体人民的共同富裕；不仅是单个国家的发展进步，还要站在人类命运共同体的角度推动解决世界共同问题等。从现实来看，中国式现代化是市场化、工业化、城市化、全球化不断在改革开放中走上新台阶的过程，对经济社会发展不断提出更高标准的过程。在当前的现代化阶段，中国企业应该更加注重发展质量、关系和谐、品牌内涵、科技创新，需要更加关注经济、社会、自然的平衡发展。

（四）中国式现代化对中国企业与企业家提出了新要求

经济的现代化必然要求企业现代化。一个现代企业需要有明确的产权结构，完善的治理体系，科学的管理流程，以市场为导向的组织行为和清晰的价值观。企业的现代化程度决定了经济乃至整个社会的现代化程度。改革开放以来，随着《中华人民共和国公司法》等法律体系的完善，在国有企业中建立现代企业制度，促进形成优秀的民营、外资、合资现代企业，在全球提高中国企业的竞争力，是企业现代化的基本过程，也是中国经济现代化的基本要求。随着中国经济迈入新的发展阶段，中国式现代化赋予了中国企业新的命题。中国企业必须意识到，企业的发展道路必须与国家、社会的发展道路相一致，看清方向、顺应潮流、规避风险，抓住中国式现代化道路上的新机遇、新红利。总的来说，中国式现代化对企业与企业家提出六个新要求：

第一，要求更加注重发展的质量。过去以速度和规模为主的经济增长模式已经不可持续，中国式现代化必须树立高质量的发展观，以实现规模与效益、速度与质量、发展与安全之间的平衡。高质量的发展需要高质量的企业。过去可能主要看企业的利润、规模及其增速，中国式现代化新阶段则更要看企业的财务健康度，产品和服务的品质，供应链和资金链的安全程度，核心技术的自主可控程度等。

第二，要求更加注重社会效益。企业是社会中的企业，一个现代企业需要达到商业价值和社会价值的统一，只有整个社会发展了，现代化程度上去了，企业才会有更好的商业、市场和人文环境。在中国式现代化的新阶段，企业应该更加重视、更加主动承担社会责任，积极参加各种公益、慈善组织，积极参与所在区域的社会治理和公共事务，为公共行政部门分担压力的同时，树立自身的品牌形象和传播自己的价值观，较好地实现商业和社会价值的统一。

第三，要求积极参与到促进共同富裕中来。需要企业建立有利于共同富裕，激发劳动积极性的利益分配机制。共同富裕是中国式现代化的本质要求，企业是推动共同富裕的微观主体。首先要理解，共同富裕的本质是富裕，在这种认识下企业第一要务就是发展，是提高主营收入和利润，从而从整体上提高企业全体人员的收入水平，使人均收入达到富裕人群的水平。很难想象一个亏损的企业如何带领自己的员工实现共同富裕。其次，要在做大蛋糕的基础上优化分配蛋糕，更多关注低收入、生活困难的人员，提高最不富裕群体的收入。企业是促进共同富裕的重要阵地，现代企业需要有足够的能力让自己的员工实现共同富裕。一个达到共同富裕的社会，一定也是拥有足够多的现代企业的社会。

第四，要求更加看重精神产品。以前企业的注意力主要在物质产品的组织生产上，中国式现代化要求丰富民众的精神世界，可以预见到符合时代主流和社会进步的精神文化产业将成为新的赛道。精神贫困是西方发达国家现代化进程中需要重点反思的现代病，中国式现代化要提前规避这样的问题，一方面需要企业为物质产品注入精神和文化元素，在产品消费过程中传播品牌主张和企业价值，另一方面需要通过文创企业提供多元化的精神文化产品，在生动活泼、自由奔放的人文环境中提高人们的精神境界。

第五，要求更加注重绿色发展。中国式现代化不能走发达国家先污染后治理的老路，虽然中国过去的高速增长也出现过严重的环保问题，但经过几年的治理已经基本改善。中国式现代化的新阶段，绿色发展是经济社会发展的基本要求，也将成为企业的基本要求。企业通过绿色技术赋能充分参与到碳排放治理中来，一方面可以降低能耗提升自身的生产经营效率，另一方面也会为整个国家实现"双碳"目标贡献力量。

第六，要求更加注重国际合作。全球化当前遭遇巨大挑战，主要因为很多世界共同问题没有得到解决，而且在不断恶化。比如环境污染、国家间贫富差距、地缘政治动荡、贸易战等，使去全球化趋势越来越严重。中国作为一个大国，在新的现代化阶段，应该在国际事务中承担更大的责任，为构建人类命运共同体而努力。这不仅需要国家公共部门的行动，还需要更多的企业尤其是民营企业参与进来。在中国式现代化的新阶段，企业更应该坚持走国际化道路，勇敢走出去，通过国际化提高现代化。

二、经济高质量发展

（一）经济高质量发展的内涵本质

党的二十大报告将高质量发展提升为全面建设社会主义现代化国家的首要任务，并将其列为中国式现代化的本质要求之一，凸显了新时代新征程中高质量发展的引领作用。发展是党执政兴国的第一要务。没有坚实的物质技术基础，就不可能全面建成社会主义现代化强国。在中国经济发展的新阶段，我们要完整、准确、全面贯彻新发展理念，坚持社会主义市场经济改革方向，坚持高水平对外开放，加快构建以国内大循环为主体、国内国际双循环相互促进的新发展格局，以推动经济高质量发展。高质量发展是全面建设社会主义现代化国家的首要任务，其内涵有七个：①从需求和供给两个方面共同发力，把实施扩大内需战略同深化供给侧结构性改革有机结合起来；②统筹国内国际两个大局，增强国内大循环内生动力和国内统一大市场的发展，提升国际循环质量和与国际规则的对标；③推动产业结构优化升级，加快建设现代化经济体系；④提高经济效益，着力提高全要素生产率；⑤处理好经济发展与安全的关系，着力提升产业链供应链韧性和安全水平；⑥着力推进城乡融合和区域协调发展；⑦处理好速度与效益的关系，推动经济实现质的有效提升和量的合理增长（刘伟和陈彦斌，2022）。

推动我国经济高质量发展，就必须把实施扩大内需战略同深化供给侧结构性改革有机结合起来，增强国内大循环内生动力和可靠性，提升国际循环质量和水平，加快建设现代化经济体系，着力提高全要素生产率，着力提升产业链供应链韧性和安全水平，着力推进城乡融合和区域协调发展，推动经济实现质的有效提升和量的合理增长。可见，高质量发展是满足现代化共同特征的本质要求。这是因为，现代化国家的共同特征是人均收入水平很高，物质条件高度发达，拥有高度现代化的产业体系与高水平的科技创新能力，这就要求中国经济必须通过推动高质量发展保持经济总量的合理增长，必须通过推动高质量发展推动增长质量的有效提升，必须通过推动高质量发展，有效释放创新增长动力，提升全要素生产率。综上所述，高质量发展的核心本质就是实现质的有效提升和量的合理增长，这不仅是满足人类现代化共同特征的需要，更是实现中国式现代化的坚实基础（刘伟和陈彦斌，2022）。

（二）经济高质量发展的现状及其根本需求

经济高质量发展的提出，既是立足历史，对我国发展成就、发展阶段、发展经验的深刻把握，又是针对现在，对我国发展不平衡、不协调、不可持续问题的充分研判，还是着眼未来，对发展环境、发展条件、发展主题的综合判断。经过改革开放以来几十年时间，我国经济实现了跨越式的发展。根据国家统计局相关统计，我国国内生产总值从 1978 年的 3678.7 亿元增长至 2023 年的 116.06 万亿元，经济总量牢牢稳居世界第二位；人均国内生产总值从 1978 年的 385 元增加到 2023 年的 89358 元；居民人均可支配收入从 1978 年的 171 元增加到 2023 年的 39218 元。制造业规模、外汇储备稳居世界第一，建成世界最大的高速铁路网、高速公路网，机场港口、水利、能源、信息等基础设施建设取得重大成就。2023 年我国全年研究与试验发展（R&D）经费支出 33278 亿元，比上年增长 8.1%，占国内生产总值的 2.64%，居世界第二位，研发人员总量居世界首位。载人航天、探月探火、深海深地探测、超级计算机、卫星导航、量子信息、核电技术、新能源技术、大飞机制造、生物医药等取得重大成果，进入创新型国家行列。

立足新时代我国经济发展新阶段，完整、准确、全面贯彻新发展理念，着力推动经济高质量发展，就必须遵循以下根本要求：从发展目标上，经济高质量发展是致力于实现"更高质量、更有效率、更加公平、更可持续"的发展，以此满足人民日益增长的美好生活需要和推动人的全面发展（金碚，2018）；从发展方式上，经济高质量发展意味着经济发展方式向集约型增长转变，推动经济从"数量追赶"转向"质量追赶"，从"规模扩张"转向"结构升级"，从"要素驱动"转向"创新驱动"（王一鸣，2018）；从发展结构上，经济高质量发展具有宏观、中观和微观三重视角；从发展要素上，经济高质量发展对提高要素质量和配置效率、增加新的生产要素提出了新的要求（张占斌和毕照卿，2022）。数字经济正在成为重组全球要素资源、重塑全球经济结构、改变全球竞争格局的关键力量（习近平，2022）。因此，以数据为关键要素，以现代信息网络为主要载体，以通信技术融合应用、全要素数字化转型为原动力，大力发展数字经济，已成为新时代我国立足新阶段、贯彻新理念、构建新格局、推动高质量发展的必然趋向。

三、数字经济发展

数字经济逐渐成为我国实现高质量发展的重要依托（赵涛和张智，2020）。根据《中国数字经济发展研究报告（2023）》，2022 年我国数字经济规模达到 50.2 万亿元，同比名义增长 10.3%，已连续 11 年显著高于同期 GDP 名义增速，数字经济占 GDP 比重达到 41.5%，凸显出我国数字经济实现更高质量发展，已经成为激发经济活力、促进经济高质量发展的关键动能之一。国家高度重视数字经济发展，在"十四五"规划中明确提出，加快数字经济发展是打造高质量发展新引擎的现实需要；党的二十大报告指出：要加快发展数字经济，促进数字经济和实体经济深度融合，打造具有国际竞争力的数字产业集群。在数字经济时代，互联网发展催生出一系列新业态、新技术和新模式，打破了传统时空限制，促进了资金、技术、人才等要素的跨界配置，为企业家利用互联网、大数据、云计算、区块链等数字技术提供了良好的契机（刘鑫鑫和惠宁，2021）。数字技术正在不断渗透至经济社会和生产生活的各个方面，以互联网为主体的数字经济逐渐成为国民经济形态中的重要组成部分（万晓榆和罗焱卿，2022）。现阶段，尽管互联网和数字技术的现实应用成绩斐然，但学术界关于数字经济对企业高质量发展的影响的研究仍处于起步阶段，准确评估数字经济对企业高质量发展影响的相关实证研究依然缺乏。关于互联网、数字经济影响高质量发展中间机制的探讨，多从缓解资源错配、促进人力资本积累和产业升级、加强技术创新和降低生产成本等视角切入（施炳展和李建桐，2022）。数字经济能够促进人力资本积累，加快技术创新。邓峰和任转转（2020）从人才和技术角度分析互联网对企业高质量发展的驱动作用，发现互联网通过激活人力资本和加强技术创新推动制造业发展，为企业带来人才和技术的双重红利。数字经济也可以通过改善配置效率促进企业转型升级。潘毛毛和赵玉林（2020）基于 2009~2017 年中国制造业上市公司数据研究发现，企业与互联网在技术层面和业务层面的融合提升了全要素生产率。推动经济高质量发展，增强国内大循环内生动力和可靠性，提升国际循环质量和水平，加快建设现代化经济体系，必须着力提高以数据要素为主的新型要素体系的全要素生产率，这已成为不可回避的必然选择。数字经济可充分发挥数据资源的可再生性，从而大大地降低创新活动的成本，且数字化平台的建设使研发要素和前沿信息的流动与获取变得更加快捷容易，从而助推创新效率的提升（白俊红和陈新，2022）。党的十八大以来，习近平总书记高度重视建设世界一流企业。党的十九大报告明确指出要"培育具有全球竞争力的世界一流企业"；《关于加快建设世界一流企业的指导意见》为加快建设世界一流企业指明方向与遵循；《"十四五"数字经济发展规划》指出我国数字经济已转向深化应用、规范发展、普惠共享的新阶段。作为一个综合经济体系，数字经济有别于单纯的互联网等技术，对创新活动产生的影响也更加多维。利用数字化全方位驱动企业转型已成为我国企业高质量发展、迈向世界一流的必由之路。

四、企业数字化转型

进入高质量发展新阶段，以新一代信息技术为基础的数字经济正以前所未有的发展速度、发展规模和辐射范围重塑经济结构，成为国民经济的核心增长极之一（王军等，2021）。企业利用数字技术实现高效的资源信息共享，已经成为诸多企业转型的重要动力，不断引领着产业变革、重塑着企业实践方式（Lobo & Whyte，2017）。数字化转型是一种全新战略，不仅需要运用数字技术等工具优化运营方式、业务流程、管理模式等，更需要在认知层面从传统的工业思维向数字化思维进行深刻变革（张建宇等，2022）。数字化转型不仅能够加速企业商业模式的创新，为企业成长与价值创造提供明确的方向（王永贵和汪淋淋，2021），而且也成为企业转换范式、推动变革的战略手段（Tether & Tajar，2008）。现有研究重点关注了数字化转型的结果，分析企业如何运用数字技术去实现流程优化、模式创新以及提升企业绩效（张振刚等，2022；池毛毛等，2020；Vial，2019）。部分学者基于资源基础观、组织学习理论、路径依赖理论等对数字化转型的前置影响因素以及内在机制进行了分析，Porfírio 等（2021）用组态分析得出企业特征（如家族企业）、管理特征（如领导风格）对企业数字化转型有重要影响。在管理变革方面，Maiga 等（2015）研究发现数字技术可以通过提升企业员工的学习能力进而提高工作效率，刘意和谢康（2020）注意到制造业的数字化发展与企业内部管理变革以及组织重构密切关联。在关于资源与能力方面，Matarazzo 等（2021）研究了意大利中小型制造企业数字化转型对用户价值创造的影响，动态能力作为赋能机制可以促进企业数字化转型，并突出了感知能力以及学习能力的关键作用。数字经济时代，企业数字化主要表现为管理数字化与业务数字化，管理数字化将重塑企业管理从运营、组织到战略的理论体系和实践，可分解为战略管理数字化和流程管理数字化。作为管理数字化的高阶形式，推动战略管理数字化，已成为新时代我国企业数字化转型的必然要求。

五、弘扬企业家精神

（一）企业家认知与企业家能力

企业家作为微观经济组织活动的重要组织者和企业创新的中坚力量，一直是主流经济学关注的对象。Schumpeter（1934）指出，企业作为推动经济发展的核心力量，在促进产业结构更新、技术创新及产品升级等方面具有决定性作用，而企业家作为企业的主导者，通过把握机遇、识别创新风险、优化资源配置，实现企业创新，推动经济社会迈向更高层次的均衡。企业家是一种特殊的角色人格（吕福新，2001）。企业家作为人，具有人格；作为职能，是一种角色；凸显冒险性、创新性和价值性（李继先，2010）。企业家认知是企业家通过意识活动来认识和加工外部知识并作出相应行为反应的过程，有利于把握未来方向（Adner & Helfat，2003），企业家认知会直接影响企业战略变革决策及其价值效果（杨林，2010）；企业家认知是在持续的学习和实践共同作用下得以不断成长的，随着企业家认知的不断成长以及认知能力的不断增强，企业家视野越来越宽，境界越来越高，更有利于把握未来方向（尹剑峰等，2017）。数字经济时代，不断成长的企业家认知，必将引致企业战略管理数字化，迭代产生以企业家认知为中心的战略管理新范式。

企业家是企业的灵魂和统帅，高层梯队理论认为高层级管理者是企业战略方向的决定者，其价值导向、认知能力及管理经验将直接影响组织绩效（于东平和段万春，2012）。推动企业数字化转型，首要任务是深化企业家能力建设（余薇和胡大立，2022）。数字经济时代的企业家必须加强自身能力建设，应采取以下五项措施：①不断提升战略能力，敏锐洞察数字化市场环境变革，加强企业数字化实践，通过产业全域数据融合，重构企业运营模式；②不断提升创新能力，通过数据驾驭实现企业的业务创新，数据驱动产生新的商业模式，数据价值链的优化谋求上下游企业协同共创，提升企业多元创新绩效；③不断提升学习能力，汲取数字化新思维，通过数字化知识学习、理解数字技术特性；④不断提升组织管理能力，鼓励支持员工创新，营造良好的创新氛围，努力克服原有组织惯例形成的转型惰性，激发企业内生创新动力，适应数字化转型的发展要求；⑤不断提升关系能力，积极参与政府和行业组织的线上活动，加强与政府、客户、数据支持商之间的互动与合作，构建以客户需求为主体的价值创造模式，及时获取政策支持、技术支持和技改补贴等能助力企业发展的信息，通过嵌入行业和产业发展平台，让企业参与全域数据融合，加速企业数字化转型发展。

（二）企业家精神的激发与弘扬

党的二十大报告指出要深化国资国企改革，加快国有经济布局优化和结构调整，推动国有资本和国有企业做强做优做大，提升企业核心竞争力；优化民营企业发展环境，依法保护民营企业产权和企业家权益，促进民营经济发展壮大；完善中国特色现代企业制度，弘扬企业家精神，加快建设世界一流企业。因此，以中国式现代化全面建设社会主义现代化国家，推动高质量发展，加快数字经济发展，必须激发企业家精神对于产业高质量发展的引领作用。企业家精神的核心要素与基本导向是创新，弘扬企业家精神是决定企业创新能力进而决定企业核心竞争力的关键。近年来，学术界对于企业家精神影响因素的研究逐渐增多，主要集中在个体微观特质、制度环境、文化环境等传统因素（Paunov & Rollo，2016）。在数字经济时代，以创新、平等、互联为特征的互联网思维与企业家精神具有本质上的趋同性（余东华和王梅娟，2022）。然而，数字经济因素对企业家精神的影响尚未引起学术界的关注，仅有少数学者从互联网、信息技术等角度探究了其对创新和创业的影响。以熊彼特为代表的"创新学派"强调企业家的创新精神，认为创新作为资源要素的新组合，是由企业家完成的，企业家精神本质上是一种冒险和创新精神。在互联网与创新关系方面，多数文献肯定了互联网的溢出效应，从非线性角度探究了二者之间的关系。互联网及基于互联网的信息技术应用能够通过提高生产效率和创新绩效、改变企业创新资源的整合方式、降低企业创新的交易成本和治理成本等途径促进企业家创新精神的成长（Paunov & Rollo，2016）。互联网可以通过提升创业活跃度、加快信息交流和思想传播、促进知识溢出等渠道培育更多的创业机会，丰富创业资源，促进企业家创业（Audretsch & Fritsch，2003）。此外，还有学者讨论了互联网对创业的区域异质性影响，Sinai 和 Waldfogel（2004），Forman（2012）等研究发现，互联网对创业的影响在农村地区更显著，而 Cumming 和 Johan（2010）认为互联网可以通过已经存在的创业集群刺激地区创业活动，对城市创业的促进作用更大。还有学者研究发现，数字金融的覆盖广度、使用深度和支持服务程度均对创业有显著的促进作用（谢绚丽等，2018）。

数据已然成为一种新型生产要素，数字经济已经成为激发企业家精神的新动能。与发达国家相比，中国数字经济发展水平依然有较大差距，应进一步优化"数字中国"建设的整体布局，加快产业数字化和数字产业化进程；同时，发挥数字经济对企业家精神强有力的激发作用，依托数字经济充分发挥企业家精神在制造业高质量发展中的赋能作用。加强数字基础设施建设和数字人才培养力度，弘扬企业家精神。进一步加快数字"新基建"，培养引进数字经济创新人才，完善市场经济体制机制，增强市场活力，加速释放数字红利和后发优势，培育数字经济增长极；弘扬企业家精神，营造良好的创新创业氛围，因势利导，缩小发展差距，进而推动高质量发展（余东华和王梅娟，2022）。鉴于此，要弘扬企业家爱国敬业遵纪守法艰苦奋斗的精神、弘扬企业家创新发展专注品质追求卓越的精神、弘扬企业家履行责任敢于担当服务社会的精神。

第二节　中国企业战略管理新模式的建构

以中国企业战略管理现代化助力实现中国企业管理现代化，已经成为我国企业助力全面建设社会主义现代化国家的必然选择。实现中国式现代化，是第二个百年发展的重点。我国企业立足高质量发展，加快传统产业转型、大力发展战略性新兴产业、以数字化驱动企业战略管理转型，必将在确保产业链供应链安全稳定的基础上开辟新领域、新赛道，在增强国民经济发展潜力和能力方面发挥更大作用。

数字时代已经来临，基于工业和信息时代的管理模式正在被时代所改变，但战略的实践仍然在沿用 20 世纪 70~90 年代所形成的分析工具。虽然已有学者研究了数字经济时代的企业管理变革（戚聿东和肖旭，2020）、数字化对战略管理理论的挑战及展望（陈冬梅等，2020）、大数据影响公司战略逻辑目标，新组织情境下创新战略理论新趋势和新问题（魏江等，2021），但并没有具体分析数字经济环境下战略管理数字化的新模式如何构建。数字经济的发展靠的是数字技术的开发与应用的硬实力，没有捷径，我们必须依靠自身的技术创新和管理创新，通过企业战略管理新范式的重构，快速发展数字技术产业，推进产业的数字化，实现直道超车。

数字经济的本质特征是经济要素的数字化和数据化，在传统的企业管理中，数据是附着在企业内部管理主体、企业外部消费者和供应商、管理过程、业务流程当中的，管理的范围和边界明确、组织形态固定、技术和市场给定、管理专注于内部事物，社会、行业、消费者、企业之间的边界难以突破，所有的管理理论和框架都基于以上的假设而展开。但数字经济环境下，一切都被数字化了，所有要素都可以在虚拟的世界中得到组合，因此，成千上万的消费者行为数据组合到了一起，产业链上的各个主体的数据组合到了一起，每次业务过程的数据组合到了一起，甚至每个员工的每一次操作组合到了一起，原有难以逾越的边界被突破了，管理理论的旧有框架也就被突破了，如何在新的数字化世界里更高效和有效地进行管理就成为亟须解决的问题。

对于企业数字化当前的研究和实践更多地聚焦于业务数字化，而包含管理数字化的全面企业数字化才是其最终形态。业务数字化可以把企业打造成数字化、网络化和智能化业务模式，而管理数字化则会不断地重塑企业管理从运营、组织到战略的理论体系和实践内容。战略管理数字化是企业数字化转型的高阶领域。战略管理数字化是推进企业数字化运营和管理体系完善，实现企业全面数字化的核心过程。而且只有当企业实现了全面数字化后才能实现从物理世界向数字世界的迁徙，形成数字资产。随着数字经济的发展成熟，数据作为生产要素正日益成为经济发展的新增长点，数字资产已经占据着重要的经济地位，成为现代经济领域中重要的资产形态，是影响企业发展的重要资源。数字资产是指在网络空间中由个人、企业、国家拥有或者控制的、以数字形式存在的、预期能带来经济利益的资源。数字资产是数字经济时代资产演变的新形态。人类的社会生活与经济活动正在实现从物理世界到数字世界的迁徙，积极探索和研究数字资产的理论基础、管理模式、定价机制、交易设计以及产品创新等具有重要意义。随着数字经济的发展，数字资产将迎来大爆发，数字资产的价值将进一步体现。数字资产作为数字经济发展下的新资产形态，必将促进数字经济和实体经济深度融合，产生新的企业增长形态，从而促进企业新的价值估值体系形成。我国企业战略管理数字化新模式和新流程构建研究，将沿着如何通过战略管理数字化实现数字资产的形成展开。

一、中国企业战略管理新模式的思维架构

实现中国式现代化，我国企业要坚持加快建设成为世界一流企业，以

"产品卓越、品牌卓著、创新领先、治理现代"以及不断提升跨国经营能力为原则，对标世界一流，引领产业迈向全球价值链高端（陈劲，2022）。习近平总书记指出，数字经济具有高创新性、强渗透性、广覆盖性，不仅是新的经济增长点，而且是改造提升传统产业的支点，可以成为构建现代化经济体系的重要引擎。企业是我国国家战略的重要实施主体，新时代的企业必须主动地服务、服从于国家战略，数字化技术为企业战略与国家战略的连接提供了可能。鉴于此，在以中国式现代化全面推进建设社会主义现代化强国、实现第二个百年奋斗目标的指引下，立足我国新时代发展新阶段，完整、准确、全面贯彻新发展理念，主动构建新发展格局，着力推动高质量发展，加快数字经济发展，将前文提出的市场环境下企业战略管理新范式，结合中国情景而构建形成的中国企业战略管理新模式如图8-2所示。

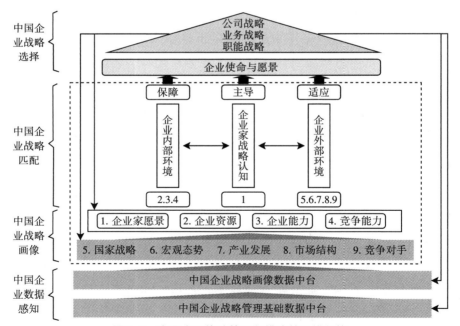

图8-2 中国企业战略管理新模式的思维架构

由图8-2可知，由基于"企业家—资源—环境"三维视角而构成的企业战略管理新范式与中国特定情境相结合而产生的中国企业战略管理新模式，是一种基于"中国情景—企业家—资源—环境"四维视角的企业战略管理范式（简称"四维"新模式）。中国企业战略管理"四维"新模式主要由四部分构成，即数据感知、战略画像、战略匹配、战略选择。首先是数据感知，即主要通过中国企业战略管理基础数据中台和中国企业战略画像数据中台进行数据感知；其次是依据两大数据中台，分别围绕国家战略、宏观态势、产业发展、市场结构、竞争对手、企业资源、企业能力、竞争能力、企业家愿景展开战略画像；再次是以企业家战略认知为核心，结合以企业内部环境和外部环境为主要因素的画像结果进行战略匹配；最后是依据匹配结果，结合公司的使命和愿景，对企业的公司层战略、业务层战略、职能层战略进行适应性选择，最终形成新战略。新战略形成并落地执行后又会成为下一轮战略画像的中国企业战略画像数据中台和中国企业战略管理基础数据中台的一部分，如此迭代，最终实现大数据画像技术以企业可持续性盈利为核心匹配形成中国企业战略管理新模式。战略画像最初会为企业提供九大类画像产品集，随着战略画像进行的时长和次数不断增多，对企业战略画像会更加精准，形成企业个体特有的战略画像，并最终实现企业战略的自适应性。中国企业战略管理画像技术及战略管理新模式会为中国企业提取当下最需要做的战略选择和举措，同时指出特殊的战略选择和举措。

二、中国企业战略推演的逻辑创新

（一）中国情境下企业战略数据感知

首先由中国企业战略管理基础数据中台和中国企业战略画像数据中台获取企业开展战略分析的基础数据和企业战略方面的相关数据，战略画像结束后形成新战略，新战略执行后又为数据感知的两大中台提供数据，如此迭代，数据感知在不断地对企业所涉及领域进行感知。企业数据感知是一套连贯的、可操作的分析、概念、政策、目标、推理和步骤，旨在释放数据的价值，使组织能够在高风险的数字世界中高质量发展。针对特定企业对企业涉及的领域和数据分布规律，有针对性地进行相关数据感知，形成特定的画像数据产品，为企业战略选择提供数据来源。战略画像应该致力于帮助组织使用数据来做出更智能更快和更全面更好的决策，为了有效，战略画像的数据感知必须明确地将中国企业战略管理基础数据与中国企业战略画像数据联系起来，数据感知的数据量越大，企业的战略清晰度越高。

（二）中国情境下企业战略画像

战略画像是基于中国式现代化、经济高质量发展、数字经济发展、企业数字化转型与弘扬企业家精神五方面突出的现实情景，通过运用数据感知技术对企业九个方面（国家战略、宏观态势、产业发展、市场结构、竞争对手、企业资源、企业能力、竞争能力、企业家愿景）的数据进行感知并画像，相应地形成九大类战略画像产品集。传统战略管理模式下，企业战略分析推演主要是依靠专家和分析师的大脑，运用一些定性或定量的工具和方法，诸如 PEST 分析、SWOT 分析、五力模型、价值链分析、波士顿矩阵、GE 矩阵、内外部矩阵、战略地位与行动评价矩阵、大战略矩阵、市场成熟度/协同度矩阵、竞争态势矩阵等。传统的企业战略管理模式是依据战略管理领域几类典型理论框架所设定的维度与内容而展开分析，但战略画像技术突破传统思维框架的约束，随着企业内外数据量的迭代和积累，会逐渐产生企业自适应性的战略，发现企业特有的战略资源和核心竞争力，形成更为差异化的战略选择。

（三）中国情境下企业战略匹配

基于中国式现代化、经济高质量发展、数字经济发展、企业数字化转型与弘扬企业家精神五方面突出的现实情景，运用大数据画像技术对企业数据感知和战略画像后，根据企业家自身特征，以企业价值创造最大化为目标，以企业家画像为匹配的起点和核心，分别对国家战略画像、宏观态势画像、产业发展画像、市场结构画像、竞争对手画像、企业资源画像、企业能力画像、竞争能力画像、企业家愿景画像等进行匹配形成企业战略选择（包括公司层战略、业务层战略、职能层战略）。即在以企业家战略认知为主导、企业内部资源能力为保障，企业外部环境为适应的基础上，适时对九大类战略画像进行战略匹配，根据匹配的结果进行相应的战略选择。

（四）中国情境下企业战略选择

战略的本质是选择，企业之所以要做战略，是因为企业的资源和能力毕竟有限，能力不足，不能所有的都选择。企业战略选择是以市场为主导的；技术逻辑是以科技发展为主导的。对于技术逻辑而言，技术本身的进步足够了；但对于企业战略而言，技术本身的进步仅仅是必要条件，还必须综合考虑市场竞争的多种因素，才能取得成功。所以，企业的技术路线必须服从于战略选择，而不能是技术专家决定论，企业战略之中应包含对技术路线及企业在技术方面的一切努力。企业战略就是对企业长远发展方向、发展目标、发展业务及发展能力的选择及相关谋划。战略的目的就是解决企业发展问题，实现企业的长远发展。企业的战略选择主要包括成长战略、竞争战略、职能战略。成长战略主要包括密集型成长战略、一体化成长战略和多元化成长战略。密集型成长战略是指企业在原有业务范围内充分利用产品和市场方面的潜力谋求企业成长，即在原来的业务领域里加强对原有产品和市场的开发与渗透来寻求企业未来发展机会的一种战略，其重点在于加强对原有产品和市场的开发。一体化成长战略主要指如果所在的行业仍有前途，重新整合供应链可以提高效率和效益，企业也可以分析建立和从事某些与现有业务有关的新业务的可能性，考虑通过一体化成长增加新业务。多元化成长战略主要指发展与业务无关但有较强吸引力的业务，实施多角度化成长。竞争战略主要包括成本领先战略、差异化战略和聚焦战略。企业在制定战略时要结合对内外部因素的综合分析来确定哪个战略是最好的。首先成本领先战略就是要低于竞争对手的成本而不是最低的成本，这一战略的优点是能够快速地占领市场份额，当市场上的产品不存在明显差异或者顾客对价格很敏感时更容易吸引顾客。但是企业要确保自己的低成本优势不是其他竞争对手可以轻易模仿的，否则这样的优势很快就会丧失。差异化要求企业不断地创造出不同于其他对手的产品或者是服务，一般需要很多的科研投入同时新的产品很容易被复制。至于集中化战略，主要适用于当企业的资源有限时，可以集中资源服务于某一单一的顾客群体，但是这样的风险比较大。职能战略主要包括技术创新战略、生产运营战略、市场营销战略、人力资源战略、财务管理战略、投融资战略等职能部门的战略。运用大数据画像技术，基于中国企业战略管理基础数据中台和中国企业战略画像数据中台，通过并运用数据感知、战略画像和战略匹配的过程与结果，结合公司的使命与愿景，最终推演形成能够带来价值创造最大化的中国企业成长的新战略。

第三节　中国企业战略管理流程创新

一、中国企业战略管理流程的新结构

企业战略管理新范式是企业基于技术手段而利用相关海量数据对企业生产经营方式的改变，通过数据平台对数据处理分析并与传统战略管理理论相结合而形成的企业战略。研究企业家行为画像、企业画像、产业画像等对企业提高决策质量、建立竞争优势、促进产业良性发展具有重要的意义。如图 8-3 所示，第一，通过对企业所处环境如法律环境、经济环境、社会环境等外部环境的画像，把握环境发展趋势，有助于企业识别潜在机会与威胁；第二，将视野放至企业所处产业之中，产业画像也通过众多维度的划分为企业精确了解产业生态环境情况提供数据支持，并通过画像技术寻找与企业资源更协调相配的合作伙伴，达到促进企业合作共赢、产业良性发展的目的；第三，对企业所面临的动态竞争环境进行深度画像，主要针对企业不同生命周期而需应对的不同竞争态势；第四，微聚于企业本身与企业家进行独具企业个性的画像，企业画像是根据企业的财务数据、采购信息、招投标信息、招聘信息等来了解和分析企业的经营情况，构建企业全网多维画像，为企业战略决策提供强有力的数据支持；第五，企业家行为画像则是通过标榜优秀企业家素质，结合企业家自身素质及企业、

行业特征做出精确的战略决策。以上五个围绕企业展开的画像标签是数据采集的来源，在获取有关数据之后，经过数据平台通过数据感知、数据分析等技术结合企业发展现状辅助企业家进行动态战略匹配，并最终协同企业将战略落地实施，随着企业的发展与环境、产业等的变化，企业战略也在不断适时调整，最终实现基于大数据画像技术的企业战略管理模式，为企业长久发展、不断获取竞争优势提供保证。

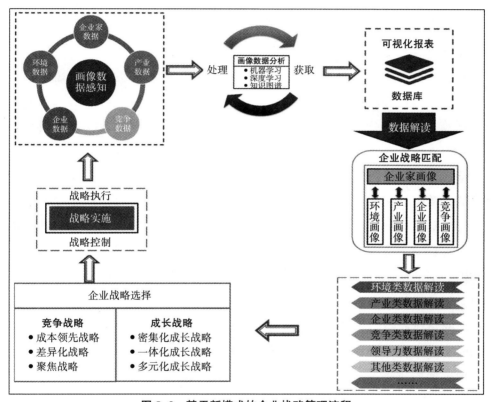

图8-3 基于新模式的企业战略管理流程

二、战略感知体系

众所周知，数据是企业数据中心的重要资产，获取并维护高质量的数据对企业业务及运营至关重要。数据量越大，获取有价值信息的难度就越大。原始数据中包含大量的错误和冗余数据，而数据的优劣直接影响企业家应用分析结果的可靠性及战略目标的真正实现，因此需对其数据质量进行评估以便为企业家应用提供更丰富的数据信息（马茜等，2013）。通过数据感知以及数据的一些特征信息来对数据进行描述，我们可以自动地感知规则，并为每组数据推荐最适合的规则，从而节省人工成本及提高效率，还可以找到数据库中其他类似的数据，进行数据关联，以弥补一些认知上的缺陷。

在感知数据传输过程中可能出现缺陷，导致数据完整性被破坏、数据信息缺失，变成无价值数据。这部分数据如果还存在于虚拟网络中不仅会增加其负载，拖慢网络运行速度，也不利于后期数据应用。因此，我们需要监测虚拟网络中存在的缺陷感知数据，实现缺陷数据去除。感知数据是由各种感知设备产生的一种电信号，这种信号的特点包括以下三个：①变化频繁，虚拟网络中的感知数据每秒发生成千上万次变化，其变化频率远远超出查询的变化频率；②模态多样，感知数据的类型越来越丰富；③质量低劣，不精确、不完整、不一致、不及时，容易出现丢包现象，极大地降低了数据的可用性。这些感知数据具有的特点注定了其在运动过程中不可避免地产生缺陷，而这种存在缺陷的数据就不再具有利用价值，需要对其去除处理，以降低网络的负载。在缺陷数据去除过程中关键的一步就是缺陷数据的检测，只有在大数据中检测出来存在缺陷的数据才能更好地达到去除的目的。

感知数据缺陷自动检测的首要环节就是获取基础大数据，这是实现检测的前提条件（方伟和黄奕，2020）。我们可以通过 RFID 阅读器等工具来实现虚拟网络中感知数据的收集。在感知数据获取之后，还需要对其进行进一步处理，提高数据质量。主要包括感知数据平滑处理和感知数据冗余处理（Liu et al.，2016）两个过程。在进行处理后，根据感知数据特点我们可以选择有监督学习的神经网络算法作为基础，构建神经网络模型，实现虚拟网络感知数据缺陷自动检测。神经网络是一种由多个神经元组成的复杂网络系统，反映了人脑功能的许多基本特征，能有效模拟人脑活动进行数据处理。在模型训练结束后，将处理好的学习样本输入，就能实现正常数据与缺陷数据分类。完成缺陷数据检测（李勇等，2016）。

进入大数据时代，数据保护与管理面临着巨大挑战，企业花费大量的人力、物力存储与维护海量的数据，而企业想在杂乱无章的海量数据中找到特定的数据非常不易。因此，企业必须借助智能化的方式管理数据。通过提供内容感知型的数据管理工具来帮助企业提升数据管理效率。数据质量是有效挖掘数据价值的前提条件，若数据质量没有得到保证是很难挖掘出信息价值的，如果是基于数据质量不高或无价值的数据进行决策支持，将会适得其反。

三、战略画像体系

（一）环境画像

企业战略必然离不开对环境现状及变化趋势的把握，要及时抓住有利于企业发展的机会，同时躲避因环境变化而带给企业的威胁。企业所处宏观环境主要是政治法律环境、经济环境、社会文化环境、科学技术环境等。

企业的生存必然受与企业相关的政治要素和法律系统的影响，一般来说，政府主要是通过制定一系列法律法规直接或间接地影响企业活动，在一个稳定的法治环境中，企业可以真正地通过公平竞争，获取合法权益，实现长期稳定的发展，同样地，国家的政策法规可以调控企业的生产经营活动，同一个政策或法规给不同企业带来不同的机会或制约。可见政治和法律是企业实现持续生产经营活动的基本条件。经济环境则是那些影响企业生存和发展的社会基本经济状况及国家有关经济政策，主要包括社会经济结构、经济体制、发展状况、宏观经济政策等要素。在宏观经济大发展的情况下，市场不断扩大、需求增加，企业机会也就越多，而如果宏观经济发展停滞衰退，市场需求增效甚微，企业的发展机会也会随之减少。与政治法律环境相比，经济环境对企业生产经营的影响更直接具体。社会文化环境是指企业所处的社会结构，包括社会风俗和社会习惯、信仰和价值观念、行为规范、生活方式、文化传统、人口规模与地理分布等因素的形成和变动。社会文化是企业在确定投资方向、产品改进与革新等重大经营决策问题时必须考虑的因素。技术环境则是企业所处环境中的科技要素及与该要素直接相关的各种社会现象的集合，包括国家科技体制、科技政策、科技水平和科技发展趋势等。在数字技术发展的今天，技术环境对企业可能是创造性的也可能是破坏性的，企业必须预见新技术带来的变化，并在战略决策上做出相应的反应，以保持企业竞争优势。

外部环境是企业生存发展的基础，更是影响企业战略决策的重要因素。环境画像是企业对其所处宏观环境的基本了解与掌握，企业要想在复杂多变的环境中做出有效的战略决策，就必须对企业的外部环境进行科学分析和准确把握，其战略的制定必然建立在所处环境的影响之下，这样才能使企业所做出的战略决策更具有竞争力。

（二）产业画像

"知己知彼，百战不殆"，在激烈的市场竞争中，企业为了保持竞争优势，需要不断监测和分析竞争对手的动向，并据此及时调整自身的经营策略和战略规划。传统的企业竞争对手监测，重点关注对某一个或某几个具体的竞争对手的分析；然而，随着大数据和互联网的不断发展，企业面临的竞争环境和竞争格局日趋复杂，来自不同行业和领域的海量竞争对手均有可能对企业造成威胁，企业对自身情况及行业中各种信息的掌握，在企业决策方面可以作为重要决策依据。同时，数字经济时代的竞争已超越产品、企业层面的竞争，更多的是集中在生态维度。为适应新的游戏规则来创造并维持竞争优势的地位，企业开始打破单打独斗的思维，推倒组织边界，将自己整合进一个与自己拥有共同价值主张的数字生态系统中，通过与系统内其他参与者的交互为用户创造更多价值。因此企业等经济实体在进行项目合作或者挑选合作伙伴的时候很有必要了解对方的运营情况、经营规模、财务情况、失信情况、专利及论文申请情况、高管信息、违规记录、社会形象等企业信息，作为是否与之合作的参考资料。现实中仅仅着眼于有限的企业寻找合作伙伴也可能会使企业双方的资源无法进行完美的协调、互补。通过大数据寻找海量的产业内组织有助于寻找在成本协调、创新能力等方面最适合本企业的组织，最终达到双方合作共赢的目的。

在实践中，囿于企业竞争情报资源有限性的制约，单一地对某一个或某几个企业进行跟踪监测会造成一定的认知偏差，进而不利于企业了解海量竞争对手与合作伙伴的一般情况。因此，企业需要在真实竞争对手与合作伙伴的基础之上，从具体的竞争对手与合作伙伴中抽象出能够反映海量竞争对手与合作伙伴的一般画像特征。这样不仅有助于企业快速识别和了解潜在竞争对手的一般情况，树立学习标杆和赶超对象；寻找与企业资源互补的合作伙伴。同时也有助于企业通过对竞争对手画像的分析，来实现对画像背后所代表的大量竞争对手的监测和预警，从而提升企业竞争情报活动的效率。

因此，建立企业竞争对手和合作伙伴画像，是解决海量竞争对手无限性和企业竞争情报资源有限性之间矛盾的重要途径（黄晓斌和张明鑫，2020）。尤其在多源数据环境下，如何从不同来源收集不同类型的数据，采用多种方法构建企业竞争对手的画像，从而为企业的标杆学习、竞争对手监测和预警等提供支撑，成为企业竞争对手情报分析的重要问题。

产业画像会给企业带来很多益处，包括但不限于：第一，对产业内关键人才有更深入的了解。在数字经济高质量发展的阶段，人才是企业实现创新突破的核心力量。人才瓶颈已经成为影响产业内企业快速发展的主要矛盾，尤其是具有跨领域知识架构的复合型人才对企业发展影响更大。通过对行业内人才信息的了解帮助企业在产业互联网飞速发展的大背景下提升人才识别精准度，降低用人风险。第二，了解企业竞合属性。产业链视角下，企业要明确合作者的信息需求。主要包括两个方面：一是上下游产业的发展状况信息，尤其是新产品、新技术及原材料/零部件的市场信息；二是竞争及合作伙伴的运营情况信息。通过将企业有关的核心原材料/零部件、核心合作伙伴纳入进来，从而为更精准地分析其合作方信息需求提供支持。随着企业多元化程度的不断加深，除了通过画像技术了解主要竞争对手要素外，还要了解主要竞争产品/品牌要素，在此基础上建立本企业产品、服务或品牌与主要竞争产品的关联关系，从而对企业竞争对手有更精确的信息了解。第三，通过对产业内集群画像，可以明晰现阶段产业内在哪些阶段与环节缺乏竞争力，有助于企业抓住机会获取竞争优势，也有利于产业的良性发展。

（三）竞争画像

动态竞争环境下，行业竞争结构经历着更快速度、更高强度、更大规模的变迁。高科技行业具有发明过程、发明价值、市场前景、对手竞争策略和在位者反应方式等多重不确定性，这进一步加剧了行业领军企业间的激烈竞争。企业是市场竞争和技术创新的主体，企业自身竞争力以及企业间相对竞争优势的动态变化是竞争态势研究的核心。对于企业来说，从注册登记开始，就要经历从求生存到发展竞争和超越竞争三个竞争阶段，对于这三个阶段来说，企业的竞争态势是不一样的。不同的竞争态势，对于企业来说就需要开展不同阶段的营销对策。这个态势，在市场营销课程里，统称为环境，企业在不同阶段的竞争，是由企业不同阶段所面临的竞争环境导致的。

企业在不同时期的竞争具有明显的阶段性差异，但并不意味着早期竞争方式的彻底消失。事实上，早期竞争方式与新的竞争方式融合使竞争变得复杂化与多样化。波特在理论上总结了企业竞争的三种基本形式，但现实中的企业竞争手段日渐复杂多样化，我们需要对不同的产业或产品进行分析。

首先，竞争内容与竞争形式日趋多样。竞争内容是指企业在竞争过程中所调动的资源类型、利用资源的方式；竞争形式是指企业与对手竞争采用的工具、竞争手段。由图8-4可知，波特提及的成本领先、差异化与聚焦竞争战略只是竞争形式中的一部分，竞争形式主要从营销的4P（产品、价格、渠道、促销）要素展开，其中产品又可以细分为产品质量、差异化、品牌、服务等方面。企业展开竞争的内容主要是企业所拥有的各种核心资源，包括主客观两方面：客观资源主要有资本、自然资源、信息、技术；主观资源包括人力资源、企业家精神及两者相结合的管理。

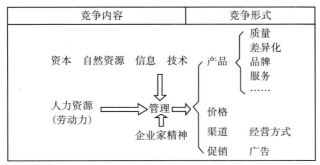

图 8-4 企业竞争内容与竞争形式

其次，不同性质的企业的竞争存在着差异性。根据企业产品的性能和满足顾客的需要，可以把产品分为批量生产的无差异标准化产品和非标准化的差异化产品，生产前类产品的企业竞争主要集中在成本与营销渠道方面，而后者集中在技术、品牌等差异化方面。根据格里芬划分的生产者驱动型价值链和购买者驱动型价值链，前者由于生产进入壁垒高，价格不是竞争的主要内容，技术、管理、创新而导致的产品性能成为竞争的关键；后者由于生产进入壁垒较低，价值链由销售渠道拥有者和品牌拥有者控制，营销因素中的渠道、价格、品牌就成为关键的竞争内容。

最后，现代企业竞争往往不是单一内容和形式的竞争，而是全方位、多角度的系统竞争。现代企业竞争较以前复杂，要求企业从各方面展开竞争，内容与形式都是复合立体式的，较少采用单一手段。如美国苹果公司推出的新款 iPad 平板电脑一是从技术上颠覆传统的电脑模式；二是在营销中加大了宣传力度，通过饥饿营销调控供求关系，满足顾客的拥有欲望，在渠道建设中通过直销控制供应链把控价格，在价格方面也通过外包生产降低成本适应多数消费者的购买力。

企业竞争是根据环境特征与市场需要运用自身独特资源建立竞争优势的过程。因此，企业竞争态势画像会对企业的内外部竞争环境进行详细具体分析，在企业不同竞争阶段采取不同战略，通过竞争态势画像匹配最佳企业战略。

（四）企业画像

随着企业数量以及交易信息数据的增长，其产生的数据量也越来越多，并且每年呈指数级增长。随着大数据处理技术的日益发展，我们可以从海量冗余的企业活动数据中挖掘有价值的数据，帮助企业自身了解全方位的信息。企业画像的实现过程就是按照画像要素体系框架的指引，综合采用多种技术手段从所采集的基础数据中提取企业特征的过程（黄家娥和李静，2022）。

在当今企业竞争激烈的时代，通过用户画像可以更加准确、快速地提升用户的体验，提高企业对外服务的效率，完善产品的运营，并且也可以根据产品的特点找到目标用户，在用户偏好的渠道上与其进行沟通，实现企业的精准营销。在用户画像的引导下，不仅企业可以给用户画像，用户基于企业的数据也可以给企业进行画像。因此对于企业画像来说，就是把企业信息标签化，在一系列真实数据的基础上为企业建立标签模型体系，将企业的具体行为属性进行归类，最终形成一个多元化的企业标签对象。

企业画像是在真实数据的基础上，对企业数据进行分类整理，帮助企业自身、政府、银行、投资方等用户掌握企业全方位的信息，包括更好地了解企业当前的资源状况，定位；发现和挖掘企业之间的关联关系，找寻未知关系以促进企业合作；在企业征信中对其规模、信誉、风险能力进行评估，识别企业资本行为，构造企业风险评估模型等；在企业品牌构建、传播以及营销时提供了重要的数据支持。所有这些功能都为企业家在战略制定时提供了基础信息支撑。

我们可以从以下八个不同的维度、不同的方面查看企业相关信息以及对企业信息进行整体分析，有助于全方位了解某个企业：①企业基本信息。包括企业经营证件类型、经营范围、经营资质起始日期、经营资质截止日期、法人证件类型、登记机关、法人名称、企业员工数量、股东及出资信息、控股企业等，通过对企业属性的描述，我们可以了解企业的基本信息特征，对企业有初步的了解。②企业信用属性。包括企业财务公示信息、纳税信息、发票购销实际交易数据等。企业信用属性描述企业的信誉度，信用评价是企业加强自身信用管理、改善信用状况的原动力。企业信用属性可以为企业自身在投资中提供重要的数据参考。③企业交易特征。根据企业交易的内部数据、产品销售地、产品用户人群等数据来描述企业交易特征。企业交易特征有助于企业建立良好的营销策略。④企业内外关联特征。根据企业间合作链信息、企业内部高管信息以及股东代表等信息建立企业外部联系图谱和企业内部关系图谱，从而有助于企业家了解企业内部管理信息和外部合作发展趋势（田娟和朱定局，2018）。⑤企业评价信息。对社交舆论信息、企业网站招聘评论数据和服务质量进行分析，根据数据分析结果趋利避害，树立良好的企业形象。⑥企业专利信息、商标信息、作者著作权、网站信息、论文信息等。根据这些信息，对企业创新能力及创新方向有较为清晰的了解，并为企业确立竞争优势提供参考。⑦企业员工的工作经历、教育信息、所获专利与证书、社交网络信息等。通过这些信息，有助于企业管理者更好地了解核心员工的基本情况，并结合员工优缺点，做灵活性调整，将每位员工安排在最合适的位置，以此发挥团队最大的效能。⑧企业行政处罚、税收违法、司法拍卖、欠税公告、司法协助等企业运营风险的信息（王庆丰，2019）。将企业运营现状、运营风险、企业历史信息（如里程碑事件、发展阶段等）等信息进行整合，作出包括但不限于科研、投资、业务、股权变更、企业发展规划等方向的预测。

在处理企业画像的问题上利用大数据平台的离线计算、及时查询、实时计算等功能可以更加实时、精确地得到企业标签。随着技术的发展，我们可以将深度学习的技术应用到自然语言处理和特征提取上来，即通过多层神经元进行计算，使得最终训练结果最优。在对数据进行特征提取后，企业画像技术还会进行后续的企业间的关联分析及分类预测推荐等应用。通过分析挖掘海量的企业数据信息，发现信息之间的关联关系，从中找寻规律以进行企业行为预测和企业推荐。

企业画像是对企业数据进行分析处理，得到有价值的信息并以可视化的方式呈现出来，将企业画像应用到企业家战略决策过程中有助于企业家从不同的维度分析企业的行为属性，最终做出准确的战略选择，并在战略实施过程中动态修正战略。

（五）企业家画像

企业家作为引导企业发展和科技创新的重要主体，其科学素质对企业发展具有重要的意义。企业打造数字化战略时，数字领导力的作用是不容忽视的，数字颠覆的特殊需求需要领导者做出变化并发展新技能以带领企业更好地发展。成功的企业家特质千差万别，但一定有一些共性特质支撑了其成功。例如，乐观的心态使得企业家遇到挫折不动摇，不消极，积极面对人生的困境，将消极因素化为积极动能，最终促成"失败是成功之母"的转变；胆大且心细的企业家既有宏图远略、伟大抱负，又思维缜密、谨慎行事。永远追求达到完美，不放过任何瑕疵，永远不会急功冒进。平衡而稳定的心态是取得非凡成就的特有心理素质；有责任感的企业家对社会有深深的责任感与服务贡献感，把企业中的员工视作自己的朋友，帮助他们实现职业规划；冒险精神使得企业家在充满风险与变化的环境中勇于抓住机会。

通过企业家画像我们可以更好地了解企业家的特征，并更好地结合这些特征做出更符合当前环境要求的决策。企业家画像系统可以从以下三个方面展开：首先，建立企业家素质模型。包括优秀企业家所应具备的核心素质及对这些素质的清晰刻画。包括但不限于以下特征：①坚韧不拔，即面对激烈竞争和市场变化的坚强毅力；②善于创新，即具有创造力和创新思维，并能够将想法变成现实；③远见卓识，即有能力提供方向，并成为数字业务转型的指挥家；④求知若渴，即由于易变性、不确定性、复杂性和模糊性因素，企业家必须具备学习的能力；⑤慧眼独具，即对复杂的时代具有深刻的理解，在解释、假设和综合信息中使用他们的知识来做出决策。前瞻性的企业家具有建立清晰愿景、合理战略和远见的能力，能够提供目标和方向；⑥善于协作，即在数字化环境中，企业家持续鼓励、协调员工与团队成员合作，以及团队与团队之间合作的能力。其次，对企业家素质评价，这部分包括判断企业家是否具备上述素质以及具备程度的方法及工具。最后，对企业家进行画像，出具企业家评价报告，并提出战略决策相关建议。

因行业偏好、投资风格、企业发展阶段等因素不同，企业家素质有所不同。即使是针对同样的素质项，不同企业关注程度也不同。例如，对于专注硬科技领域投资的企业，可能偏好的企业家是专注的、技术流、科学家型的；对于主打互联网商业模式类的企业，可能偏好的企业家是思维活跃的、热情外向的……根据美国心理学家萨提亚的冰山理论，决定人成败的有外在和内在两方面因素，其中内在因素起着更本质和深远的作用，但却较难以清晰辨识。创业者素质项可以从个性、动力、能力三方面构建。比如，个性方面考察企业家是否诚信、坚韧、谨慎、偏执等；动力方面可能考察企业家是否追求卓越、不甘平庸、好奇心强、求新求变等；能力方面可能考察企业家在战略规划、环境营造、变革创新、合作共赢、团队管理、系统思维等方面的能力。在确定好各项指标后，将素质项细分为若干个行为点，以便能通过判断被评价人的行为来判断其是否具备这一素质项或具备的程度。

有了素质模型，就有了评价的准绳。通过对企业家进行访谈、对员工进行访谈、收集企业家的其他资料等方式对企业家素质有一个全面的了解。将这些与素质模型相对应，制定相应的量化评分标准。从而建立起企业家评价标准体系和评价方法体系。最后，将企业家画像与企业画像、行业画像相结合，我们能够得到企业家在行业环境影响下所做的一系列战略决策及行为，并依据大数据实时监测技术对行业环境、企业内部状况有清晰的了解，同时依据预测功能使得企业家对环境变化趋势有一定的预期，为企业家做出战略决策提供辅助。

四、战略匹配

战略决策是指解决全局性、方向性、长远性重大问题的决策，是企业生存和发展的关键。正确的战略决策需要精准的战略情报支撑与匹配，而科学的战略情报源自广泛全面的信息收集、精准的数据过滤核准和面向决策场景的深度分析研判。在当今海量信息时代，传统的情报收集和研究方法很难得到高质量的战略情报，而大数据技术、人工智能技术的应用为战略情报有效支撑战略匹配决策提供了新的机遇和可能。

企业家在进行战略匹配决策过程中，常常面临着如何在海量科技信息资源中准确、快速获取情报以进行战略决策的挑战（任惠超和汪雪锋，2021）。伴随着大数据存储、管理和应用技术的不断成熟，以及各种科技资源数据规范的建立，能够满足在线检索、实时分析的科技资源数据库越来越多，为科技情报的分析利用提供了便利。

在数据分析之后，可以通过数据解读器等工具对分析结果进行自动化和智能化解读，由报告撰写器写入决策报告，为企业家提供决策支持。决策报告可能包含以下两方面的内容：一是自动化的模板填空式，如技术生命周期识别，依据技术生命周期相关理论寻找分析结果的特征，给出技术所处生命周期。二是智能化的人工智能组织式，对于复杂的分析结果从历史文献或报告中找出相关的数据表格、可视化图形、文字解读，并采用人工智能进行训练，识别出基本的模式特征，训练后再用于新的数据识别中。依据各种数据的结构特点，将解读分为趋势类数据解读、份额类数据解读、关系类数据解读。利用卷积神经网络识别趋势类、份额类可视化图形特征，将图形转化为文字进行输出，应用循环神经网络进行解读文字的智能组织。这些技术的应用极大地提高了战略决策报告细节层面的构建效率。

在战略匹配决策过程中，为针对不同的战略决策场景凝练情报需求，应设定战略分析报告结构和内容。即在不同的战略决策场景下，应该提供给决策者什么样的信息，明确系统输出的战略决策报告的最终形态应该是什么样的。实现这个过程包括建立"原子分析单元"集合，每一个"原子分析单元"对应一种分析方案，由图、表、文字构成，"原子分析单元"是构建战略决策支撑报告最基本的"单元"，不可再拆分；针对各种战略决策需求场景，由情报专家确定该场景需要哪些"原子分析单元"，通过"原子分析单元"的组合，实现战略决策支撑报告灵活、快速构建。"原子分析单元"和各种决策场景的"原子分析单元"的组合确定，需要情报专家在系统投入使用前确定，在使用过程中由系统维护人员进行维护，结合决策者的反馈进行优化迭代。

在大数据背景下，应用科技情报预测和传播功能，可以对竞争、合作、研究方面进行正确的价值判断，进而为企业战略匹配决策提供相当大的支持。科技情报感知主要依托可靠、丰富的数据，借助"互联网+大数据"模式获取信息，在多种资料中得到关键的信息和数据，进而完成科技情报的感知工作。借助数据集模式与知识储备库、感知数据库一同为感知过程提供信息支持。内容感知系统内的数据源并非固定不变，且信息的更新速度较快、技术淘汰时间较短，因此内容感知是实时更新、持续变化的数据系统。基于相关辅助项目，帮助企业家了解工作内容及环境变化趋势，为企业进行战略决策提供支持。

人工智能技术通过提供个性化任务，结合不同的环境响应个体需求，制定解决方案（刘明月等，2019）。人工智能技术能够快速处理海量数据，可以使工作更具准确性、高效性和稳定性，使企业家可以借助人工智能技术处理复杂决策，辅助战略匹配决策。

五、战略选择实施

战略选择实施是将之前确定的意图性战略转化为具体的组织行动，保障战略实现预定目标。企业为了取得成功和竞争优势，确保战略方向的正确性是第一步，但是正确的战略并不能保证一个企业取得成功，真正成功的企业一定具备了正确的战略和卓越的战略执行力，实施战略并把战略目标落到实处。企业实行战略管理，必须把企业战略转化为具体的执行活动，才能给企业带来实际的成效。新战略的实施常常要求一个企业在组织结构、经营过程、能力建设、资源配置、企业文化、激励制度、治理机制等方面做出相应的变化和采取相应的行动。

如果说战略决策是解决企业对环境变化的适应性问题，那么执行力就是解决企业内部的协调和效率问题，关系着企业战略目标的实现。在正确战略的前提下，企业执行力越强，战略实施越有保障。首先，在数字技术支持下的企业，其传统业务管理和生产模式将进行颠覆性变革，涉及从最高领导层到基层员工全体范围内的工作模式的转变。企业战略主要是由CEO敲定，并搭建领导组织，协调各方的资源，为战略稳步实施提供支持。因此，CEO应在战略实施中积极发挥领导作用，带动企业上下一致地实施战略，解决在推进战略实施中遇到的困难，并把握整个战略实施的进度和效果，并及时调整实施速度与方向。在将数字技术广泛应用于企业生产运营及决策的过程中，应充分发挥首席信息官、首席技术官与首席数据官在企业中的积极作用。在CEO统一领导下，首席信息官、首席技术官与首席数据官等职位官员应将战略目标进行分解执行。首席数据官带领团队完成并精进由数据到业务的变现目标。首席信息官负责信息技术和系统的维护及运用，协助CEO实现组织的技术调配战略和业务战略紧密结合、赋能业务的总体目标。其次，搭建数字化的组织架构。构建扁平化的组织结构为团队的信息共享和资源协作打通了渠道，打破了信息孤岛和资源壁垒，加速了沟通和协作，同时扁平化组织结构给予员工更多的自主性，帮助企业更快地适应市场，更加注重承担任务、解决问题。在企业内建立数字化组织从而提高企业工作的效率，促进企业快速发展。再次，建立增强学习能力的企业文化。企业为了保证战略的实施，应全面加强组织的学习能力，组织作为一个有机体应该具有自我发展与自我增强的能力，通过学习增强各组织协作能力和敏捷性，帮助企业管理者在做出关键决策时更灵活。最后，数字经济发展使得企业面临着巨大的复合型技术人才缺口，应帮助员工在企业数字化转型后重获自身角色认知与组织价值定位，绘制扁平管理体系下的晋升路线，落实满足新型岗位的人才需求，制订激发员工创造性的激励计划等。

在战略控制方面，企业应建立健全监督和指导的工作机制，建立信息反馈系统，及时发现和了解企业经营中的问题，找出原因并采取措施，努力确保企业的基本战略与外部环境中的机会相匹配。在检查企业各项活动的进展情况后，把它与既定的战略目标与绩效标准相比较，发现战略差距，分析产生偏差的原因并纠正偏差，使得企业战略的实施更好地与企业当前所处的内外环境、企业目标协调一致。在当前，数据技术大量应用于企业战略决策过程中，通过数据分析可以监测到海量的数据，增加战略制定者对环境的实时了解，还能基于原始数据对环境发展趋势进行预测，这在一定程度上增加了战略控制的柔性与灵活性，从而保障企业战略更好地与机会相匹配。

面对激烈的市场竞争，企业必须实行战略管理，加强战略实施工作，不断提高正确战略基础上的企业战略执行力，做实、做好企业战略，才能确保企业的持续发展。

本章小结

数字画像技术的蓬勃发展正在逐步瓦解传统企业的组织边界、行业边界，加快跨部门的数据共享、流程再造和业务协同，促进生产要素、行业结构和产业生态的变迁和重构，在数实深度融合中构建即时感知、科学决策、主动服务、智能监管的新型治理形态。大数据画像技术改变了企业传统的战略管理模式，是传统战略管理理论与数据中台的结合，以企业家认知为中心，围绕企业本身及其所处的环境、产业及竞争态势而展开的数据画像，经过数据中台对所搜集的数据进行感知、分析并实现战略匹配最终实现战略实施，使之所制定的战略与企业发展更加匹配，实现真正意义上的动态同步，这背后离不开大数据挖掘、机器学习、深度学习、画像技术等数字技术，同样离不开以战略管理理论构建的战略知识图谱，是战略匹配与实施的理论逻辑。

本章基于"企业家—资源—环境"三维视角的企业战略管理新范式，首先围绕中国式现代化、经济高质量发展、数字经济发展、企业数字化转型与弘扬企业家精神等，对中国企业战略管理新模式提出的现实情境进行了分析；然后重点构建提出了"中国情景—企业家—资源—环境"四维视角的中国企业战略管理新模式，并围绕中国情境下企业战略数据感知、战略画像、战略匹配、战略选择四大主要构成，阐释了新模式下中国企业战略推演形成的逻辑过程；最后聚焦于新模式下企业战略管理流程结构、战略感知体系、战略画像体系、匹配形成战略、甄选实施战略、监测评估战略、动态创新战略七方面提出中国企业战略管理新模式的实施流程。以期为在全面推进社会主义现代化国家建设的新征程中，推动中国企业数字化转型和战略管理数字化，从而走上中国企业战略管理现代化发展之路，提供守正创新的思维框架与适用可行的模式与路径。

参考文献

[1] Adner R., Helfat C.E. Corporate Effect and Dynamic Managerial Capabilities [J]. Strategic Management Journal, 2003, 24 (10): 1011-1025.

[2] Audretsch D.B., Fritsch M. Linking Entrepreneurship to Growth: The Case of West Germany [J]. Industry and Innovation, 2003, 10 (1): 65-73.

[3] Cumming D., Johan S. The Differential Impact of The Internet on Spurring Regional Entrepreneurship [J]. Theory and Practice, 2010, 34 (5): 857-884.

[4] Forman C., Goldfarb A., Greensteins. The Internet and Local Wages: A Puzzle [J]. American Economic Review, 2012, 102 (1): 556-575.

[5] Liu W., Li M., Yi L. Identifying Children with Autism Spectrum Disorder Based on Their Face Processing Abnormality: A Machine Learning Framework [J]. Autism Research, 2016, 9 (8): 888-898.

[6] Lobo S., Whyte J. Aligning and Reconciling: Building Project Capabilities for Digital Delivery [J]. Research Policy, 2017, 46 (1): 93-107.

[7] Maiga A.S., Nilsson A., Ax C. Relationships Between Internal and External Information Systems Integration, Cost and Quality Performance, and Firm Profitability[J]. International Journal of Production Economics, 2015 (169): 422-434.

［8］Matarazzo M., Penco L., Profumo G., et al. Digital Transformation and Customer Value Creation in Made in Italy Smes：A Dynamic Capabilities Perspective［J］. Journal of Business Research，2021（123）：642-656.

［9］Paunov C., Rollo V. Has the Internet Fostered Inclusive Innovation in the Developing World？［J］. World Development，2016（78）：587-609.

［10］Porfírio J.A., Carrilho T., Felício J. A., et al. Leadership Characteristics and Digital transformation［J］. Journal of Business Research，2021（124）：610-619.

［11］Schumpeter J.A. The Theory of Economic Development：An Inquiry into Profits，Capital，Credit，Interest，and the Business Cycle［M］. New Jersey：Transaction Publisher，1934.

［12］Tether B.S., Tajar A. The Organisational-Cooperation Mode of Innovation and Its Prominence Amongst European Service Firms［J］. Research Policy，2008，37（4）：720-739.

［13］Vial G. Understanding Digital Transformation：A Review and A Research Agenda［J］. The Journal of Strategicinformation Systems，2019，28（2）：118-144.

［14］白俊红，陈新.数字经济、空间溢出效应与区域创新效率［J］.研究与发展管理，2022，34（6）：67-78.

［15］陈冬梅，王俐珍，陈安霓.数字化与战略管理理论——回顾、挑战与展望［J］.管理世界，2020，36（5）：220-236+20.

［16］陈劲.以企业管理现代化助力实现中国式现代化［J］.清华管理评论，2022（9）：1.

［17］池毛毛，叶丁菱，王俊晶，等.我国中小制造企业如何提升新产品开发绩效——基于数字化赋能的视角［J］.南开管理评论，2020，23（3）：63-75.

［18］邓峰，任转转.互联网对制造业高质量发展的影响研究［J］.首都经济贸易大学学报，2020（3）：57-67.

［19］方伟，黄弈，马新强.基于机器学习的虚拟网络感知数据缺陷自动检测［J］.吉林大学学报（工学版），2020，50（5）：1844-1849.

［20］国务院.“十四五”数字经济发展规划（国发〔2021〕29号）［Z］.2021-12-12.

［21］黄家娥，李静，胡潜.基于企业画像的行业信息精准服务研究［J］.情报科学，2022，40（2）：99-104+112.

［22］黄晓斌，张明鑫.融合多源数据的企业竞争对手画像构建［J］.现代情报，

2020，40（11）：13-21+33.

[23] 金碚.关于"高质量发展"的经济学研究 [J].中国工业经济，2018（4）：5-18.

[24] 李继先.企业家生成的制度分析 [J].管理世界，2010（8）：177-178.

[25] 李勇，黄志球，王勇，等.基于多源数据的跨项目软件缺陷预测 [J].吉林大学学报（工学版），2016，46（6）：2034-2041.

[26] 刘明月，白如江，于纯良，等.基于人工智能的科技情报需求自动感知研究 [J].情报理论与实践，2019，42（9）：41-46+79.

[27] 刘文勇.中国式现代化的遵循与创新 [J].天津社会科学，2022（6）：4-13+37.

[28] 刘伟，陈彦斌.以高质量发展实现中国式现代化目标 [J].中国高校社会科学，2022（6）：33-40.

[29] 刘鑫鑫，惠宁.互联网对企业家精神的影响——基于"双创"视角的分析 [J].经济经纬，2021（2）：122-130.

[30] 刘意，谢康，邓弘林.数据驱动的产品研发转型：组织惯例适应性变革视角的案例研究 [J].管理世界，2020，6（3）：164-183.

[31] 吕福新.企业家角色人格 [M].北京：经济科学出版社，2001.

[32] 马茜，谷峪，张天成，于戈.一种基于数据质量的异构多源模态感知数据获取方法 [J].计算机学报，2013，36（10）：2120-2131.

[33] 潘毛毛，赵玉林.互联网融合、人力资本结构与制造业全要素生产率 [J].科学学研究，2020（12）：2171-2182.

[34] 戚聿东，肖旭.数字经济时代的企业管理变革 [J].管理世界，2020，36（6）：135-152+250.

[35] 任惠超，汪雪锋，刘玉琴.面向战略决策的科技情报智能分析系统实践 [J].情报理论与实践，2021.

[36] 施炳展，李建桐.互联网是否促进了分工：来自中国制造业企业的证据 [J].管理世界，2020（4）：130-149.

[37] 田娟，朱定局，杨文翰.基于大数据平台的企业画像研究综述 [J].计算机科学，2018，45（S2）：58-62.

[38] 万晓榆，罗焱卿.数字经济发展水平测度及其对全要素生产率的影响效应 [J].改革，2022（1）：101-118.

[39] 王军，朱杰，罗茜.中国数字经济发展水平及演变测度 [J].数量经济技术经

济研究，2021（7）：26-42.

[40] 王庆丰. 基于知识图谱的企业画像技术研究与实现 [D]. 哈尔滨：哈尔滨工业大学，2019.

[41] 王一鸣. 大力推动我国经济高质量发展 [J]. 人民论坛，2018（9）：32-34.

[42] 王永贵，汪淋淋. 传统企业数字化转型战略的类型识别与转型模式选择研究 [J]. 管理评论，2021，33（11）：84-93.

[43] 魏江，刘嘉玲，刘洋. 新组织情境下创新战略理论新趋势和新问题 [J]. 管理世界，2021，37（7）：182-197+13.

[44] 习近平. 不断做强做优做大我国数字经济 [J]. 求是，2022（2）.

[45] 习近平. 把握数字经济发展趋势和规律推动我国数字经济健康发展，习近平总书记在十九届中共中央政治局第三十四次集体学习会上的讲话 [R]. 2021-10-18.

[46] 习近平. 审时度势精心谋划超前布局力争主动实施国家大数据战略加快建设数字中国，习近平总书记在十九届中共中央政治局第二次集体学习会上的讲话 [R]. 2017-12-08.

[47] 习近平. 加快推进网络信息技术自主创新朝着建设网络强国目标不懈努力 [R]. 习近平总书记在十八届中共中央政治局第三十六次集体学习会上的讲话，2016-10-09.

[48] 谢绚丽，沈艳，张皓星，等. 数字金融能促进创业吗？——来自中国的证据 [J]. 经济学（季刊），2018（4）：1557-1580.

[49] 杨林. 企业家认知、组织知识结构与企业战略变革关系的作用机制分析 [J]. 科学学与科学技术管理，2010，31（12）：132-138.

[50] 尹剑峰，叶广宇，黄胜. 顺势而为：企业家认知成长与企业发展研究 [J]. 经济管理，2017，554（2）：35-51.

[51] 余东华、王梅娟. 数字经济、企业家精神与制造业高质量发展 [J]. 改革，2022，341（7）：61-81.

[52] 于东平，段万春. 区域软环境、企业家能力与中小企业绩效 [J]. 科研管理，2012，33（12）：68-77.

[53] 余薇，胡大立. 数字经济时代企业家能力对企业创新绩效的影响 [J]. 江西社会科学，2022（2）：183-195.

[54] 张建宇，林香宇，杨莉，杨旭. 意义建构对企业数字化转型的影响机制研

究——组织能力的中介作用［J］. 科学学与科学技术管理，2023（9）.

　　［55］张占斌，毕照卿. 经济高质量发展［J］. 经济研究，2022（4）：21-32.

　　［56］张振刚，张君秋，叶宝升，等. 企业数字化转型对商业模式创新的影响［J］. 科技进步与对策，2022，39（11）：114-123.

　　［57］赵涛，张智，梁上坤. 数字经济，创业活跃度与高质量发展——来自中国城市的经验证据［J］. 管理世界，2020，36（10）：65-76.

　　［58］中共中央办公厅、国务院办公厅. 国家信息化发展战略纲要［R］. 2016-07-27.

　　［59］中共中央政治局. 中共中央关于制定国民经济和社会发展第十四个五年规划和二〇三五年远景目标的建议［R］. 2020-10-29.

　　［60］习近平. 决胜全面建成小康社会　夺取新时代中国特色社会主义伟大胜利［M］. 北京：人民出版社，2017.

从数字化战略到战略数字化

在传统企业管理中，数据是附着在企业内部各环节活动主体与外部消费者、供应商、竞争者等利益相关者的业务流程、管理过程之中的。管理的范围和边界明确、组织形态固定、技术和市场给定、管理专注于内部事物，社会、行业、消费者、企业之间的边界难以打破。但在数字经济环境下，一切都被数字化了，所有要素都可以在虚拟的世界中得到组合，成千上万的消费者行为数据组合到一起，产业链上的各个主体的数据组合到一起，每次业务过程中的数据组合到一起，甚至每个员工的每次操作组合到一起。原有难以逾越的边界被打破，管理理论的旧有框架也就被打破，如何在新的数字化世界里更高效和有效地进行管理，就成为亟须解决的问题。从企业战略视角来看，就是当企业已被数字化后，当前的战略管理范式是否也需要被重构？数字化战略帮助企业进行全面数字化转型，战略本身也就被数字化，数字化后的战略范式正是本书尝试探讨的核心话题。

21世纪人类全面进入数字化时代，习近平总书记在党的二十大报告中强调："加快发展数字经济，促进数字经济和实体经济深度融合，打造具有国际竞争力的数字产业集群。"发展数字经济是把握新一轮科技革命和产业变革新机遇的战略选择，推动数字经济和实体经济融合发展是推动我国经济高质量发展的重要方面。不断做强做优做大我国数字经济，促进数字经济和实体经济深度融合，才能更好地推动经济实现质的有效提升和量的合理增长。数字经济发展的关键核心是企业数字化转型。首先，企业的数字化是企业整体价值链的数字化，从产品的研发设计、运营管理到供应商管理、营销和销售管理的全面数字化，一方面可以赋能企业生产系统，从而提升现有经营效率，另一方面随着生产过程中数据的积累，能为企业提供新的数据驱动服务，形成新的利润点。其次，企业在消费端的数字化会形成与消费者的互动，建构出企业消费生态系统，从而扩展出企业数字平台，以实现企业内外各种实体、资产和活动之间的数据交换，为传统企业带来新的发展机遇，实现数据驱动型平台服务的战略性扩张。总之，企业的数字化从生产和消费两个视角重构企业商业模式，提升企业经营效率，并创造新的以数据为核心的产品和服务，这就使数字化成为一个战略问题。

数字化战略是利用数字技术配置数字资源来创建和实现企业新的数字能力、打造数字化组织，服务于企业业务组合、业务单元发展和客户需求导向的战略体系（魏江等，2022），是企业通过技术改变其经营方式的方法（George Westerman et al.，2014）。数字化战略的直接目的就是打造企业源于内外的资源和组织运营的数字能力。这一能力与用于提升产品和服务的竞争能力不同，其主要作用是放大数据的价值，构建数据驱动的新型服务（莫汉·苏布拉马尼亚姆，2023）。数据驱动下的企业可以更加敏感地感知环境，更好地应对不确定和错综复杂的世界，支撑企业快速行动、快速试错、快速扩张。数字化战略是决定企业数字化成熟最重要的因素（杰拉德·C.凯恩等，2023），乔治·韦斯特曼等（2015）提出数字技术能力会在建立优质的客户体验、开发核心运营能力和重塑商业模式上发挥重要作用。当前的数字化力量正在颠覆消费者、竞争、数据、创新和价值5个关键性战略领域（David L. Rogers，2016）。莫汉·苏布拉马尼亚姆（2023）在给出的数字竞争战略分析中，提出了三种通用数字化战略：一是聚焦于生产生态系统的战略；二是聚焦于消费生态系统的战略；三是完整的数字生态系统战略。数字化战略已然成为数字时代实现变革和突破的必然选择。

随着企业数字化战略的落地实施，数字化的企业将主导产业和经济发展。数字化促使战略从一个深思熟虑过程转向更加敏捷、更加异质化、更能应对所面临的必然的不确定性以形成适应型新战略。数字化促使企业更加注重由数据资源所带来的竞争优势，数据资源将构成未来企业的核心和支配性资源基础。数字化会重新分配企业内部各层级的权力，形成新的组织治理结构。数字化会进一步提升企业动态能力，甚至战略管理本身都将实现实时进行，即战略也被数字化。为什么从数字化战略到战略数字化会驱动形成企业战略管理数字化新范式，正是本书所探索的核心内容。本书从数字技术发展对管理范式的影响以及战略管理理论和实践发展规律两个方面做了分析，认为战略的数字化会形成基于"企业家—资源—环境"三维视角的企业战略管理新范式，这一新范式基于数字化的感知型企业围绕企业家的追求来形成战略。同时，提出中国式现代化的企业发展必须由这一范式的战略推演逻辑来支持。未来，随着GPT等人工智能的快速发展，甚至通用人工智能（Artificial General Intelligence，AGI）时代的到来，战略管理范式将被深刻重构。

参考文献

［1］David L.Rogers. The Digital Transformation Playbook：Rethink Your Business for the Digital Age［M］. New York：Columbia University Press，2016.

［2］George Westerman，Didier Bonnet，Andrew McAfee. The Nine Elements of Digital Transformation［J］. MIT Sloan Management Review，2014.

［3］［美］杰拉德·C.凯恩，加思·R.安德勒斯，乔纳森·R.卡普斯基. 数字化战略推演［M］. 杭州：浙江教育出版社，2023.

［4］［印度］莫汉·苏布拉马尼亚姆. 数字战略大未来［M］. 北京：中译出版社，2023：236.

［5］［美］乔治·韦斯特曼，迪迪埃·邦尼特，安德鲁·麦卡菲. DT转型：企业互联网+行动路线图［M］. 北京：中信出版集团，2015.

［6］魏江，杨洋，邬爱其，陈亮，等. 数字战略［M］. 杭州：浙江大学出版社，2022：Ⅲ.